GLOBAL BRAND LAUNCHING

신아사

들어가기

오랜 시간 한국에서 가장 크다는 유통회사에 몸 담고 있으면서 다양한 해외 브랜드를 도입해 보았지만 관련 업무에 상당한 어려움을 겪었음을 기억합니다. 과거로부터 내려오는 마땅한 지침서가 없고, 브랜드 도입과 같은 포괄적인 업무에 특정 전문가의 자문을 구하기가 쉬운 일이 아니었기 때문이었습니다. 그런 이유로 많은 시행착오를 겪게 되었고, 나중에야 무엇이 문제였는지를 알게 되었지만, 그러한 깨달음을 얻기 위해 많은 시간과 자원의 낭비를 보아야 했습니다.

우리나라에 실제로 매년 새롭게 도입되는 해외 브랜드는 무척 많습니다. 그러나 도입 후 일 년을 넘기는 브랜드 수는 손에 꼽을 정도입니다. 가장 기본이 되야하는 사업성 분석에서부터 매장 오픈 후 운영에 이르기까지 너무도 방대한 영역에서의 경험과 지식이 필요한 사업 분야임에도 불구하고, 많은 분들이 단순하게 '유명브랜드니까' 아니면 '외국에서 잘나가니까' 식의 안일하고 단순 계획적인 생각에 너도나도 수입 브랜드 사업에 뛰어들다 보니 생기는 불행이자 국가 경제에 커다란 손실이 아닐 수 없다 하겠습니다.

한편, 우리나라는 무역으로 생존하는 나라임에도 불구하고 대학 내 관련 학과 강의 내용이나 기타 관련 기관에서 수행하는 교육 내용의 상당 수가 실무에서 필요로 하는 업무 지식과 큰 상관이 없는 이론에 치우쳐있거나, 수출에만 집중되어 있는 경우가 많아 학생들이 졸업 후 취업을 해도 재교육이 필수적이다 보니 기업은 신입사원 뽑기를 주저하고 경력사원을 선호하는 경향이 심화되어 취업난을 가중시키는 안타까운 일이 반복되고 있습니다.

본 졸서가 위에 언급한 문제들을 완전히 개선할 수 있는 완벽한 대학 교재이거나, 실무용 지침서라고는 생각하지 않습니다. 다만, 많은 분이 여전히 해외 브랜드 도입을 계획하고 계시고, 대학에서 학생들이 가장 선호하는 취업처의 하나가 해외 수입 브랜드 관련 유동회사서나 Agent임을 감안 할 때, 수입 브랜드가 무분별하게 국내에 들어옴으로 생기는 외화 낭비 같은 국가적 손실을 축소하고 수입 사업에 종사하는 기업과 취업 준비생들에게 최소한의 업무적 도움을 드려야 한다는 생각으로 시도하는 작업이라 하겠습니다.

이 책은 해외 브랜드 도입 실무자분들께 제가 과거에 겪었던 난감했던 사안에 대한 최소한의 해결방안을 제시해 드릴 수 있을 거라 믿으며, 학생들에게는 최대한 쉽고 업무 연관성이 높게 내용을 정리하였으므로 관련 취업을 위한 준비 교재로서 도움이 될 것이라고 생각합니다.

끝으로, 이 책을 만드는 데 아낌없는 수고를 해 주신 도서출판 신아사 정현걸 대표님과 자료 정리에 많은 도움을 준 호서대학교 글로벌통상학과 편현재군과 권은채양에게 많은 고마움을 전합니다.

2025. 2. 류 문 상

목차

Part Ⅰ. 국내 수입 브랜드 시장

Part Ⅱ. 수입 브랜드 도입 전략

Part Ⅲ. 수입 브랜드 도입 프로세스

Part Ⅳ. 수입 브랜드 육성 전략

Part Ⅴ. 사례분석

Part Ⅵ. 부록

Part Ⅰ
국내 수입 브랜드 시장

1. 수입 브랜드 연혁

우리나라에서 수입 브랜드 사업은 1960년대부터 본격적으로 시작되었다. 당시 한국은 산업화가 시작되면서 외국의 제품과 기술이 유입되었고, 이에 따라 해외 브랜드들의 수입과 유통이 점차 확산되었다. 수입 브랜드 사업의 역사는 크게 몇 가지 주요 시기로 나눠볼 수 있다.

가. 1960-1970년대: 경제 성장과 함께한 수입 브랜드 도입의 시작

1960년대는 한국 경제가 급격한 성장을 시작하던 시기로 외국 브랜드의 수입은 주로 고급 소비재와 관련된 제품들로 이루어졌다. 초기에는 자동차, 화장품, 의류, 가전 등 일부 고급 브랜드가 유입되었고, 대체로 일본과 미국 브랜드가 주를 이루었다. 예를 들어, 일본의 자동차 브랜드인 도요타와 미국의 쉐보레 같은 브랜드들이 이 시기에 들어왔다. 의류 브랜드의 경우는 1960년대 후반 제일모직(현 삼성물산))이 맥그리거(Macgregor) 런칭으로 시작하여 해외 라이센스 브랜드 사업이 수입 브랜드 사업의 바탕을 이루었는데, 1979년 수입 자유화 정책 이후 시행된 피에르 가르뎅(Pierre Cardin)의 도입으로 더욱 활성화되어 현재까지도 약 20여 개의 라이센스 제조사들이 운영되고 있다.

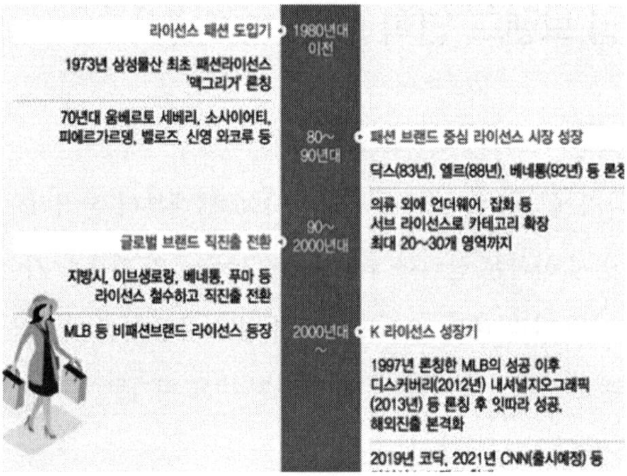

<그림 1-1> 패션 라이센스 흐름

출처: 패션비즈(2023)

나. 1980-1990년대: 세계화의 물결과 함께하는 다국적 브랜드 확산

1980년대와 1990년대는 세계화와 해외여행의 자유화 등으로 다양한 외국 브랜드들이 한국에 들어오는 시기였다. 그 중에서도 패션, 소비재, 화장품, 스포츠 용품 등 다양한 분야에서 수입 브랜드들이 확산되었다. 특히 1986년 서울 아시안 게임과 1988년 서울 올림픽 개최는 수입 브랜드의 활성화를 촉진하는 중요한 계기가 되었다. 1990년대 후반에는 유럽의 명품 브랜드(예: 샤넬, 루이비통, 구찌)와 미국의 대중 브랜드(예: 나이키, 아디다스, 코카콜라) 등이 대중적인 인기를 끌기 시작했으며 이 시기에는 외국 브랜드의 인지도 상승과 더불어 이를 수입하는 유통업체들의 역할이 중요해졌다.

다. 2000년대:
디지털화와 글로벌화

2000년대 들어서는 인터넷과 온라인 쇼핑의 발달로 글로벌 브랜드가 더욱 쉽게 국내에 유입되었다. 또한, 경제가 더 발전하면서 중산층 이상 소비자들이 더 다양화된 선택을 할 수 있게 되었는데 럭셔리 브랜드와 글로벌 패션 브랜드들이 지속적으로 시장을 확장했으며, 특히 글로벌 시장에서 성공을 거둔 브랜드들이 한국에 빠르게 진출하였다. 예를 들어, 애플, 스타벅스, H&M, ZARA 등의 브랜드가 급격히 성장을 보인 시기이다.

라. 2010년대 이후:
한류의 영향과 글로벌 브랜드의 확산

2010년대 이후, 한류의 영향으로 한국 시장은 해외 브랜드들에게 더욱 중요한 시장이 되었는데 특히 K-pop과 한국 드라마의 인기로 많은 글로벌 브랜드들이 한국 소비자들의 특성을 반영한 마케팅 전략을 펼치기 시작하였다. 또한, 이 시기에는 소셜 미디어와 인플루언서 마케팅이 중요한 마케팅 도구로 자리 잡으면서, 수입 브랜드들이 빠르게 인지도를 쌓고 인기를 얻었다.

마. 최근 동향: 지속 가능한 소비와 로컬화

최근에는 소비자들의 가치 소비가 증가하면서, 친환경적이고 지속 가능한 제품을 선보이는 브랜드들이 인기를 끌고 있다. 이러한 트렌드에 맞춰 해외 브랜드들도 지속 가능한 패션, 친환경 제품 등을 선보이며 한국 시장에서의 입지를 더욱 강화하고 있으며 또한, 글로벌 브랜드들이 한국 시장에 맞춘 로컬화 전략을 채택하여 더 많은 소비자와의 소통을 강화하고 있다. 예를 들어, 제품 라인업을 한국 시장에 맞추거나, 한국에서만 판매되는 한정판 제품을 출시하는 경우도 많이 보인다.

2. 수입 브랜드 현황

가. 산업별 주요 수입 브랜드

1) 자동차 산업

자동차는 한국에서 수입 브랜드가 가장 활발하게 경쟁하는 분야 중 하나로 특히 고급차, 스포츠카, 전기차 부문에서 수입 브랜드의 입지가 크다. 주요 브랜드는 다음과 같다.

- 독일: BMW, 메르세데스-벤츠, 아우디, 포르쉐 등
- 일본: 도요타, 렉서스, 혼다, 인피니티 등
- 미국: 테슬라, 포드 등
- 영국: 롤스로이스, 벤틀리, 재규어, 랜드로버 등

2) 패션 산업

패션 분야에서 수입 브랜드는 많은 소비자들에게 큰 인기를 끌고 있는데 한국은 해외 명품 브랜드의 주요 시장이며 한국의 소비자들은 지속적으로 그들의 품질과 디자인에 높은 관심을 보이고 있다. 패션 산업의 해외 브랜드 현황은 빠르게 변화하는 트렌드와 소비자 요구에 맞춰 다른 분야에 비해 다양하게 발전하고 있다. 2024년 현재 패션 업

계에서 주목받고 있는 해외 주요 브랜드들을 산업별, 지역별로 나누어 살펴보면 다음과 같다.

(1) 명품 브랜드

럭셔리 브랜드는 전 세계적으로 고급스러움과 품질을 중시하며, 많은 소비자들에게 강력한 인기를 얻고 있다. 특히, 지속 가능한 패션과 혁신적인 디자인을 결합하는 브랜드들이 주목받고 있다.

- Louis Vuitton (루이비통): LVMH 그룹의 일원으로, 최신 컬렉션에서 지속 가능성과 디지털 혁신을 강조. 또한, 가방과 액세서리 외에도 패션쇼에서의 독창적인 디자인으로 큰 주목을 받음.
- Gucci (구찌): Kering 그룹에 속하며, 지속 가능한 패션과 예술적인 디자인을 강조. 2024년에도 환경 친화적인 재료를 사용한 패션 아이템이 중심.
- Chanel (샤넬): 클래식한 디자인과 고급스러움을 유지하며, 새로운 디지털 플랫폼을 통해 젊은 세대와 소통하고 있음.
- Dior (디올): Haute Couture와 Ready-to-Wear 컬렉션에서 혁신적인 디자인을 선보이며 글로벌 패션 시장을 리드.

<표 1-1> 해외 명품 지사 매출액/수수료 현황 (단위: 억원)

회사명	브랜드명	2022년 매출	2021년 매출	2020년 매출	2019년 매출	유통 수수료
루이비통코리아	루이비통	17,000	14,680	10,468	7,846	1,381
샤넬코리아	샤넬	15,900	12,238	9,296	10,639	2,044
크리스챤디올꾸뛰르 코리아	크리스챤 디올	9,295	6,125	3,285	1,869	1,501
에르메스코리아	에르메스	6,502	5,275	4,191	3,618	723

프라다코리아	프라다	4,927	4,213	2,714	2,591	785
티파니코리아	티파니	3,560	2,881	2,354	2,814	548
불가리코리아	불가리	3,496	2,723	1,840	3,205	499
한국로렉스	롤렉스, 튜더	2,994	2,505	2,329	2,905	미기재
몽클레르코리아	몽클레어	2,776	2,198	1,499	1,320	569
펜디코리아	펜디	1,516	1,234	787	617	363
페라가모코리아	페라가모	1,404	1,228	1,056	1,503	290
로로피아나코리아	로로피아나	1,193	898	605	525	263
LVMH워치앤주얼리 코리아	쇼메, 프레드	989	585	325	260	189
발렌티노코리아	발렌티노	613	480	387	486	182
토즈코리아	토즈	548	437	313	404	112
리모와코리아	리모와	359	162	91	202	95
휴고보스코리아	보스	330	254	212	280	103
에즈라코리아	에르메네질도 제냐	229	197	187	207	81

(2) 스트리트 패션 & 하이엔드 스트리트

스트리트 패션은 점차 하이엔드 브랜드와 협업을 통해 고급화되고 있으며, 대중성과 고급스러움을 모두 아우르는 브랜드들이 떠오르고 있다.

- Supreme (슈프림): 1994년에 설립된 스트리트웨어 브랜드로, 높은 가격에도 불구하고 열광적인 팬층을 보유. 최근 몇 년간 고급 브랜드들과 협업하여 대중적 인지도를 유지.
- Off-White (오프-화이트): Virgil Abloh의 창립으로 패션과 스트리트웨어를 아우르는 독특한 스타일을 보여주며 큰 인기를 끌고 있음. 최근에는 패션쇼와 협업을 통해 브랜드 이미지를 더욱 강화.
- Balenciaga (발렌시아가): 전통적인 패션 브랜드지만, 최근 몇 년간 스트리트웨어와의 결합을 통해 인기를 끌고 있으며, 이 브랜드는 독창적이고 사회적으로 큰 이슈를 만드는 디자인을 선보임.

(3) 패스트 패션

패스트 패션은 전 세계 소비자들에게 빠르게 변화하는 트렌드를 제공하며, 제조와 유통을 통합하여 비교적 저렴한 가격대의 제품을 생산하는 브랜드들을 말한다.

- Zara (자라): Inditex 그룹의 브랜드로, 최신 트렌드를 빠르게 반영하고, 효율적인 공급망을 통해 전 세계적으로 인기를 끌고 있음.
- H&M (에이치앤엠): 매 시즌마다 신속하게 새로운 제품을 출시하며, 환경을 고려한 지속 가능한 제품 라인도 출시.
- Uniqlo (유니클로): 일본의 대표적인 패스트 패션 브랜드로, 글로벌 시장에서 저렴한 가격과 기본적인 디자인으로 인기를 끌고 있음.
- Shein (시인): 중국 기반의 온라인 패스트 패션 브랜드로, 가격 대비 품질이 우수하고 빠른 배송을 자랑. 특히 10대와 20대 사이에서 큰 인기를 끌고 있음.

(4) 지속 가능한 패션 브랜드

환경에 대한 인식이 높아지면서 지속 가능한 패션을 지향하는 브랜드들이 중요해지고 있다.

- Patagonia (파타고니아): 지속 가능한 패션의 선두주자로, 환경 보호와 공정 무역을 고려한 제품 생산을 지향.
- Stella McCartney (스텔라 맥카트니): 럭셔리 패션 브랜드이면서도 친환경적인 소재와 공정한 생산 방식을 고수하는 브랜드로 주목받고 있음.
- Reformation (리포메이션): 지속 가능한 패션과 스타일을 결합한 브랜드로, 환경에 미치는 영향을 최소화하는 다양한 제품을 선보임.

(5) 디지털 패션

디지털 패션은 가상 현실, NFT(대체 불가능한 토큰), AR(증강 현실) 등을 결합한 새로운 트렌드로 부상하고 있다.

- RTFKT (알티에프케이티): 디지털 패션과 가상 아이템을 판매하는 브랜드로, Nike에 인수되며 큰 주목을 받음.
- Balenciaga: 디지털 패션과 메타버스에서의 존재감을 확대하며, 가상 패션 아이템을 선보이고 있음.
- The Fabricant: 디지털 의류 디자인과 가상 쇼핑 경험을 선도하는 브랜드로, 고유의 NFT 패션을 판매함.

<그림 1-2> 디지털 트렌스포메이션

(6) 신흥 브랜드

새롭게 떠오르는 브랜드들은 혁신적인 디자인과 트렌드를 반영하며 급성장하고 있다.

- Telfar: 디지털 시대의 럭셔리와 스트리트 패션을 아우르는 독특한 스

타일로 주목을 받는 브랜드. "TV" 로고와 함께 유명.
- Alo Yoga: 운동복 브랜드로 시작했지만, 최근에는 일상복과 스트리트 웨어로 확장하며 큰 인기를 끌고 있음.
- Loewe: 고급스러움과 창의성을 동시에 담아내며, 혁신적인 디자인을 선보이는 브랜드로 2024년에도 강력한 존재감을 과시.

3) 가전 및 전자제품

한국은 가전 및 전자제품 강국이지만, 글로벌 브랜드의 국내 존재감도 크다. 특히 프리미엄 제품군에서는 해외 브랜드의 선호도가 여전히 높다.

- 미국: 애플 (아이폰, 맥북 등), 보스, 델 등
- 독일: Miele, 보쉬 (세탁기, 청소기 등)
- 일본: 소니, 파나소닉, 캐논, 닌텐도 등
- 네덜란드: 필립스 (조명, 가전 등)

4) 화장품 및 뷰티 산업

한국은 화장품과 뷰티 산업에서 세계적으로 큰 영향력을 끼치고 있지만, 해외 브랜드들도 여전히 강력한 존재감을 자랑한다. 프리미엄 화장품부터 뷰티 기기까지 다양한 분야에서 수입 브랜드들이 활동하고 있다.

- 프랑스: 랑콤, 샤넬, 디올, 겔랑, Yves Saint Laurent 등
- 미국: 에스티로더, 맥, 토니모리 (한국 브랜드지만 해외에서 인기가 많음)
- 일본: 시세이도, SK-II, 코슬리 등
- 이탈리아: 아르마니 뷰티, 불가리 등

5) 식음료 산업

수입 식음료 브랜드는 다양한 프리미엄 제품군과 특수한 제품들이 존재하여 국내 시장에서 인기를 끌고 있다.

- 프랑스: 샴페인, 와인 (도멘 드 라 로마네콩티, 샤토 마고 등)
- 이탈리아: 이탈리아 와인 (킬로와, 바롤로 등), 커피 (일리, 라바짜 등)
- 미국: 스타벅스, 코카콜라, 허쉬 초콜릿 등
- 일본: 기린, 아사히, 산토리 등

6) 건축 자재 및 인테리어

건축 자재와 인테리어 제품 시장에서도 수입 브랜드가 큰 역할을 하고 있습니다. 고급 자재나 디자인 제품들이 인기이다.

- 독일: 헤펠레 (건축 자재), 한스그로헤 (욕실 용품) 등
- 이탈리아: 살바니니 (가구), B&B Italia (고급 가구) 등
- 스위스: 리히터 (건축 자재) 등

7) 운동 및 레저

스포츠 및 레저 용품 시장에서도 수입 브랜드가 선호되고 있다. 고급 스포츠 장비나 아웃도어 브랜드들이 많은 시장 점유율을 차지하고 있다.

- 미국: 나이키, 아디다스, 푸마, 언더아머 등
- 스위스: 스위스 군용 시계 (롤렉스, 오메가 등)
- 일본: 미즈노 등

나. 유통 채널 별 수입 브랜드 현황

수입 브랜드의 유통 채널 별 현황은 글로벌 및 국내 시장에서 매우 중요한 요소로, 브랜드들이 자사 제품을 어떻게 소비자에게 전달할지를 결정짓는 중요한 역할을 한다. 특히, 수입 브랜드는 다양한 유통 채널을 통해 소비자와 접점을 만들며, 각 채널의 특성에 맞춘 전략을 수립하고 있는데 이를 통해 수입 브랜드들이 어떻게 성장하고 있는지 살펴보면 다음과 같다.

1) 오프라인 매장 (리테일 스토어)

오프라인 매장은 여전히 많은 수입 브랜드들이 선호하는 유통 채널로 특히 고급 브랜드나 럭셔리 브랜드는 브랜드 이미지를 유지하고 소비자 경험을 제공하기 위해 플래그십(flag-ship) 스토어 같은 자체 매장을 운영하는 경우가 많다. 예를 들어, Louis Vuitton, Gucci, Chanel과 같은 고급 브랜드는 전 세계 주요 도시에 플래그십 스토어를 운영하며, 직접 소비자와 만날 수 있는 공간을 제공하는데 이러한 매장은 고객의 경험을 중시하며, 상징적인 디자인과 고급스러운 인테리어로 브랜드 가치를 강조한다. 세포라(Sephora)와 같은 화장품 편집매장도 오프라인 매장을 통한 유통을 중요시합니다. 한편, Zara, H&M, Uniqlo와 같은 패스트 패션 브랜드는 대형 쇼핑몰이나 상업 지역에 대규모 매장을 운영하며, 빠르게 변화하는 트렌드를 반영한 제품을 오프라인에서 바로 구매할 수 있도록 하는데 고객은 매장에서 다양한 스타일을 직접 보고 느낄 수 있다는 장점을 누린다.

체험형 매장인 Apple Store와 같은 브랜드는 오프라인 매장에서 체험과 상호작용을 중시하며, 기술적인 설명과 제품 체험을 제공하여 고객에게 깊은 인상을 남기고 있다.

2) 온라인 판매 채널 (E-commerce)

온라인 채널은 최근 몇 년간 빠르게 성장하고 있으며, 특히 COVID-19 팬데믹 이후 더욱 중요한 유통 채널로 자리 잡았다. 수입 브랜드의 온라인 시장 현황은 최근 몇 년 사이 빠르게 변화하고 있는데 글로벌화와 디지털화의 영향으로 다양한 국가의 브랜드들이 온라인을 통해 더 많은 소비자에게 다가갈 수 있게 되었다. 대체로 다음과 같은 주요 트렌드가 있다.

- 국경 없는 쇼핑: 해외에서 유통되는 브랜드들이 자국에 상관없이 온라인 쇼핑몰을 통해 소비자에게 직접 접근할 수 있는 기회가 많아졌다. 예를 들어, 유럽, 미국 등에서 인기 있는 브랜드들이 한국의 소비자들에게도 쉽게 접근할 수 있게 됨.
- 글로벌 이커머스 플랫폼의 확대: 아마존, 알리바바, 쿠팡과 같은 글로벌 플랫폼들이 각국의 소비자들에게 인기 있는 수입 브랜드 제품을 손쉽게 제공하고 있으며, 특히 빠른 배송 서비스와 다양한 결제 옵션들이 소비자들의 접근성을 높이고 있음.
- 소셜 미디어와 인플루언서 마케팅: 수입 브랜드들이 인스타그램, 틱톡, 유튜브 등 소셜 미디어를 활용해 홍보하고, 인플루언서들과 협업하는 마케팅 전략을 강화하고 있는데 특히 패션, 뷰티, 식품 등 특정 카테고리에서 인플루언서들의 영향력이 크고, 이를 통해 브랜드 인지도를 높이고 있음.
- 로컬화된 마케팅: 수입 브랜드들도 현지 소비자들의 문화적 특성에 맞춘 마케팅을 많이 채택하고 있다. 예를 들어, 한국에서는 한국 소비자들에게 맞는 상품 소개, 한글화된 콘텐츠, 현지에서 선호하는 스타일을 반영하는 방식.
- 물류와 배송의 중요성: 수입 브랜드들이 온라인 시장에 적응하기 위해서는 효율적인 물류 시스템과 빠른 배송이 필수적이다. 특히 한국에서는 빠른 배송이 소비자들의 중요한 구매 결정 요소로 작용하기 때문에, 수입 브랜드들이 이를 충족시키기 위해 여러 가지 방식으로 개선하고 있다.
- 가격 경쟁력: 수입 브랜드들이 경쟁력을 유지하기 위해 가격을 적절히

조정하거나, 세일과 할인 이벤트 등을 자주 진행하고 있다. 이는 특히 소비자들이 가격에 민감한 온라인 시장에서 중요한 전략이 됨.

한편, 많은 수입 브랜드들이 자사 웹사이트를 통해 또는 대형 온라인 플랫폼을 통해 제품을 판매하고 있다.

- 자체 웹사이트 (Direct-to-Consumer, DTC): Nike, Adidas, Apple 등 대형 브랜드는 자사 웹사이트를 통해 직접 소비자에게 제품을 판매하며, 온라인 전용 제품을 출시하거나 할인 혜택을 제공하는 방식으로 고객을 유치하고 있다.
- Luxury 브랜드: Gucci, Louis Vuitton 같은 브랜드도 온라인 쇼핑몰을 운영하며, 디지털 전환에 힘을 쏟고 있으며 이를 통해 전 세계적으로 접근성을 높이고 있다.
- 온라인 마켓플레이스: Amazon, eBay, Alibaba와 같은 글로벌 온라인 마켓 플레이스는 수입 브랜드들이 소비자에게 도달할 수 있는 중요한 플랫폼이다. 특히 저가 제품이나 대중적인 브랜드는 이들 마켓 플레이스를 통해 해외로 쉽게 유통되고 있다. Shopee, Lazada 등 동남아시아를 타겟으로 하는 온라인 플랫폼도 많은 수입 브랜드들이 활용하고 있다.
- 소셜 미디어 상거래: Instagram, Facebook, TikTok과 같은 소셜 미디어 플랫폼은 최신 트렌드를 빠르게 반영하며, 소비자와의 소통을 중시하는 유통 채널로 자리 잡고 있다. 인플루언서 마케팅, 라이브 스트리밍 판매 등 다양한 방식으로 판매가 이루어진다.

3) 백화점 (Department Store)

백화점은 여전히 수입 브랜드가 고급 소비자에게 다가가기 위한 중요한 유통 채널이다. 특히, 프리미엄 브랜드나 대형 브랜드들이 백화점에 입점하여 다양한 소비자층을 대상으로 제품을 판매하고 있는데 우리나라에는 롯데, 현대, 신세계 그리고 갤러리아가 한국 내에서 글로벌 브랜드들이 입점한 주요 백화점입니다. 해외 브랜드들은 이를 통해 고급 소비자들을 타겟으로 제품을 선보이고 있다. 해외에서는 Macy's, Harrods, Saks Fifth Avenue와 같은 유명한 백화점들이 수입 브랜드의 중요한 유통처이다.

4) 면세점 (Duty-Free Store)

면세점은 특히 여행객을 주요 대상으로 하는 수입 브랜드의 중요한 유통 채널이다. 해외 여행객들이 세금을 면제받고 구매할 수 있기 때문에, 수입 브랜드는 면세점을 통해 매출을 극대화하고 있다. 인천국제공항, 홍콩 국제공항, 두바이 공항 등 주요 공항의 면세점은 글로벌 브랜드들이 진출하는 중요한 유통 채널이며 DFS, Lotte Duty-Free와 같은 대형 면세점 체인에서는 명품 브랜드부터 화장품, 전자기기까지 다양한 제품이 판매되고 있는데 우리나라의 경우 차별적인 면세점 운영으로 세계적인 수준의 면세점 매출 규모를 보이고 있다. 일반적으로 알려진 그러한 특징보다 수입 브랜드 사업을 하는 데에 있어 실무자들에게조차 잘 알려지지 않은 중요한 특징이 있는데 그것은 바로 면세점에서 판매되어지는 수입 상품의 경우 국산품과는 달리, 면세법에 의거 면세점에서 직매입을 하여 판매와 재고의 책임을 진다는 것이다. 물론 이러한 특징이 시간이 갈수록 점점 중소기업이 운영하는 브랜드의 경우는 백화점과 마찬가지로 위탁 방식을 취하는 추세가 많아지고는 있으나, 우리나라 백화점이나 할인점과 같은 로컬 유통 채널과 가장 큰 운영상의 차이점이라 볼 수 있다. 따라서 수입업자는 Distributor가 아닌 Agent로서 중개 수수료로 수익을 안전하게 가져갈 수 있는 장점이 있을 수 있으나 면세점의 수입 브랜드 평균 수수료율이 50%를 넘어서는 상황에서 면세점을 운영하는 대기업과 상품을 수입하는 중소기업 간의 사업 형평성은 물론 수익성의 문제가 크게 대두되고 있다. 한때 '면세점 왕국'으로 불렸던 한국의 면세점 시장은 요즘 조금 주춤한 모습이며 2024년 10월 국내 면세점 매출은 1조1,112억 원으로 전년 동기 대비 16.4% 감소세를 보이고 있다.

<그림 1-3> JDC 면세점

5) 팝업 스토어 (Pop-up Stores)

팝업 스토어는 브랜드가 한정된 시간 동안 임시로 운영하는 매장이다. 이는 주로 새로운 컬렉션 출시, 이벤트, 또는 특별한 캠페인을 진행할 때 사용된다. 국내에 아직 인지도가 부족한 해외 브랜드의 경우 충분한 브랜드 컨셉을 활용하여 매장을 구성하기 어렵기 때문에 팝업 스토어를 통해 제품이나 특별한 경험을 제공하며 소비자와의 직접적인 소통을 강화하는 기회로 삼는 경우가 많다. 특히 Supreme, Off-White, Gucci와 같은 스트리트 브랜드는 팝업 스토어를 통해 새로운 소비자를 끌어들이고 있다.

이렇듯 수입 브랜드의 유통 채널은 매우 다양화되고 있으며, 각 브랜드는 자신의 타겟 소비자층에 맞는 채널을 선택하여 성장 전략을 구사하고 있다. 오프라인 매장, 온라인 판매, 백화점, 면세점, 팝업 스토어 등 다양한 유통 채널이 상호 보완적으로 작용하며, 브랜드는 소비자와의 접점을 극대화하려고 노력하고 있다. 특히 디지털 채널과 오프라인 경험의 결합이 중요해지는 추세이다.

다. 국적 별 수입 브랜드 현황

국내에서 인기 있는 수입 브랜드의 주요 국가들은 주로 패션, 뷰티, 전자제품 등 여러 분야에서 다양하게 분포되어 있다. 특히, 고급 브랜드 및 프리미엄 제품을 선호하는 소비자들이 많은 한국 시장에 진출하는 주요 국가들은 대개 미국, 유럽, 일본, 중국, 기타 아시아 국가들로 나누어볼 수 있다.

1) 미국 (USA)

미국은 세계에서 가장 큰 경제 규모를 자랑하는 국가로, 많은 글로벌 브랜드들이 한국에 수입되고 있다.

- 패션: Nike, Adidas, Under Armour와 같은 스포츠 브랜드와 Levi's, Calvin Klein, Tommy Hilfiger와 같은 미국의 패션 브랜드들이 주류를 이룸.
- 뷰티: Estée Lauder, Clinique, MAC Cosmetics 등
- 전자제품: Apple(아이폰, 아이패드 등), Microsoft(Surface), Bose(스피커, 헤드폰) 등

2) 유럽 (Europe)

유럽은 특히 럭셔리 브랜드와 프리미엄 뷰티 제품들이 인기 있는 지역으로, 고품질의 제품을 선호하는 한국 소비자들에게 큰 영향을 미친다.

- 패션: Louis Vuitton, Chanel, Gucci, Prada, Dior와 같은 프랑스, 이탈리아의 고급 브랜드들이 한국에서 매우 강세를 보이고 있음. Burberry,

Alexander McQueen, Vivienne Westwood와 같은 영국의 럭셔리 패션 브랜드, Jo Malone, Charlotte Tilbury 등의 뷰티 브랜드도 굳건히 자리를 매김하고 있으며 Zara, H&M, Uniqlo와 같은 스페인, 스웨덴, 일본 브랜드도 인기.

- 뷰티: L'Oréal, Lancôme, Guerlain 등 프랑스의 뷰티 브랜드들이 한국 시장에서 강세이며. The Body Shop과 같은 영국 브랜드도 매니아층을 형성하고 있음..
- 전자제품: Bosch, Siemens 등 독일의 고급 전자기기 브랜드들이 한국에서 강세.

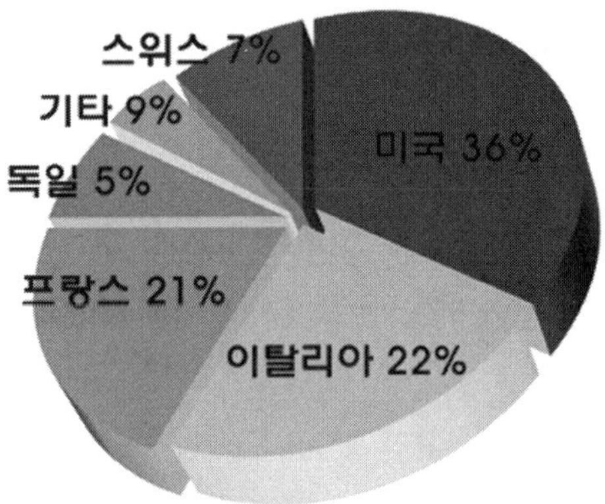

<그림 1-4> 국적 별 패션 수입 브랜드 현황(2015년)

출처:통계청 (2015)

3) 일본 (Japan)

일본은 한국과 지리적으로 가까운 나라이며, 일본 브랜드들은 K-뷰티와의 경쟁 속에서도 여전히 강력한 시장을 유지하고 있다.

- 패션: Uniqlo, Muji, Issey Miyake, Comme des Garçons 등의 일본 패션 브랜드가 한국에서 큰 인기를 끌고 있음.
- 뷰티: Shiseido, SK-II, DHC와 같은 일본 뷰티 브랜드들이 한국에서 널리 알려져 있으며, 특히 스킨케어 제품에서 강세를 보이고 있음.
- 전자제품: Sony, Panasonic, Sharp 등의 일본 전자 브랜드들이 여전히 한국 시장에서 경쟁력을 가지고 있음.

4) 중국 (China)

중국은 한국과의 경제적, 문화적 교류가 활발한 국가로, 최근 몇 년간 중국 브랜드들의 한국 시장 진출도 증가하고 있다. 특히 중국산 전자제품과 패션 브랜드가 한국에서 가성비를 내세우며 점차 인기를 얻고 있다.

- 패션: Anta, Li Ning 등 중국의 스포츠 브랜드들이 한국 시장에 진출하여 성장 중.
- 뷰티: Innisfree와 Nature Republic 등의 한국 뷰티 브랜드와 경쟁하는 중국의 Herborist, Pechoin 등의 브랜드들이 한국 시장에 입지를 넓혀가고 있음.
- 전자제품: Xiaomi, Huawei와 같은 중국의 전자기기 브랜드들이 스마트폰 및 액세서리 분야에서 인기를 얻고 있음.

5) 기타 아시아 국가들 (Other Asian Countries)

아시아 국가들은 문화적으로 한국과 가까운 관계를 유지하고 있으며, 그로 인해 다양한 패션, 뷰티, 전자제품 브랜드들이 한국에 수입되고 있다.

- 태국: Scentio와 같은 태국의 뷰티 브랜드가 인기.
- 대만: ASUS, HTC와 같은 대만의 전자 브랜드들이 한국 시장에 진입하고 있으며, HTC Vive와 같은 VR 기기도 시장에 출시됨.
- 싱가포르: Charles & Keith, Pedro와 같은 패션 브랜드들이 한국에서 인지도를 얻고 있음.
- 인도: FabIndia, Biba와 같은 브랜드들이 패션 및 액세서리 분야에서 활동 중.

6) 기타 주요 국가들

- 호주: Aesop, Jurlique와 같은 호주 뷰티 브랜드들이 한국에서 활발히 유통되고 있음.
- 캐나다: Canada Goose와 같은 프리미엄 아우터 브랜드들이 한국에서 빠르게 인기.

라. 매출 별 수입 브랜드 현황

수입 브랜드의 매출액은 각 브랜드가 활동하는 산업 분야나 국가별 시장에 따라 다르며, 국내 시장에서의 성과는 매우 중요한 지표로 여겨진다. 일반적으로 패션, 뷰티, 전자기기 등 다양한 산업에서 수입 브랜드들의 매출액은 큰 차이를 보이고 있으나 정확한 매출액을 파악하는 것은 각 브랜드나 기업의 공시된 자료나 시장 조사에 의존해야 하므로, 각 브랜드나 산업별로 일부 주요 수입 브랜드의 매출 현황에 대한 공개된 데이터를 바탕으로 살펴보기로 한다.

1) 패션 산업

수입 패션 브랜드의 매출액은 고급 브랜드와 패스트 패션 브랜드로 나누어 볼 수 있다.

Louis Vuitton, Gucci, Chanel, Prada 등과 같은 고급 브랜드들은 한국 시장에서 매년 각각 수백억 원에서 수천억 원의 매출을 올리고 있다. 예를 들어, Louis Vuitton은 2023년 한국 시장에서만 약 1조 원 이상의 매출을 기록한 것으로 알려져 있으며 Gucci도 한국에서 약 6,000억 원 규모의 매출을 올린 바 있다. H&M, Zara, Uniqlo 등 패스트 패션 브랜드들의 매출은 더 큰 시장을 형성하고 있으며, 각 브랜드의 한국 매출은 수천억 원에 달하여 Uniqlo는 한국에서 약 2,500억 원 이상의 매출을 기록하고 있으며, Zara와 H&M 역시 비슷한 수준의 매출을 올리고 있다.

2) 뷰티 산업

수입 뷰티 브랜드는 한국의 K-뷰티와 경쟁하며, 스킨케어와 메이크업 제품에 큰 시장을 형성하고 있다. Estée Lauder, L'Oréal, Shiseido와 같은 글로벌 뷰티 브랜드들 매출의 경우 Estée Lauder의 2023년 한국 매출은 약 3,000억 원 이상이며, L'Oréal은 2,500억 원 이상의 매출을 기록했다. Shiseido와 같은 일본 브랜드도 한국에서 매출액이 1,000억 원 이상에 달하는 것으로 보고되고 있다.

3) 전자제품 산업

수입 전자제품 브랜드는 Apple, Sony, Bose 등 다양한 브랜드가 경쟁하고 있으며, 매출 규모는 매우 크다. Apple의 2023년 한국 시징 매출은 약 4조 원 이상으로 보여지며, 이는 아이폰을 비롯한 다양한 전자기기의 판매 실적을 반영한 수치이다. Sony는 한국에서 약 1,500억 원 이상의 매출을 기록하였다. Bose와 같은 음향기기 브랜드들은 약 500억 원 이상의 매출을 올린 것으로 알려지고 있다.

4) 자동차 산업

수입 자동차 브랜드도 한국에서 큰 시장을 형성하고 있다. 주요 수입 자동차 브랜드의 매출액은 대체로 수백억 원에서 수천억 원에 달한다. BMW는 한국에서 약 2조 원 이상의 연간 매출을 기록하고 있으며, Mercedes-Benz, Audi 등도 유사한 규모의 매출을 올리고 있다. 미국의 전기차 Tesla는 최근 몇 년간 빠르게 성장하고 있으며, 한국 시장에서의 매출은 약 5,000억 원 이상으로 추정된다.

5) 식음료 및 기타 소비재

식음료나 기타 소비재 분야에서 수입 브랜드들의 매출도 상당한 규모를 자랑한다. 특히 글로벌 대기업들이 진출한 시장에서 강력한 존재감을 보이고 있다. Coca-Cola, Pepsi, Nestlé 등은 한국에서 수천억 원 규모의 매출을 올리고 있다. 세계 주류시장은 코로나19 사회적거리두기 해제 이후 대면 사회로의 전환이 가속화되며 높은 성장세를 보이고 있다. 시장 규모로 보면 2023년 전 세계 주류 매출액은 1.6조 달러(약 2,115조 원)로, 2021년부터 2023년까지 3년 동안 연평균 5.3% 성장하며 코로나19 이전 수준을 회복했다. 수입을 보면, 2023년 수입액은 11.3억 달러로 지난 2013년(5.2억 달러) 수입액을 2배 이상 상회하는 것으로 나타났다.

품목별로는 포도주 수입이 2013년 1.7억 달러에서 2023년 5.1억 달러로 약 3배 증가했고 위스키 수입액도 최근 3년간 100% 증가하는 등 해외 고급 주류 수요가 크게 늘었다. 국가별로는 2023년 상위 5개국인 프랑스, 영국, 미국, 일본, 이탈리아가 전체 수입액의 약 67%를 차지했다.

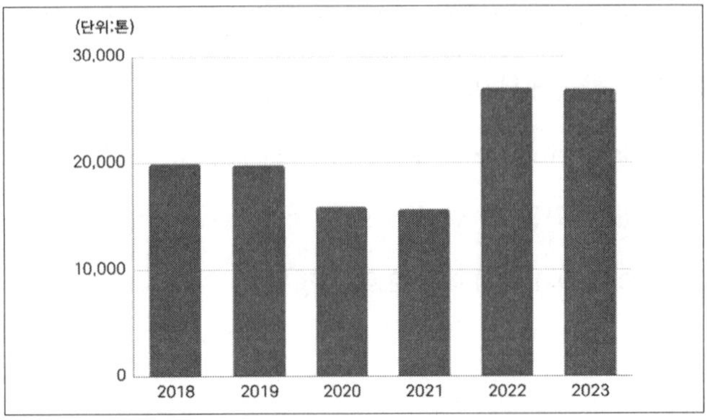

<그림 1-5> 위스키 수입 현황 (단위: 억원)

출처: YTN (2023)

마. 계약형태 별 수입 브랜드 현황

현재 국내의 해외 수입브랜드 시장의 규모는 상대적으로 크게 성장하고 있고 이를 취급하는 유통업태 또한 다양해지고 있다. 수입브랜드는 그 진출유형에 따라서 직진출브랜드, 직수입브랜드, 라이센스, 합작투자브랜드 네 가지로 분류할 수 있다. 수입방법에는 독점수입과 병행수입이 있다. 독점수입은 본사의 상품을 독점적으로 판매할 수 있는 권리를 가지고 있는 국내 유통업체가 상품을 본사에서 수입하여 판매하는 것을 의미한다. 병행수입은 외국에서 적법하게 상표가 부착되어 유통되는 상품을 국내의 상표권자 또는 전용사용권자의 허락 없이 제3자가 수입하는 것을 말한다. 소비자입장에서는 같은 상품을 더 저렴한 가격으로 공급받을 수 있지만 독점수입업체의 입장에서는 위험부담이 커진다. 그러나 병행수입은 우선 진품이 아닐 수 있다는 소비자의 의혹이 있을 수 있으며, 안정적인 상품 수급이 어렵고 원하는 상품을 제때 받기 어려우며 A/S의 문제 등 해결하기 어려운 점이 많아서 장기적 사업화되기 어려운 것이 현실이다.

1) 직진출 브랜드 사업

직진출 브랜드는 본사가 현지에 별도의 지사를 설립하거나 현지 내 다른 회사와 합작한 형태의 조인트벤처(Joint Venture)를 설립하여 직접 통제하는 브랜드이며, 이는 해외 본사가 국내에 직접 진출하여 완제품을 판매하는 브랜드를 말한다. 때문에 모기업의 글로벌 정책을 충실히 유지하는 것이 핵심적 요구조건이며 모든 사업계획과 운영을 현지 지사장을 중심으로 본사와 직접적인 협의 혹은 지시를 받는다. 따라서 다른 진출 유형보다 훨씬 강도 높고 빠른 본사와의 커뮤니케이션을 필요로 한다. 또한 본사에게 지사의 유통시장을 판단하고 지사장을 통하여 본사의 지시가 전달되며 그 내용을 토대로 모든 판촉 활동과 홍보 활동이 진행된다. 국내 패션 시장의 경우 직진출 브랜드의 점유율은 5%에 육박하며 2014년 90여개에서 2024년 150여개로 급증하였다. 최근에는 스포츠, 캐주얼, 명품 중심에서 탈피, SPA에서 패션 액세서리까지 확장이 이어지고 있다. 더욱이 직진출 기업들은 자금력과 시스템을 앞세운 규모와 속도가 압도적이다. 현재 국내 패션 시장은 중국, 인도, 인도네시아와 같은 거대 아시아 시장으로 건너가는 교두보로 인식되므로 앞으로 직진출 브랜드는 더욱 늘 것으로 예상된다.

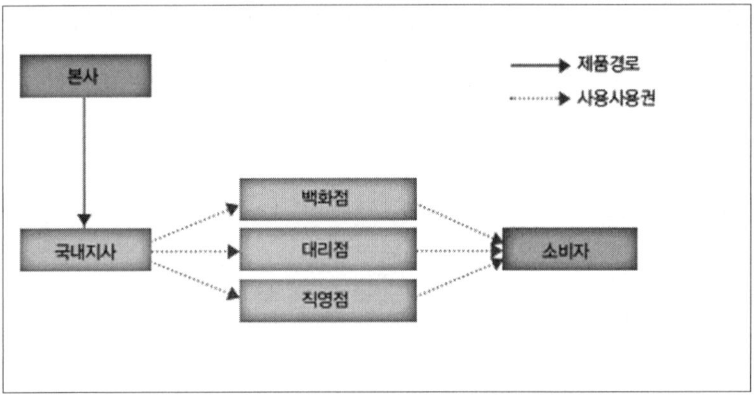

<그림 1-6> 해외 브랜드 직진출 사업 유형

출처_ 패션유통과 마케팅, 장은영, 교학연구사, 2008(재구성)

2) 직수입 계약

직수입 브랜드란 본사가 현지의 에이전트나 디스트리뷰터(Distributor)와 독점수입 또는 배급에 대한 계약을 하고 에이전트에시 운영을 하는 브랜드이며, 이는 본사의 완제품을 수입하여 국내에서 판매하는 브랜드를 말한다. 대부분의 수입 브랜드들이 독점 계약 형으로 상품과 관련된 매장, 상품 등 모든 부분에서 해외 본사와의 협의 하에 진행하고 있다. 바잉에 있어서도 구매 금액 기획 시 상품의 판매가를 결정하기 위하여 회사 이윤이 선결하고, 구매구성계획 시 계약서상에 꼭 구매해야 한다고 명시된 상품 외에는 수입원이 계획한 구매계획을 반영하여 진행한다

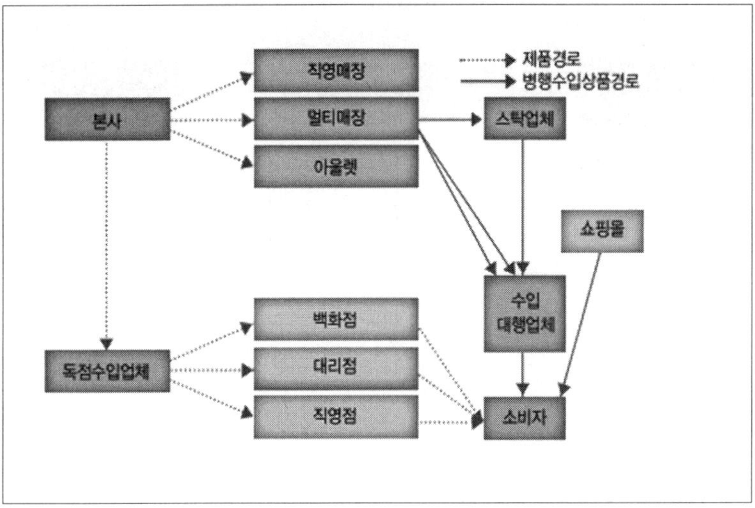

<그림 1-7> 해외 브랜드 직수입 사업 유형

출처_ 패션유통과 마케팅, 장은영, 교학연구사, 2008(재구성)

독점 수입계약을 통한 직수입 브랜드 운영은 안정된 제품 수량과 마진 확보에 유리하나 항상 어느 정도 위험 요소가 있는데 브랜드를 직접 소유하고 있는 것이 아니기 때문에, 국내에서 판매가 잘 되면 본사에서 계약을 연장하지 않고 브랜드가 직접 한국에 직진출하는 사례가 적지 않기 때문이다. 코치(Coach)나 폴로 랄프 로렌(Polo Ralph Lauren)등이 그런 사례고, 몽클레르(Moncler) 역시 최근 직진출 여부가 논의되고 있다. 뿐만 아니라 수입 브랜드를 들여와 판매하다 보면 병행수입과 해외 직구매 등 다양한 유통채널과의 경쟁이 있기 때문에 수입 시장의 성장이 해당 브랜드의 경쟁력 성장으로 직결되는 것은 아니다.

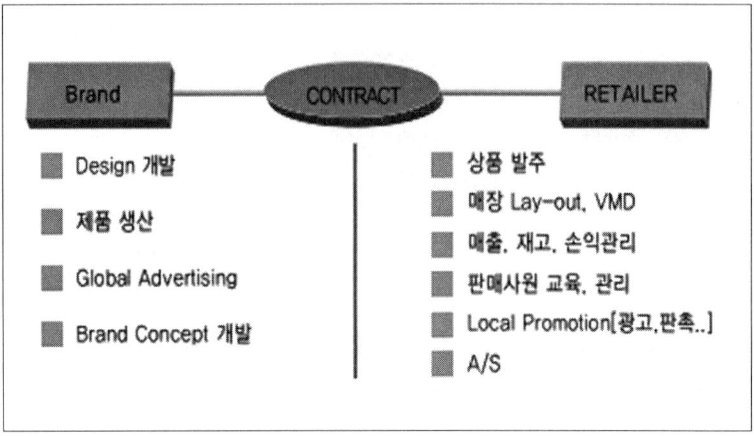

<그림 1-8> 브랜드와 유통업자 간 역할

3) 라이센스 계약

라이센싱은 본사와 계약을 통해 브랜드 사용에 대한 로열티를 지급하고 상품을 생산, 유통할 수 있도록 허가를 받는 것이다. 라이센스 브랜드는 도입 기업(라이센시, Licensee)이 패션상품의 생산, 판매를 브랜드 본사 즉 라이센서(Licensor)로부터 허가받은 조건으로 계약에 의해 사용하는 브랜드이다. 이는 브랜드 명 뿐만 아니라 디자이너 이름, 브랜드 로고, 심벌, 영업방식, 생산기술 등에 대한 사용권을 포함하나 계약조건에 따라 사용권이 다르다. 일부 라이센스 브랜드의 경우 스스로 수입 브랜드로써 포지셔닝하지 않고 로컬브랜드로서 가져갈 수 있는 국내 유통시스템에서의 유리함을 꾀하거나 아니면 굳이 라이센스 브랜드임을 들어내지 않고 모기업 브랜드의 높은 인지도와 이미지를 극대화 하려는 두 가지 유형으로 전개되고 있다.

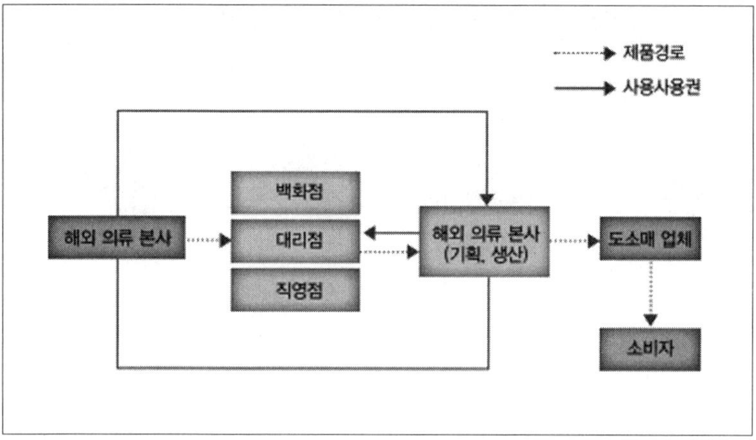

<그림 1-9> 라이센스 브랜드 사업 구조

출처_ 패션유통과 마케팅, 장은영, 교학연구사, 2008(재구성)

국내 시장에서 다양한 IP(지적재산권)를 활용한 라이선스 비즈니스 시장이 더욱 활성화되고 있다. 1970년대부터 현재까지 이어지는 라이선스 비즈니스는 유럽의 유명 브랜드나 미국의 유명 엔터테이너들의 이름을 빌려 전개하던 것에서 크게 확장돼 중장비 및 미디어 산업군의 파워 브랜드까지 확장됐다.

라이선스 브랜드는 글로벌 브랜드 파워를 갖고 있는 기존 브랜드의 정통성과 인지도를 빌리면서도 빠르고 트렌디한 한국 패션 특유의 성격을 더해 K-패션의 새로운 장르로 안착했다. 2024년 현재 국내 패션 시장의 경우 전개 중인 라이선스 브랜드 수는 약 218개다. 2022년 176개에 비해서도 크게 늘어난 결과이다.

특히 지난 2022년 하반기에 런칭한 브랜드부터 올 상반기 출격 예정인 신규 브랜드들의 비중을 살펴보면, 전체적인 시장의 하락으로 새로운 브랜드 론칭이 전반적으로 줄고 있는 반면 라이선스 브랜드들의 비중은 상대적으로 늘고 있다는 점을 확인할 수 있다.

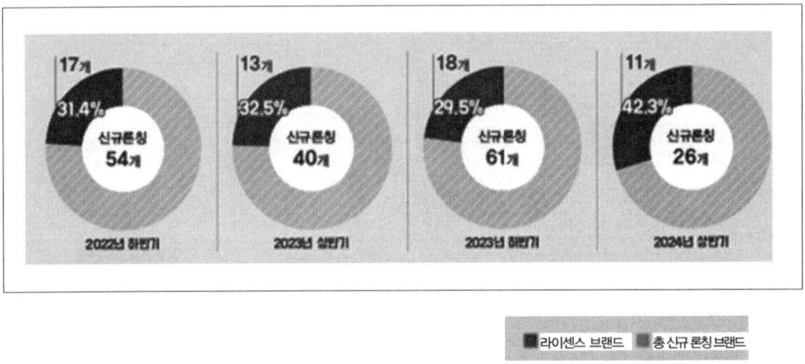

출처: 어패럴뉴스(2024)

<그림 1-10> 라이센스 브랜드 런칭 추세

한편, 직수입으로 전개되던 브랜드가 라이센스로 전환되거나 국내 기획 비중을 늘리는 사례가 점차 증가하고 있다. 그동안 해외 유명 브랜드의 경우 이미지 관리를 명분으로 직수입 전개만을 고집하는 경향이 컸지만 최근 소위 글로벌 브랜드는 물론 명품까지 라이센스 전개권을 허용하는 경우가 늘고 있다. 이는 그만큼 한국시장의 중요성이 커진 이유도 있지만 점점 빨라지는 국내 소비자들의 트렌드 변화 대응 및 매출 규모에 있어서의 시장 점유율 그리고 한국의 기후가 예전과는 달리 변동 폭이 매우 높아졌기 때문에 보다 현지 특성에 빠르고 효과적으로 대응하는 것이 보다 중요해졌기 때문인 것으로 보인다. 또한 일부 유명 해외 브랜드가 홈쇼핑 유통에 대해 예외적으로 라이센스를 허용하는 경우도 늘고 있는데 주로 이너웨어가 많은 편이다.

4) 프랜차이즈 계약

프랜차이즈 계약은 라이센스 계약의 일종으로 수입 브랜드가 현지 사업자에게 브랜드 사용권과 함께 운영 방식을 제공하고, 프랜차이즈 사업자가 이를 바탕으로 자사의 제품을 판매하는 형태이다. 프랜차이즈 사업자는 브랜드 이름을 사용하고, 일정한 기준에 맞춰 매장을 운영한다. 프랜차이즈 계약의 특징은 수입 브랜드는 자체 운영 방침을 제공하며, 프랜차이즈 사업자는 그에 맞춰 운영하는 것으로 이때 프랜차이즈 사업자는 라이센스와는 다른 형태의 로열티를 지급할 수 있으나 수익을 공동으로 운영하는 방식도 존재한다. 이 계약의 장점으로는 라이센스처럼 브랜드가 현지 시장에서 빠르게 확장할 수 있고 프랜차이즈 사업자가 사업을 운영하므로, 본사는 관리 및 운영의 부담을 덜 수 있다는데 있다. 반면 프랜차이즈는 라이센스에 비해 라이센서는 라이센시가 매장이나 제품 컨셉을 현지화 하는데 규제가 심한 편이므로 로컬 브랜드와의 경쟁이나 트렌드 적응에 있어 불리한 소지가 있다.

5) 수입 브랜드 계약 형태별 비교분석

수입 브랜드의 국내 진출 형태 중 직진출은 가장 해외 본사의 통제가 강한 조건으로 해외 본사의 정책이 국내 지사에 그대로 반영되어 국내 환경에 대한 차별적 대응과 국내 유통업자와의 협상 여지가 가장 적다. 먼저 상품의 경우 국내에 유입되는 상품에 거의 변화를 주기 어려우나 기후나 체형 등 국내 환경의 특수성에 맞추어 본사와의 사전 협의에 의거 일부 특수라인은 국내에서 제작하거나 본사에서 별도로 제작하여 주기도 한다. 상품 가격도 일반적으로 본사의 가격정책을 그대로 반영함으로서 국내 판매상황 보다는 브랜드의 이미지를 중요하게 생각하며 국제 가격과의 격차를 되도록 두지 않으려는 브랜드가 늘어남으로 해서 더욱 가격통제가 엄격해지고 있다. 특히 면세점의 경우, 국내 로컬 시장에 미칠 수 있는 영향력을 고려하여 가격 차이를 점차 좁히고 있으며 명품 브랜드 일수록 가격할인은 일반적으로 하지 않는 것을 원칙으로 하고 있다. 이는 수입명품의 특성상 오랜 시간동안 사랑 받아 온 잡화 아이템이 시즌에 상관없이 반복되어 판매되고 있기 때문에 할인을 할 경우, 그에 따른 판매 손실이 더 큰 것으로 판단하고 있기 때문이다. 유통의 경우 직진출 브랜드는 유통채널의 격을 가장 중요하게 여긴다. 일단은 영향력이 높은 지역에서의 자체 플래그쉽 스토어(Flagship Store) 운영을 우선시 하며 유통업체의 입점하게 될 경우 백화점인지, 면세점인지, 오프라인인지, 온라인인지, 그 유통채널의 위치는 어디인지를 우선적으로 따진 후에 Shop in Shop의 경우는 주변 이웃 브랜드의 격을 따져서 입점하는 명분을 살피게 된다. 매장의 로케이션이나 면적은 그 이후의 문제라 할 수 있다. 매장의 도면 확인은 기본이고 매장의 공사에 대해 본사가 직접적으로 관여하여 국내업체에 맡기지 아니하고 해외 업체가 파견되어 공사를 하는 경우도 있으나 점점 국내 공사업체 기술력의 향상에 따라 국내에서 인테리어 공사를 시행하는 경우가 늘고 있는데 직수입이나 라이센스 계약을 통한 국내 전개의 경우 손익에도 직결되는 문제이니 만큼 초반에 잘 살펴볼 필요가 있다. 한편, 촉진은 가장 현지화 되고 있는 부분으로 광고사진이나 카달로그 등 본사에서 직접 제작한 촉진물에 대한 제공은 기본이며 현지 고객 특성에 맞는 런칭쇼나 사은 행사 전개 그리고 광고매체 선택에 있어 지사의 의견에 대한 반영이 높은 편이다.

직수입 계약에 따른 제품 공급의 경우 상품은 직진출과 마찬가지로 국내 특성에 대한 반영을 기하기가 우선은 어렵다. 국내 시장 규모가 본사가 인정할 만큼이 되지 않는 한 일부 라인일 지라도 국내에만 적합한 제품을 별도로 생산해 달라 요구하기가 어렵기 때문이다. 그러나 가격의 경우 세일정책이나 할인율이 국내 사정에 따라 약간의 융통성이 있는데 물론 계약상 매우 강한 통제에 묶여 있으나 직진출의 경우처럼 유통채널 내 POS를 본사와 공유하지 않으므로 재고 상황과 유통업체의 요구에 따라 상당한 융통성을 보이고 있다. 국내 물류비용과 창고비용 등 재고가 생기게 되면 손익상의 불리함이 점점 더 가중되고 있는 상황이므로 국내 직수입 업체는 가능한 재고를 남기지 않으려 하고 해외 본사는 절대로 브랜드의 이미지에 악영향을 미칠 수 있는 장소에서의 판매나 낮은 가격 판매를 허용하지 않으려 하고 있기 때문에 직수입 계약 상에서 가장 본사와의 분쟁요소가 많은 것이 바로 가격조건이라 하겠다. 유통은 직진출 환경과 크게 차이가 없으나 촉진의 경우 비용을 거의 직수입 업체가 부담함으로 본사의 간섭이 직진출에 비해 상대적으로 낮은 편이다. 전세계적인 이미지를 유지해야 하는 광고 사진 촬영이나, 카달로그 등의 제작에는 관여할 수 없으나, 매체선택, 협찬진행 등은 현지상황에 맞게 직수입업체의 의견에 따라 융통성 있게 진행되고 있다.

<표 1-2> 수입 브랜드 계약 형태별 비교

<table>
<tr><th>진출형태</th><th>직진출</th><th>직수입</th><th>라이센스</th></tr>
<tr><td>상품</td><td>가장 통제가 강한 조건으로 거의 상품 변경 불가능하나, 패키지와 관련 택은 국내제작 가능</td><td>통제가 강한 조건으로 거의 상품 변경 불가능하나, 협의에 의거 일부 특수라인은 국내제작 가능</td><td rowspan="4">계약에 따라 차이가 있으나 일반적으로 현지 업체 의도대로 생산 및 운영</td></tr>
<tr><td>가격</td><td>통제가 강하지만, 세일정책이나 할인율에 국내 사정에 따라 약간의 융통성 있음</td><td>계약상 매우 강한 통제에 묶여 있으나 직진출처럼 POS를 공유하지 않으므로 많은 융통성을 보임</td></tr>
<tr><td>유통</td><td>집기부분을 제외하고는 본사의 통제가 심함. 특히 매장도면은 본사에서 직접 진행</td><td>현지 업체가 주도적으로 진행은 하고 있으나, 본사의 승인이 반드시 필요</td></tr>
<tr><td>촉진</td><td>가장 현지화 되고 있는 부분으로 광고컷이나 카달로그 등은 본사에서 직접 진행하나, 협찬이나 고객관리는 현지 진행</td><td>직진출과 동일하나, 광고컷 선택, 광고매체 선택, 사은품 진행에 있어 좀 더 융통성이 있음</td></tr>
<tr><td>본사와의 관계</td><td>본사, 지사의 형태로 서로간의 깊은 신뢰</td><td>본사와 덕점계약 맺고, 신뢰 구축에 힘씀</td><td>네이밍, 기술이전, 광고지원 및 로열티 지급 관련 협의</td></tr>
</table>

백화점이나 기타 주요 로컬 매장에서 판매되는 수입 브랜드들은 일반적으로 독점 수입을 하기 때문에 시장 내에서 직진출 브랜드와 비슷한 위치를 가질 수 있으나 본사와의 신뢰도가 깊지 않은 경우 국내의 독특한 유통현황에 대한 본사의 이해도가 높지 않아 업무 진행이 원활하지 않을 경우가 많고 특히 국내 백화점이 가지는 위탁 방식의 사업 운영과 갑의 위치에서의 반복되는 합의의 변경을 국내 수입업자의 무능으로 치부하는 경우가 많은 것을 목격한 바 있다. 직수입브랜

드의 구체적인 상품 소싱 환경은 본사의 이미지를 강화하는 방향으로 진행되면서 통제하는 요소들이 여전히 존재하고 있으나, 스타일이나 수량결정은 기본적으로 한국 시장에 맞게 진행할 수 있다. 그리고 본사와의 계절 차이 및 예민한 신체 사이즈가 등의 문제로 반드시 국내 시장에 구비해야 할 아이템의 보충이나 개선 등의 경우 특별한 경우 국내에서 생산하기도 한다.

브랜드가 강할수록 이러한 별도 상품의 공급은 어렵기 마련인데 막연한 상황 설명으로 본사를 이해시키려 하지 말고 구체적인 문헌 및 소비자 연구를 통한 자료를 바탕으로 국내 소비자의 욕구를 설명하여 본사의 이해를 구하는 것이 좋으며 별도 생산에 대한 허가를 득하였다 하더라도 생산에 대한 전문성이 떨어질 경우 오히려 손익상의 문제를 가져오게 되므로 철저한 계획과 관리상에서 시행 할 필요가 있다. 만약 이러한 시도가 성공적일 경우 직수입 업체는 본사에 보다 협상력을 높일 수 있으며 경쟁 업자대비 차원이 다른 경쟁력을 확보할 수 있게 된다.

한편, 최근 국내 시장에서 백화점의 영향력이 감소되면서 주요한 지역의 전문매장 오픈이 좀 더 강화되고 있는 실정이다. 또한 비주얼 마케팅이 강조되면서, 매장의 모습을 전 세계적으로 통일하려는 노력이 진행되고 있는데, 이에 따라 매장 외부 뿐 만 아니라 매장 내 집기나 윈도우 집기 등도 본사의 통제가 강해지고 있다. 매장 공사비용이나 효율성을 떠나 국내 환경에서 전문점의 운영은 선진국에 비해 매우 불리한 상황이므로 브랜드 본사에서 요구하는 전문점 오픈은 심사숙고할 필요가 있다. 본인 소유의 건물이 아닐 경우 임대조건이 까다롭고

장기적 안정성을 확보 할 수 없을 뿐만 아니라 권리금등 해외에는 없는 불리한 요인이 존재하고 매출의 평효율면에서도 백화점 등에 비해 현저하게 떨어지는 경우가 대다수이므로 장기적인 관점에서 매장 운영을 검토해야 할 것이다.

직수입 브랜드는 직진출 브랜드와는 달리 계약에 의해서 거래가 진행되는 관계이므로, 서로 간의 신뢰를 유지하는 것이 무엇보다 중요하다고 할 수 있다. 본사에서는 당연한 논리지만 본사 직원에 대한 신뢰가 더 크기 때문에, 잠시 방문하여 국내 상황을 체크하여 보고하는 본사 직원의 느낌이 한국 시장 전체로 확대되는 경우도 염두에 두어야 할 것이다. 따라서 본사 방문하는 직원들에 대한 영접 및 관련 미팅은 세심하게 다뤄져야 할 이유가 높다. 인간적인 친밀도를 높이려는 노력도 필요하고 한국 내에서 직수입 업체의 위상이 작지 않음을 유통업체 등 제3 관련기관이나 관계인과의 미팅에서도 보여주어야 한다. 브랜드의 국내 싱공이 가시화 될수록 독점 수입업사가 되고자 하는 미래의 경쟁업체도 늘어나게 되므로 항상 본사와의 관계를 우호적이고 신뢰성있게 유지하는 것은 그 어떤 사업요건보다 기본이 되고 중요하다 하겠다. 국내 면세점의 경우 별도의 벤더를 통해 전개하는 경우가 많은데 이에 따라 로컬 수입업자와 면세 수입업자간의 분쟁이 있을 경우 본사의 개입이 최근 잦아지고 있으며 국내 면세점이 경우 중국이나 일본이 관광객이 주된 소비자를 형성하므로 해당 지역의 수입업자와도 커뮤니케이션이 요구되고 있다.

한편, 우리나라의 라이센스 브랜드는 라이센서와의 계약관계에 따라 종속성의 차이가 있겠으나 라이센서가 현지에서 부도가 나거나 사라진 이후에도 우리나라에서는 상품이 제조되어 판매가 되는 소위 좀비 브랜드(Zombi Brand)가 많다는 것이 큰 특징이다. 이러한 브랜드는 라이센스로 전개하는데 따른 비용 지불도 없고 디자인에 대한 어떠한 관여가 없기 때문에 다른 라이센스 브랜드에 비해 상대적으로 매우 높은 이익률을 기대할 수 있는 것이다. 일반 라이센스 브랜드의 경우 상품제조에 있어 그 자율성이 계약조건에 따라 매우 다양한데 전혀 라이센서 즉 브랜드 본사의 사전승인 없이 사후 승인만 거치는 경우도 있고 상품 기획단계에서부터 모든 과정을 본사의 승인을 득해야 하는 조건도 있다. 또한 로열티에 대한 지급 조건도 상품 텍 제작에 따른 선지불 방식도 있으나 매출이 발생한 이후 순매출을 기준으로 사후 정산하는 것이 일반적이나 이에 대한 투명성에 문제가 생겨 종종 라이센서와 라이센시간에 법적 분쟁이 일어나기도 한다. 제품 가격과 유통에 대한 협상은 앞서의 직진출 및 직수입 조건에 비해 융통성이 높은 편이며 촉진의 경우도 보다 자유롭게 전개를 하고 있다

5) 병행수입

병행수입이란 동일의 권리자가 동일의 상표, 발명, 저작물 등을 객체로 하는 지적재산권을 다수의 국가에서 가지고 있는 경우에(이와 같은 경우를 병행특허, 병행상표 등 이라고 한다) 그것들의 권리의 실시, 이용이 허락된 총대리점 등의 정규의 경로를 거치지 않고 외국에서 적법하게 확산된 해당의 지적소유권에 관한 제품을 국내에 수입

하는 행위를 말한다. 즉 같은 상표의 상품을 여러 수입업자가 수입하여 국내에서 판매할 수 있는 제도이다. 원칙적으로 상표의 고유 기능인 출처표시와 품질보증 기능을 해치지 않는 범위 내에서 모든 수입품에 대한 병행수입이 허용된다. 우리나라는 1995년 11월부터 수입공산품의 가격인하를 유도하기 위해 허용했다. 이에 따라 국내 독점판매권자나 수입상표의 전용상용권자는 단지 위조품에 대해서만 그 권리를 보호받게 되었다. 국내외 상표권자가 동일인이거나 같은 계열사 또는 본·지사 관계, 독점 수입대리점 등 자본 거래가 있는 특수 관계인 경우에는 상표권이 소진된 것으로 간주하여, 다른 수입업자가 이 상품을 수입해 판매할 수 있게 된다. 그러나 외국 상품의 국내 상표권자가 국내에서 독자적인 제조·판매망을 갖고 있는 경우에는 기존 영업권을 보호한다는 차원에서 병행수입을 허용하지 않는다. 병행수입이 가능한 품목인가에 대한 확인은 관세청 홈페이지에서 할 수 있다.

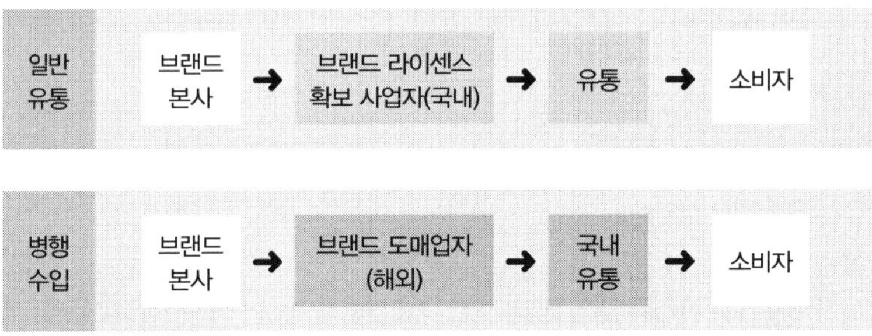

<그림 1-11> 병행수입과 일반 유통의 차이

병행수입을 허용한 목적은 당연히 자유 경쟁을 통한 소비자의 권익 보호에 있다. 독점 수입업자의 가격횡포나 A/S부실 등에 대한 문제를

시장경쟁을 통해 해결하려는데 있다. 병행수입업자의 수입방식은 독점수입업자가 본사로부터 직접 물품을 공급받아 자사 직영점이나 대리점을 통해 소비자에게 공급하는 방식과는 달리 본사 현지 대리점을 통해 상품을 공급받아 바로 전문점 등을 통해 소비자에게 공급하는 방식으로 Gray Dealer와 흡사하다. 특히 화장품의 경우 상품 소싱 방법은 크게 차이가 없으나 국내 반입 시 법적 절차가 매우 까다로운 편이므로 다른 공산품과는 달리 병행수입이 쉽지 않고 더더구나 화장품은 유효기간이 있으므로 많은 주의를 요하게 되는 형편이다.

국내 병행수입의 기본방향과 규정은 수입 상품의 국내 경쟁 촉진을 통한 가격 안정 및 소비자 이익 증진 등을 위하여 상표법상의 상표보호의 목적 및 상표의 기능(출처표시 및 품질보증표시)을 해하지 않는 범위 내에서 허용하며 반드시 정품(official goods)만을 판매해야 하고 단독으로 기 등록된 타인의 상표를 표시함으로써 제3자가 상표등록권자로 오인하도록 하는 행위는 불가하다. 즉 매장에 단독 로고를 써서는 안되며 반드시 멀티로고를 삽입해야 하고 매장 정면에 개별 상표를 노출시켜서는 안 된다. 각종 인쇄물에 기등록된 타입의 상표를 표시함으로써 제3자가 상표등록권자로 오인하도록 하는 행위도 안되는 등 상당히 복잡하고 높은 수준의 규정을 시행하고 있다.

Part Ⅱ
수입 브랜드 도입 전략

1. 타깃 브랜드 선정

가. 시장조사

시장조사는 1900년대에 미국에서 시작되어 2차 세계대전 이후에야 미국과 유럽에서 성행하기 시작하였다. 시장조사는 시장에서 직접 획득한 정보를 바탕으로 기업의 의사결정에 효율적인 정보를 제공하는 것을 일차 목표로 두고 있으며, 수입 브랜드 도입과 관계된 의사결정에는 타깃 브랜드 선정을 위한 외국과 우리나라 시장 환경 분석, 경쟁 브랜드 및 유통현황 분석, 수익성 분석 등이 있으며 다른 일반 분야와는 해외시장은 국내시장과 달리 먼 거리, 상이한 문화, 종교, 언어들의 차이로 매우 광범위하고 전문적인 수준을 요구한다. 해외 수입 브랜드의 성공률이 과거에 비해 현저하게 낮아짐에 따라, 최근에는 사업 시작이나 신제품 개발 전에 시장이나 고객을 사전에 파악하고자 하는 시장조사가 필수적으로 시행되고 있다.

시장조사는 다음과 같은 필요성에서 그 이용이 확대되고 있다.

첫째, 소비자 중심 시장의 출현을 들 수 있다. 대량생산방식이 출현함에 따라 시장상황도 변화하여 공급이 수요를 앞지르게 되고, 구매자 중심의 시장이 나타나기 시작하였다. 패션 제품도 과거 유명 디자이너를 통한 유행의 주도나 강요가 가능하던 시기는 이미 기성복

시대의 개장과 함께 막을 내린지 오래이다. 아무리 역사와 전통을 자랑하는 명품 브랜드라 하더라도 시장의 변화에서 자유로울 수 없으며, 소비자의 욕구를 무시하거나 이에 부합되지 않은 제품의 출시는 그 댓가를 치루게 되어 기업의 생존과 직결된다.

둘째, 경쟁의 심화가 시장조사의 수요를 유발하였다. 기업은 경쟁사보다 나은 품질의 제품을 생산함은 물론, 좀 더 효과적인 마케팅과 판촉을 통해 제품을 지원해야만 한다. 정보산업이나 기타 기간산업 수준의 고도로 발달된 기술과 자본을 요하지 않는 패션산업에서 신규 브랜드의 생성은 매우 활발하고, 그만큼 시장의 경쟁 심화 속도가 빠르게 진행되는 편이다.

셋째, 예상되는 위험을 줄여 수익을 최대화하려는 목적에서 시장조사가 확산되었다. 제품 출시 비용이 높아지고 반면 시장 내 성공률이 낮아짐에 따라 보다 전문적인 정보의 수집과 분석이 필요하게 되었다. 제품의 목표가 되는 고객의 성향을 파악하게 되면 표적 시장에 더욱 적합한 광고 매체 및 판촉 전략을 수립할 수 있는 것이다.

넷째, 기술 및 소비자 태도 변화의 가속화를 들 수 있다. 급속한 속도로 일어나는 변화에 대응하기 위해 기업은 시장조사 기술의 도움으로 고객의 습관과 태도, 제품의 개발을 모니터링하게 되었다.

다섯째, 정보기술의 급속한 진보는 시장조사의 수준을 높임과 동시에 보다 빠르고 정확한 정보를 요구하게 되었다. 경영정보 시스템이 발달하여 경영자와 마케팅 관리자는 지속적으로 정보를 얻을 수 있게 되어 자료를 통계적 방법으로 축약, 분석하여, 관리자에게 이

자료를 추세, 예측, 빈도분포, 평균, 상관관계 등의 형태로 집계하여 제공한다. 수입 브랜드의 경우, 일반적인 조사 외 수입 대상국의 문화, 언어, 종교, 소비자 기호 등과 같은 요인들이 우리나라에서 만들어 낼 수 있는 문제는 없는지 파악할 필요가 있다.

나. 시장조사 종류

1) 거시트렌드 정보

거시트렌드정보는 트렌드 변화의 배경을 파악하는 것이다. 따라서 이 테마들은 반드시 그 시대를 상징하는 사건이나 메시지를 담고 있다. 주로 정치, 사회, 문화 및 경제 환경의 변화가 메가트렌드가 되며 메가트렌드는 생활자의 심리를 자극하여 소비 심리 및 유행에도 영향을 끼친다. 아웃도어나 스포츠 의류에 영향을 미친 주5일 근무 제도 시행이나, 몇 년 전 중국 시장 진출에 커다란 문제를 야기했던 사드문제 그리고 여러차례 일본 브랜드의 구매에 악영향을 미치고 있는 방사능 누출사건 이나 과거사문제, 독도문제 같은 것들을 예로 들 수 있다.

(2) 미시트렌드 정보

미시트렌드 정보는 메가 트렌드에 비해 보다 타깃 브랜드와 연관된 직접적이고 빠른 시기 내 영향을 미치는 요인에 대한 시장환경 분석이라고 할 수 있다. 메가트렌드가 생활자의 심리에 영향을 미치는 정보임에 비해 미시트렌드정보는 생활자의 직접적인 소비스타일에 연관된 정보라 할 수 있다. 화장품 시장을 예를 들면, 전체적인 시장규모의 변화, 편집매장과 같은 유통규조의 변화와 아울러 한류에 따르는 한국 브랜드의 해외 진출, FTA시장의 확대와 같은 것으로 비교적 수치화된 정보를 얻을 수 있다는 점이 중요하다.

(3) 제너럴 트렌드 정보

제너럴 트렌드 정보는 미시 트렌드를 보다 실무에 가깝게 분석한 것으로 상품기획을 입안하는 데 있어 중심적인 정보라 할 수 있다. 주로 외부원부자재에 대한 가격 등 공급조건 정보, 경쟁 브랜드 정보, 유통정보 등을 말한다.

(4) 소비지 정보

소비자가 가지고 있는 신념, 태도를 분석하여 향후 구매 활동을 예측하기도 하고 이미지를 분석하여 브랜드 촉진에 활용하기도 한다. 소비자 정보를 분석하는 방법은 전문성을 요구하는 분야로 단순하게 이전처럼 매출액의 크기만으로 과거성과 위주의 분석방식은 지양되어야 할 것이다.

(5) 매출/매장정보

전년도 시즌 실적을 분석한 회사 내부 정보를 말하며, 상품의 판매동향을 분석한 것으로 특히 계획대로 팔리지 않은 상품의 경우 왜? 팔리지 않았는지 등을 구체적으로 분석해 다음 시즌 기회에 이 정보를 활용한다. 또한 경쟁 브랜드 및 주요 브랜드의 매장을 정기적으로 조사해 조사 대상 매장의 상품구색, 인테리어, VMD 등 다양한 매장운영 정보를 이해한 후 어떻게 차별화하는가? 어떻게 하면 자사 브랜드의 가치를 높일 수 있는가를 고려한 대응 전략을 찾을 수 있다.

(6) 협력업체 정보

제조 머천다이저의 일상 업무는 텍스타일 업체, 봉제공장, 부자재 업체와 같은 제조 관련 거래처 및 소매 머천다이저와의 입점 협의 등과 미팅을 하게 되는 경우가 많다. 그들과 회의나 상담 중에는 중요한 정보가 많이 들어있다. 이렇게 얻은 정보가 거래처 정보이다. 이제는 일상화된 SCM(Supply Chain Management)의 개념이라 볼 수 있다.

다. 시장조사 방법

1) 자료수집

1차 자료: 자신이 직접 수집하는 자료(직접 질문, 전화, 설문조사, 면접 등)

2차 자료: 각종 문헌, 신문이나 잡지, 인터넷 검색엔진 이용

2차 자료는 구하기는 쉬우나 문제 해결이 불가능한 경우가 많아 자신이 알고자 하는 것을 위하여 1차 자료를 수집해야 한다. 대부분 1차 자료에 의존한 결정이 많으므로 2차 자료보가 1차 자료가 더 정확하고 신뢰성이 높아야 하며 현재 사업 목적과 직결된 자료를 제시해 주어야 한다.

2) 조사의 종류

조사의 종류를 구분하는 기준은 아주 많다. 조사 방법(methodology), 조사에 이용하는 매체, 조사 장소, 조사 대상 등등의 다양한 기준이 있다. 대표적인 조사방법에 따른 조사의 종류는 다음과 같다.

(1) 정량조사

양적인 조사 방법으로 일정한 기준으로 수집하여 동질적 특성을 지닌 표본집단을 대상으로 통일된 유형의 설문지와 질문을 통해 규격화된 응답을 구하는 방식이다. 일반적으로 설문지를 이용하는 소비자 조사가 여기에 해당된다 규격화된 설문 문항과 짧은 응답시간으로 대규모 조사가 가능하며, 통계처리를 통하여 그 결과를 수치화함으로써 조사 결과를 객관화 할 수 있다. 주로 설문지법이 많이 쓰이는데 학계의 논문이나 소비재 중심 기업의 소비자 조사 시 많이 쓰인다. 이 교재의 부록에 있는 Replay 도입을 위한 사전 설문을 참조하면 설문조사의 목적과 방법을 이해하는데 직접적으로 많은 도움을 받을 수 있을 것이다. 설문지법은 응답자의 답변을 요하는 일련의 질문들로 구성된 설문지를 이용하여 조사하는 방법으로 가장 대표적인 1차 자료 수집방법이다. 설문지는 처음부터 신중하게 설계하여 작성해야 하며, 조사를 실시하기 전에 충분한 사전 검토를 거쳐서 설문지를 완성해야 한다. 왜냐하면 설문지가 잘못 작성되면 조사된 자료를 효과적으로 분석하기도 어려울 뿐 아니라, 이로부터 의사결정에 도움이 되는 유용한 정보를 얻을 수 없기 때문이다. 기타 다른 조사에는 대인면접(Personal Interview), 전화조사(Telephone Interview), 우편. 팩스조사(Mail Survey), 인터넷조사(Internet Survey)의 4가지 유형이 있다. 이 가운데 가장 많이 활용되는 조사는 대인면접법이며 최근에는 인터넷조사도 많이 활용되고 있다. 대인면접법을 실시할 때는 설문지 구성이나 내용 등을 자세히 검토하여 작성해야 한다. 설문지는 기본적으로 조사의 목적과 관련해 파악하고자 하는 조사항목을 응답자들이 대답할 수 있는 구체적인 질문으로 전환시켜야 하며, 응답자들이 이에 대해 정확한 정보를 제공해줄 수 있도록 동기를 부여해야 한다.

우편조사는 지방이나 해외 거주자, 전문가 등과 같이 면접원이 조사 대상자를 직접 접촉하기 어려울 때 유용하다. 면접 비용이 필요 없기 때문에 조사비용이 적게 들며, 복잡한 질문이나 면접원에게 사실적으로 말하기 곤란한 질문도 할 수 있다. 또한 대인 면접과 같은 상호작용이 없으므로 아무런 설명이 필요 없도록 아주 분명히 이해되는 질문으로 이루어져야 한다. 그러나 조사자는 누가 설문지에 응답했는지 확실하게 알 수 없다는 단점이 있을 수도 있다. 전화 면접은 표본의 대표성은 중요하지만 시간과 비용이 충분치 못하고, 질문도 간단하며 사실적인 것에 국한될 때 유용한데 예를 들면 정당별 지지도 조사 등 정치관련 조사에 적합하다. 상대적으로 비용이 적게 들고 매우 빠르며 다양한 응답자들을 쉽게 접촉할 수 있다. 절차가 간편한데다 표본이 전화번호부 등으로 이미 준비되어 있는 상태이기 때문이다. 이러한 전화 면접법에는 몇 가지 문제점이 있는데 상대적으로 짧은 설문만이 가능하고, 복잡하고 심층적인 질문은 하기 어려우며 응답 내용의 진위도 판별하기 어렵다는 점이다.

최근 인터넷 서베이가 시장 조사를 위해 많이 사용되고 있는데 인터넷 조사의 매력은 신속성과 저렴성 외에 전화 조사 또는 대면 면접보다 훨씬 더 다양한 설문을 이용할 수 있다는 점이다. 예를 들어 광고나 홍보 동영상을 보여주면서 그 반응을 측정할 수 있고, 상품 포장이나 라벨, 상품 사진 등 각양각색의 화면을 보여주면서 응답을 받을 수 있기 때문이다. 단점은 누가 응답했는지 정확하지 않고, 같은 응답자가 중복으로 응답 할 수 있다는 점이다.

(2) 정성조사

질적인 조사라고도 말할 수 있는 정성조사는 우리가 알고자 하는 조사 목적에 대한 정보를 가장 많이 가지고 있다고 판단되는 사람들을 대상으로 하여 동기나 욕구 등과 관련된 정보들을 심층적으로 파악하는 조사방법이다.

대표적인 정성적조사 혹은 질적조사는 집단심층면접이다. 집단심층면접법(Focus Group Interview)은 앞서 설문지법과 관찰법의 정량적 조사방법과는 달리 사람들의 생각이나 행동 등을 조사하는 데 매우 유용한 방법으로 어떤 특징의 목적을 위해서 준비된 화제를 그 목적에 따라 모인 소수인(통상 4~8인)의 그룹에서 이야기하는 과정으로 숙련된 사회자의 컨트롤 기술에 의해 집단의 이점을 활용하여 그룹 멤버가 상호 영향을 미치도록 장면을 만들고 주로 비구성적인 접근법에 의해 얻은 개개인의 반응을 통합하여 가설의 추출과 가설의 검증 등 그때그때의 목적에 따라서 관찰하고 분석하는 방법이다. 사회자는 사전에 조사 목적에 맞는 질문의 요지와 순서를 적은 인터뷰 가이드를 작성해 인터뷰를 진행하는데 인터뷰 가이드는 설문지처럼 정형화 된 것이 아니라, 어떤 내용을 어떤 순서로 질문할 것인지를 대강 적은 것이기 때문에 그룹 인터뷰를 진행하면서 참석자의 반응에 따라 수시로 보완하거나 수정하기도 한다.

이러한 집단심층면접법은 조사설계와 자료수집의 신속성 그리고 응답자의 자유스러운 분위기 속에서 자료를 수집하기 때문에 생생한 언어와 함께 심층적인 정보를 얻을 수 있고 또한 응답자의 대답을 조사현장에서 직접 볼 수 있기 때문에 현장성이 우수하다. 게다가 조사 설계에서 예상치 못한 새로운 문제 발견사항이나 문제 발생시 질문 방법 및 진행방법을 현장에서 바로 수정할 수 있어 진행의 탄력성이 있는 조사방법이다. 반면 조사대상자가 전체 모집단을 대표하지 못하는 단점이 있고 또한 조사대상자가 대개 한 그룹별로 8명 정도의 소규모 표본조사이므로 조사결과의 대표성의 제시에는 한계점이 있으나 인지도가 떨어지는 해외 브랜드의 도입을 위한 사전조사로는 매우 적당한 방법이라 할 수 있다. 즉 해외에서 새로운 패션 브랜드를 도입하려는 기업에서 적용할 수 있는 집단 심층 면접법은 크게 3가지 방향에서 활용될 수 있는데 먼저 전문가나 목표고객들의 제품이나 브랜드에 대한 소비성향이나 구매행동에 대한 심층적인 정보를 얻을 수 있으며 두 번째로 새로운 브랜드 런칭을 위한 기업이 미처 파악하지 못했던 새로운 아이디어 혹은 제품의 새로운 용도개발을 위한 아이디어 등을 수집할 수 있다. 세 번째로는 소비자를 대상으로 아직 한국에 선보이지 않는 신제품에 대한 품평회를 실행함으로서 제품에 대한 소비자 의견을 수렴 혹은 신제품 반응에 대한 정보를 수집할 수 있다 이는 이후 상품 바잉에 직접적인 영향을 미칠 수 있는 정보이기도 하다.

집단심층면접법은 조사장소의 객관성과 조사 진행의 전문성을 외부 전문기관에 의뢰해 진행하는 것이 바람직하나 조사주제에 따라 회사 내부의 실무자가 실행 할 수 있다. 즉 기본적인 조사 진행능력과 프로그램을 파악하고 있다면 회사 내부에서도 활용할 수 있는 조사기법이다.

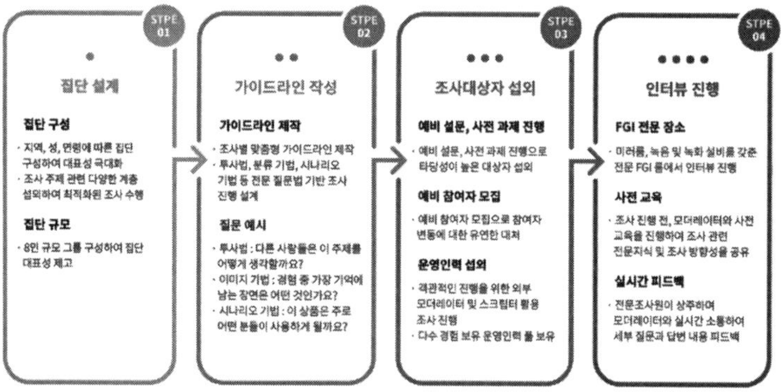

<그림 2-1> 집단심층면접법

정성조사 중 가장 정확도가 높다고 여겨지는 조사방법으로 델파이 기법(Depth interview)이 있다. 델파이기법의 기본가정은 "두 사람의 판단이 한 사람의 판단보다 정확하다"라는 것으로 이러한 가정에서 한 두 사람의 전문가보다는 전문가집단을 이용하여 조사한다. 사회자는 면접원에게 직접적으로 질문을 하지 않으며 중립적인 태도를 유지하고, 응답자가 잘 이야기 할 수 있도록 격려하고 응답자에게 공감을 표시해야한다. 면접원은 설문지가 아니라, 대화지침서에 따라 응답자에게 질문하며 응답자의 반응은 카세트에 녹음이 되고, 후에 조사결과는 보고서로 요약된다. 델파이 기법의 장점은 여러 가지가 있는데 먼저 한사람의 전문가가 아닌 예측대상과 관련된 전문가 집단의 주관적 판단에 의하여 예측한다는 점이다. 또한 델파이 기법은 선정된 전문가들이 신중하게 작성된 단계적 질문지에 적어도 3번이상 반복적으로 응답하는데 2단계부터는 이전 질문지에 대한 다른 전문가들의 응답 내용을 요약하여 제공한 후 다시 응답함으로 정보와 지식을 객관화하는 기회를 가질 수 있다. 델파이기법과 다른 예측기법을 비교한 결과 델파이 기법의 정밀도가 더 높았다는 연구 결과가 있었으며, 같은 대상을 예측하기 위하여 분야는 동일하나, 서로 다른 두 개 이상의 전문가 집단을 이용하여 델파이 기법을 사용하여 예측 결과를 비교하였는데, 아주 높은 일관성과 일치성을 보였다는 보고도 있다. 그러나 이러한 높은 정밀도와 신뢰를 얻기 위해서는 전문가집단이 능력있는 전문가들로 구성되어야 한다. 그러므로 델파이 기법의 성공여부는 전문가를 식별하고 선정할 수 있는 능력에 달려있고 할 수 있다.

델파이기법의 단점으로는 집단의 몇몇 구성원들이 예측하려고 하는 미래의 어떤 면과 이해관계를 가지고 있는 경우에는 자신들의 견해를 다수의 견해로 만드는 것이 중요한 목적이 되기 때문에 집단의 진정한 예측이 오도될 우려가 있다는 점이다. 조사 대상인 해외 수입 브랜드가 한국에 들어올 경우 자기가 운영하는 브랜드의 직접적인 경쟁 브랜드가 된다 여겨질 때 응답자는 전혀 다른 내용의 응답을 내놓을 수 있는 것인데 과거 필자가 백화점에서 이러한 목적의 조사를 시행하였을 때 직접적으로 자주 겪은 현상이라 하겠다.

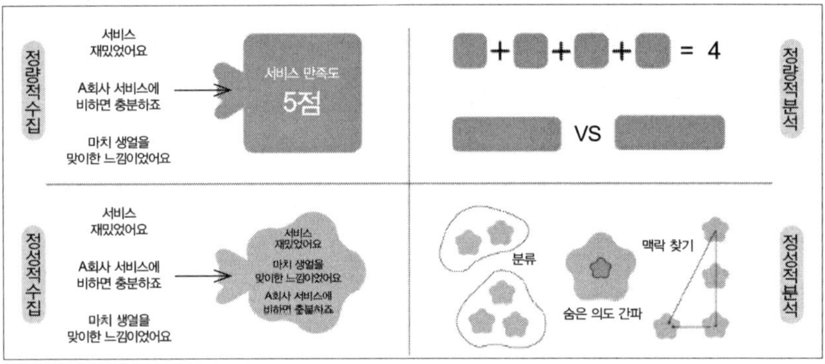

<그림 2-2> 정량/정성 조사 기법 차이

(3) 정량조사와 정성조사의 진행 순서

정성조사와 정량조사는 각각 이루어지기도 하고 하나의 주제에 대해서 동시에 진행되기도 한다. 시장에 대한 전반적인 이해가 낮은 경우에는 정성조사를 통해 제품에 대한 소비자들의 평균적인 태도, 관점을 이해하고 그 다음에 정량조사를 진행하는 경우가 많다. 시장에 대한 이해 없이 설문지를 작성하는 것이 어렵고 작성은 한다고 해도 시장 내의 주요한 이슈를 놓칠 가능성이 높기 때문이다. 정량조사를 위한 설문지를 작성하는데 큰 문제가 없고 정량조사 데이터를 심층적으로 이해하고 싶을 때는 정성조사를 나중에 시행하기도 한다. 정량조사의 데이터 결과를 보고 의문이 생기는 부분을 직접 물어볼 수 있다는 장점이 있다. 또한 정성조사와 정량조사를 완전히 동시에 진행하기도 한다.

정성조사가 꼭 정량조사를 보완하는 용도로만 시행되는 것은 아니다. 조사의 주제가 응답자의 창의성을 요할 때에도 정성조사가 많이 활용된다. 신제품 개발이나 개발된 신제품의 테스트는 정성조사를 통해서 하는 경우가 많다. 소비자들의 창의적인 응답이 필요하기 때문이다. 예상 밖의 필요나 장단점을 밝혀야 하는 조사의 목적상 정해진 설문을 기계적으로 따라가는 정량조사에는 한계가 있다. 물론 정성조사 역시 구조화된 질문지를 이용하지만, 조사 진행자의 운신의 폭이 넓은 편이다.

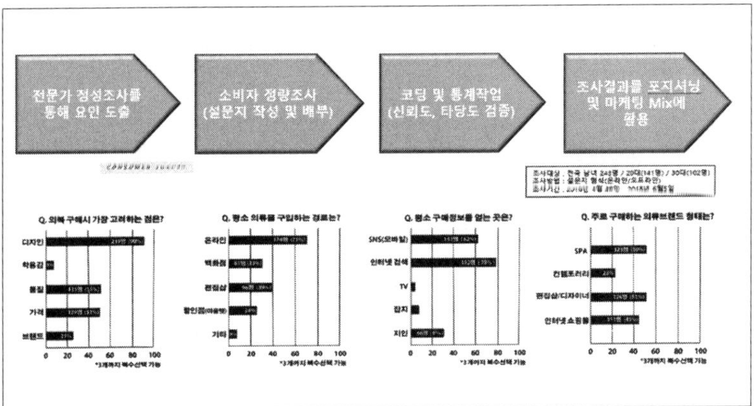

<그림 2-3> 정량/정성 조사 진행 순서

(4) 관찰법

일반적으로 마케팅조사하면 대개는 설문조사법이나 집단심층면접법을 의미한다. 하지만 이들 조사는 응답자가 인식하지 못한, 즉 잠재의식 속에 있는 행동을 도출하기에는 어려움이 있다. 이처럼 응답자의 행동을 관찰 조사하는 조사방법이 관찰법이다.

관찰법은 말 그대로 소비자들에게 질문을 하지 않고 행동하는 것을 관찰하는 것이며, 이를 데이터로 정리하여 분석하는 조사방법이다. 즉 조사대상자의 겉으로 드러난 행동을 관찰하여 잠재의식 속의 욕구를 발견하는 것이다. 하지만 관찰법은 조사자의 주관적인 판단에 의해 조사되므로 객관성이 미흡하고 계량적인 기준 측정치가 없어 신뢰성에 문제가 있는 조사방법이다. 따라서 자료수집상 부적합한 상황이 있어 단독으로 사용되기 보다는 설문조사법이나 심층면접법과 함께 활용되는 경우가 많다.

기업의 관찰조사 유형으로는 크게 거리 관찰(Town Watching), 사람 관찰(People Watching), 매장 관찰(Store Watching)로 분류할 수 있다.

① 거리 관찰법

먼저 거리 관찰법은 거리에 나타나는 각종 기호를 읽어 소비자의 욕구를 파악하는 방법이다. 거리 관찰은 사람들의 행동과 함께 매장 시설물 디스플레이 등 거리의 여러 가지 시설물이 지속적으로 변화하는 모습을 비교하여 관찰하는 조사방법이다. 많은 유명 디자이너들은 디자인을 공부하기 위해서는 거리로 나가서 현장에서 배우는 것이 중요하다가 언급하고 있다. 디자인을 배우려면 다양한 거리와 현장으로 눈을 돌려야 한다는 것이다. 이처럼 거리는 사람들이 살아가고 자기 방식을 표현하는 생활 자체이다.

그 현장에서 직접 보고 경험하면 배울 수 있는 점이 많다. 거리 관찰법은 관찰하고자 하는 대상의 행동이 많이 일어나는 거리를 선정하여, 그곳에 모인 사람들의 기본행위 즉 먹고 놀고 마시는 장소의 특성을 관찰하고 이들의 물리적 흔적 등을 촬영하여 군집화시켜 상품개발을 위한 기초자료로 활용한다. 이같은 의미의 관찰조사법은 소비자 중심 디자인 개발을 위한 유용한 조사 방법이다.

② 사람 관찰법

거리에는 얼굴이 다르고 생활이 다른 여러 종류의 사람들이 모여 있다. 그 다양한 사람들을 직접 보고 접촉하는 것이 사람관찰법이다. 조사하고자 하는 거리에 어떤 사람이 많고 그들의 성별 연령별 직업은 무엇인지? 그리고 그 사람들은 무슨 목적으로 여기에 있는지? 무엇을 입고 있는지 등을 관찰한다. 이처럼 사람 관찰법은 주로 패션 산업에서 흔히 행하여지는데 정해진 시간에 정해진 장소에서 사람들이 어떤 패션을 하고 있는지? 그리고 다음의 패션 트렌드가 무엇인지 등을 파악하는 것이 주요 목적이다.

패션기업에서 사람관찰법을 활용하는 것이 이른바 패션 스트리트 조사이다. 대개 명동 압구정동 신촌 등지의 주요 패션 중심지를 찾아 소비자 패션 트렌드의 과거와 현재의 흐름을 파악하고, 미래의 패션 트렌드 방향을 찾기 위한 조사 방법이다.

③ 매장관찰법

거리에서 얻을 수 있는 중요한 정보로는 매장 즉 스토어(Store)정보가 있다.

매장관찰법은 매장 내 제품의 디스플레이, POP 등 각종 구조물의 효율적인 위치 설정 또는 매장 내 소비자의 구매 행동을 관찰하는 조사 방법이다. 기업에서 활용할 수 있는 매장관찰법은 자사 브랜드 매장에서 샘플에 의해 소비자 반응을 파악할 수 있다는 것인데 이 조사는 아직 시장에 출시하지 않은 샘플이라든가 또는 품평회에서 좋은 평가를 받는 상품을 실제 매장에 디스플레이 해놓고, 디자이너나 MD들이 소비자들과 함께 모여서 소비자들이 해당제품에 대해 어떤 반응을 보이는지? 현장에서 소비자 반응을 직접 파악하는 조사방법이다. 현재 국내 기업의 샘플 반응 관찰조사 활용도는 매우 미흡하지만 현장에서 직접 소비자의 반응을 체크해 이의 결과를 기초로 생산 투입 수량 결정의 기초자료로 활용할 수 있다. 또한 매장 내 소비자의 구내 행동을 관찰 조사해 상품기획이나 매장기획의 자료로 활용할 수 있다. 즉 준비한 관찰표를 이용해, 소비자가 매장에 들어오면서 소비자의 시선이 어느 쪽으로 가는지? 그리고 어느 지점에서 오래 머무는지? 어떤 제품을 만져보는지? 등의 포착률(Capture Rate)을 파악, 매장 인테리어나 디스플레이를 효과적으로 할 수 있다.

(5) 설문지 작성 방법

설문지 내 질문의 형태는 크게 폐쇄형 질문과 개방형 질문으로 나뉘어진다. 폐쇄형 질문이란 응답자에게 응답보기를 주어 그중에서 몇 개를 고르도록 하는 것이며, 반면에 개방형 질문이란 보기 없이 응답자가 자유롭게 응답하도록 하는 것이다. 폐쇄형 질문은 응답 보기를 작성하기가 다소 귀찮지만, 응답자들이 쉽고 정확하게 응답할 수 있도록 도와주기 때문에 될 수 있는대로 질문은 폐쇄형으로 만드는 것이 좋다.

① 명명척도

설문지 질문을 작성할 때에는 척도를 어떤 형태로 할 것인지도 고려해야 하는데, 응답을 어떻게 받았느냐에 따라 통계 분석 방법이 달라지기 때문이다. 이때 명명척도란 '남자는 1, 여자는 2'와 같이 응답 보기 하나하나에 수량적 의미가 없는 숫자를 부여하는 것으로, 기본적인 인구통계학적 정보를 구할 때 가장 많이 사용되고 있는 척도이다.

문1. 다음 패션제품 브랜드 중에서 귀하께서 가장 즐겨 구매하시는 브랜드는 무엇입니까?

M C M··················1	Love Cat····················2
Metro - City········…····3	Louis Quatoroze···········4

<그림 2-4> 명명척도 사례

② 서열척도

서열척도란 응답 보기 중에서 가장 중요한 혹은 가장 좋아하는 것부터 순서를 매기도록 하는 방법이다. 단순히 1위부터 순서를 매기는 것이므로 서열척도를 사용해 몇 가지 제품에 대한 선호도를 측정하면,

순위는 알 수 있지만 어떤 제품이 얼마만큼 더 선호되는지는 알 수 없다는 단점이 있다.

문1. 다음의 명품 브랜드 중에서 귀하께서 좋아하시는 순서대로 1~5위까지 순서를 매겨 주십시오. 가장 좋아하시는 브랜드에 1위, 가장 덜 선호하시는 브랜드에 5위를 주시면 됩니다.

Louis Vuitton	Chanel	Hermes	Christian Dior	Gucci
( )위	( )위	( )위	( )위	( )위

<그림 2-5> 서열척도 사례

③ 등간척도

등간척도란 서열척도에서 한 걸음 더 나아가 부여되는 수치 사이의 간격이 똑같은 것으로서, 어느 것이 얼마만큼 더 선호되는지도 계산할 수 있는 척도이다. 그러나 절대 영점(Absolute Zero Point, 아무것도 없는 상태)을 가지고 있지 않기 때문에 수치 상으로는 2배일지라도 실제로도 2배라고 말할 수 없다는 데 문제가 있다.

명문 1. 다음 브랜드 제품의 품질을 평가해 주십시오. 가장 품질이 좋으면 10점, 가장 품질이 나쁘면 0점을 주시면 됩니다.

<그림 2-6> 등간척도 사례

(6) 표본추출법

표본을 추출할 때에는 모집단 내의 모든 사람이 표본으로 뽑힐 확률을 같게 해야 한다. 표본을 설계하고 추출함에 있어, 조사자는 다음 사항을 고려해야 할 점은 다음과 같다.

① 조사 대상 모집단의 정의

표적집단이나 특정 표본을 추출할 모집단의 범위는, 물론 조사의 목적에 따라 달라진다.

② 표본의 크기

대규모 표본을 추출하려면 높은 비용을 부담해야 한다. 결국 기업은 시장조사에 있어서 표본의 규모와 결과의 대표성과 신뢰성사이에서 적절한 타협안을 찾아야 하는 것이다. 표본의 크기가 크면, 표본 오차의 크기는 줄어든다. 표본 수는 모집단의 인구 수와 관계 없이 인구 50만 이상되는 지역에서 95%의 신뢰구간과 ±5%의 표본오차로 계산할 경우 약 400명 정도 그리고 99%의 신뢰구간과 ±5%의 표본오차일 경우에는 약 600명 정도가 필요하다(표본 추출 공식과 공식에 대한 설명은 조사 이론서 참고). 대개 전국의 5대 대도시(서울, 부산, 대구, 대전, 광주)의 성인남녀를 조사할 경우 800~1,000명, 전국의 성인남녀를 대상으로 할 경우는 1,500~2,000명 정도를 조사하는 것이 보통이다. 여기서 '95%의 신뢰구간과 ±5%의 표본오차'란 의미는 조사결과 '가'라는 의견을 가진 응답자가 75%로 나타났다면 같은 조사를 100번 시행해도 95번은 '가'라는 의견을 가진 응답자가 70~80%정도 나온다는 뜻이다.

응답 대상자를 선정하는 방법으로는 아래와 같은 방법 등이 쓰인다.

- 무작위 표본추출법

유권자 명단, 우체국 주소목록, 전화번호부 같은 목록을 보고 이름과 주소를 미리 선택한다. 이 사전선택은 무작위로 이루어지며 면접원은 면접대상자에 대한 선택권이 전혀 주어지지 않는다. 무작위 표본추출법은 객관적이고 기계적으로 엄격하기 때문에 다른 방법에 비해 정확도가 뛰어나며 또한 편견이 개입될 여지가 없다.

- 등간격 표본추출법

모집단의 전화번호부나 주소록이 있을 때 난수표를 이용해 출발점을 결정한 후 몇 개 건너 1개씩 표본을 선발하는 방법으로 전화 면접 조사나 우편 조사에 많이 사용되는데 비교적 표본의 대표성이 유지되는 과학적인 방법이다.

- 할당표본추출법

이 방법은 무작위로 조사 지역이나 전화번호를 선정한 후 최종 응답자는 난수표가 아닌 면접원 마음대로 결정하는 것이다. 그렇다고 해서 면접원이 아무하고나 면접을 해도 좋다는 뜻은 아니고, 모집단의 성과 연령비에 따른 응답자 수를 할당받아 그 수에 맞춰 면접한다는 것이다. 정부 조사나 학문적 성격의 조사는 무작위 표본추출법을 선호하는 반면 시장 조사 연구자들이 수행하는 상업적 목적의 조사는 대부분 할당표본추출법을 사용하고 있다.

- 군집표본추출법

'OO백화점 입점 고객' 하는 식으로 조사 대상자들이 모여 있는 곳을 찾아가거나 한 곳에 모이게 해 한꺼번에 면접하는 방법으로, 비과학적인 표본추출법이어서 조사 결과가 모집단을 대표한다고 말하기는 어렵다. 그러나 조사는 시급히 진행되어야 하고 표본의 대표성도 별로 요구되지 않을 때, 제품을 보여주고 설명해주거나 맛을 보여줘야 할 때 유용한 표본추출법이다.

라. 타깃 브랜드 사전 조사 요인

수입 브랜드를 도입하기 위한 소비자 조사는 논문의 그것과는 달리 보다 더 시장의 흐름과 브랜드 자체의 특성에 중점을 두어야 한다. 논문은 기존의 연구들에 대한 정리와 학문적 가치가 더 중요한 요인이지만 수입 브랜드 도입을 위한 조사는 어찌 보면 과거의 성과와 전혀 상관이 없을 수 있고 학문적인 성과보다는 수익적 측면에 초점이 맞추어져야 되기 때문이다. 학문적 연구상에서 다루어지는 통계적 쓰임과 기타 조사방법의 형식을 무시할 수는 없지만 최대한 사업성격에 맞게 설계되어 조사되어야 하는데 여러 가지 항목 중에서 특히 중요한 요인들을 소개하면 다음과 같다.

아래에서 보여지는 통계조사 결과는 저자가 실제로 조사한 것을 옮겨 실었으며 이러한 조사 결과는 담당 실무자들의 토론이나 회의에서 얻어진 그 어떤 결과보다 정확하고 유용하였다는 것을 강조하고 싶다.

1) 인지도 조사

인지도 조사는 국내 소비자들에게 얼마만큼의 유명세를 가지고 있는지를 파악해 보는 것으로 가장 기초가 되는 항목이라고 할 수 있다. 인지도가 높으면 그만큼의 광고 판촉비용 절감을 의미하는 것이고 빠른 시기에 국내 시장에 연착륙 할 수 있는 장점이 될 수 있다. 여기서 중요한 점은 그 인지도가 타깃 소비자 층에서 형성되어 있는지 하는 점이다. 타깃 소비자가 아닌 다른 나이대나 소득 수준 및 라이프 스타일이 다른 계층에서 유명하다면 직접적인 효과를 거두기 어렵다.

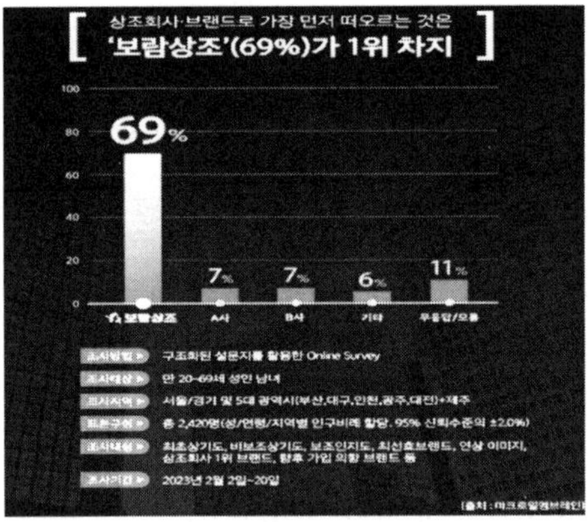

<그림 2-7> 브랜드 인지도 조사

2) 이미지 조사

브랜드의 인지도가 아무리 높아도 긍정적인 이미지가 함께 공유되지 않으면 이를 개선하기 위해 인지도를 높이는 것보다 훨씬 많은 시간과 비용이 소모될 것이다. 실제로 저자가 해외 브랜드 도입 사업을 시행 할 때 미국의 한 캐주얼 브랜드의 경우 매우 높은 인지도 수준을 보였으나 현지 대비 비싼 가격과 낡은 이미지 그리고 소위 짝퉁이 많다라는 부정적인 이미지가 상당하다는 것을 파악하고 도입 중단 시킨 적이 있는데 결국 타 회사를 통해 들어온 이 브랜드는 지금까지 처절한 실패사례가 되고 있다. 한편 이미지에 대한 문제를 발견하였을 때 단순하게 그 내용과 수준을 파악하는 것도 중요하지만 그보다 그 이유가 무엇인지를 밝혀내는 것이 보다 필수적이다.

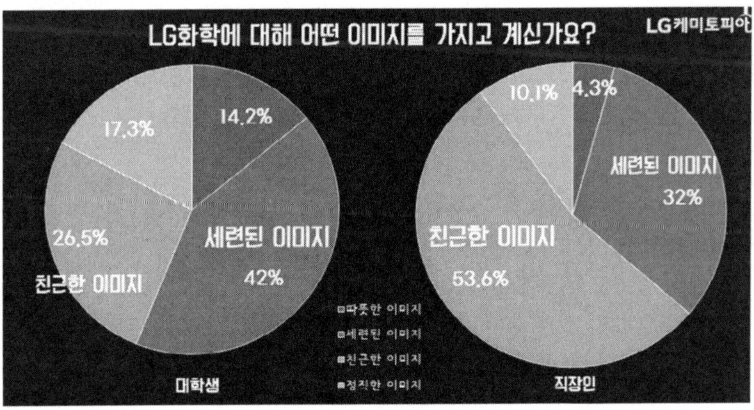

<그림 2-8> 브랜드 이미지 조사

3) 경쟁브랜드

일반적으로 실무자들이 범하는 오류의 하나가 해외 브랜드와 국내 브랜드의 경쟁 브랜드 포지셔닝을 단순히 가격이나 디자인 감도 정도로만 파악하려는 것이다. 소비자들은 다양한 경험에 따라 마음속에 축적해 놓은 브랜드에 대한 연상이 존재하고 점점 가격 외적인 요인에 대한 중요성이 커지고 있기 때문에 직접적으로 조사하지 않는 한 우리나라에 들어오지 않은 해외 브랜드의 경쟁브랜드가 누가 될 것이라는 것에 대한 성급한 판단은 유보하는 것이 좋다.

4) 정보원

브랜드를 인지하는 소비자들의 정보원을 파악하는 것은 일차적으로 효과적인 광고 판촉의 적정 미디어를 알아내는데에 매우 유용하다.

5) 적정 가격대

수입 브랜드를 외국에서 수입하는 경우 수입업자 입장에서 건들 수 없는 가격적 요인은 분명 존재하며 가격조건은 거의 사업의 시작여부를 결정하는 바로미터가 된다. 원가를 중심으로 가격을 우선적으로 판단할 수밖에 없는데 불행히도 국내 소비자들은 그 가격을 합리적이라 받아들이지 못하는 경우가 많고 최근의 직구와 SNS 등의 정보 활용 등을 통해 현지 가격을 매우 정확하게 인지하고 있으므로 과거처럼 해외에서 상품을 들여왔다고 해서 무조건적으로 가격을 높게 형성하는 경우는 거의 불가능한 상황이다.

백화점, 홈쇼핑 등의 높은 판매 수수료와 높은 전문점 초기 투자비용 그리고 갈수록 인상되어지는 창고료 및 운반비 등을 감안 할 때 가격에 대한 냉철하고 정확한 판단 없이 해외에서 브랜드를 도입하는 것은 무모한 일이 아닐 수 없다. 실제로 가격이 손익요건을 충족시킬 수 있다고 하더라도 아래 조사 사례와 같이 실제 소비자들에게 적정 가격대를 물어보면 생각보다 매우 실무자와 다른 가격인식을 하고 있다는 것을 알 수 있는 경우가 많을 것이다. 이는 실무자는 가격에 대해 산술적으로 판단함에 비해 소비자는 상품을 이미지로 판단하는 경우가 대부분이기 때문이다.

<표 2-1> 타깃 브랜드 소비자 가격 기대 수준 조사

Section		Under 50 USD		BTW 50~100 USD		BTW 110~150 USD		BTW 160~200 USD		Total		X 2 (P)
		N	%	N	%	N	%	N	%	N	%	
Research Area	Myong Dong	31	31.0	55	55.0	13	13.0	1	1.0	100	100.0	
	Kang Nam	26	26.0	60	60.0	12	12.0	2	2.0	100	100.0	
	Apgujeong	19	19.0	56	56.0	22	22.0	3	3.0	100	100.0	
	Shinchon	46	46.0	41	41.0	12	12.0	1	1.0	100	100.0	

Age	teenager	39	53.4	26	35.6	4	5.5	4	5.5	73	100.0
	20 - 24 years	61	30.0	112	55.2	30	14.8			203	100.0
	25 - 29 years	19	19.4	58	59.2	18	18.4	3	3.1	98	100.0
	30 - 34 years	3	11.5	16	61.5	7	26.9			26	100.0
Residence	Kang Nam	40	26.8	78	52.3	26	17.4	5	3.4	149	100.0
	Kang Buk Seo	25	30.1	44	53.0	13	15.7	1	1.2	83	100.0
	KangBukDong	16	32.7	29	59.2	18	18.4	3	3.1	98	100.0
	Kang Seo /Kang Dong	13	23.6	32	58.2	10	18.2			55	100.0
	Kyong Ki	28	43.8	29	45.3	7	10.9			64	100.0
Job	Professional /Office orker	10	13.7	43	58.9	19	26.0	1	1.4	73	100.0
	Merchandiser	6	28.6	11	52.4	3	14.3	1	4.8	21	100.0
	Student	98	34.6	144	50.9	36	12.7	5	1.8	283	100.0
	Housewife/etc.	8	34.8	14	60.9	1	4.3			23	100.0
Monthly Average Income	Under 3,000 USD	33	35.1	49	52.1	11	11.7	1	1.1	94	100.0
	BTW 3,000 - 4,000 USD	27	30.7	46	52.3	15	17.0			88	100.0
	BTW 4,000 - 5,000 USD	33	32.4	54	52.9	15	14.7			102	100.0
	BTW 5,000 - 7,000 USD	13	20.3	40	62.5	9	14.1	2	3.1	64	100.0
	Over 7,000 USD	16	30.8	23	44.2	9	17.3	4	7.7	52	100.0
Criteria of Purchasig Clothes	Style(Design)	81	32.3	131	52.2	36	14.3	3	1.2	251	100.0
	Brand	10	18.5	36	66.7	5	9.3	3	5.6	54	100.0
	Price	11	44.0	10	40.0	4	16.0			25	100.0
	Fashion (Popularity)	4	30.8	7	53.8	2	15.4			13	100.0
	Harmony with other Clothes	8	25.0	17	53.1	6	18.8	1	3.1	32	100.0
	Quality	8	32.0	11	44.0	6	24.0			25	100.0
Total		122	30.5	212	53.0	59	14.8	7	1.8	400	100.0

6) 타깃브랜드의 현지 환경 분석

과거에는 선진국인 프랑스나 미국 등에서 유행하는 브랜드는 무조건 한국 시장에서도 성공할 것이라는 믿음이 있었다. 일단 우리나라보다 앞선 나라에서 확인된 객관적 사실이며 현지에서 유행하는 것 자체가 우리나라에서 좋은 홍보거리가 되었기 때문이기도 하다. 그러나 우리나라는 이미 오래전부터 화장품제품의 테스팅 마켓이기도 하며 많은 외국브랜드들이 한국시장에서의 성공은 타 지역에서의 성공을 위한 조건이라고 전략화하고 있는 시점이다. 그만큼 우리나라 소비자들의 소비 수준이 전과 다르게 높고 꼼꼼하게 제품의 전반적인 평가를 정확하게 내릴 수 있는 능력이 생겼다는 증거이기도 한다. 따라서 외국에서 도입하고자 하는 타깃 브랜드는 그 나라에서 성공적이라고 해서 우리나라에서도 성공한다고 전제하기 어렵다. 그 나라와 우리나라의 시장 환경 상에서 교집합 영역에 타깃 브랜드가 포함되어 있어야 비로소 잠재력이 있다고 판단 할 수 있는 것이다.

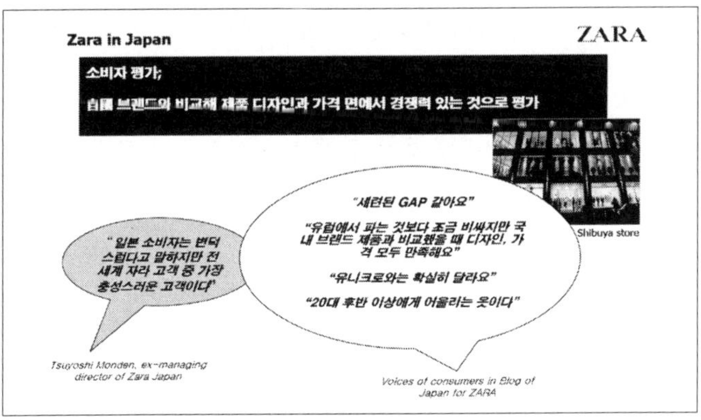

<그림 2-9> 수입 브랜드 현지 조사 사례

해외 시장을 조사한다는 것은 많은 시간과 비용과 전문 인력을 요구한다. 인터넷상으로의 조사는 그 한계가 명백해서 시기적으로 이미 지난 정보이거나 신뢰성에 문제가 있기도 하다. 그렇다고 무작정 현지에 가서 조사를 하는 것도 실제 접할 수 있는 것들(매장, 제품, 소비자 반응 등)을 제외하고는 깊이 있는 정보(회사 형태, 재무구조, 매출액, 이익률 등)를 습득해서 분석해 내기에는 전문 인력도 부족하고 상대 회사와의 신뢰가 구축되지 않은 상황에서 현실적으로 어려운 일이다. 결국 회사의 모든 역량을 동원하여 가능한 정보를 구하여 객관적이고 전문적인 시각으로 분석하는 것이 정답이다. 현지 전문가와의 인터뷰 조사를 통해 보다 구체적인 사항을 점검해 보는 것도 좋은 방법이다.

7) 타깃 브랜드 현지 VS 국내 환경 분석 간 교집합

앞서 시행된 현지조사 결과를 기준으로 우리나라 환경을 대비하여 브랜드가 해외에서 성장하고 있는 장점을 국내에도 적용할 수 있는지 파악해본다. 우선 두 나라의 거시적 환경 및 미시적 환경을 종합하여 비교할 때 타깃 브랜드가 현지와 우리나라 시장에서 공통적으로 가질 수 있는 요인이 많을수록 사업 성공 가능성은 높아질 것이다. 드물지 않게 해외에서 성정하고 있는 브랜드이나 그 요인의 현지 상황에만 특화된 것에 의한 것이라면 우리나라에 수입 되어 사업을 전개할 시 그러한 성장동력을 국내에서 얻기란 어려운 일이기 때문이다.

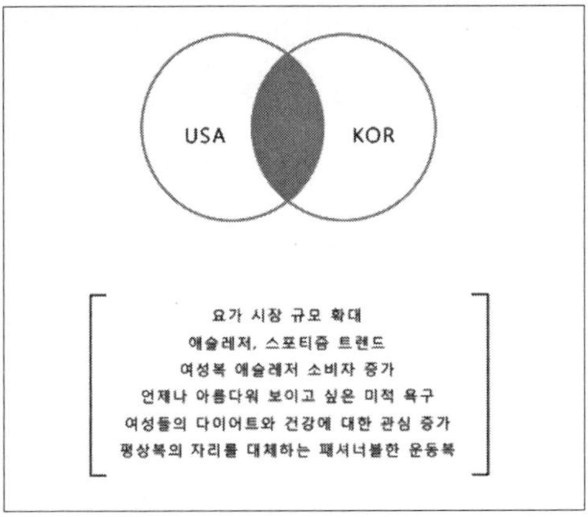

<그림 2-10> 타깃 브랜드 현지와 국내 시장 교집합 요인 확인

마. 시장성 분석

"시장성이 있다"란 말은 일단 시장의 규모가 크고 성장세가 예견된다는 말이다. 이 두 가지 측면이 모두 충족되지 않는다면 최소 한 가지는 충족이 되어야 하는데 시장의 규모가 작아도 성장성이 높다면 장기적 측면에서 사업을 전개 할 수 있도록 계획을 세우면 될 것이고 시장의 규모가 큰데 성장성이 낮다면 기존 업체나 브랜드와의 차별성을 찾아내어 시장성을 확보하는 차별화 전략을 그 근간으로 삼으면 사업의 시작과 유지가 가능하기 때문이다. 그러나 이 두 가지 요인이 모두 충족되지 않는다면 그 브랜드의 도입은 초기에 중단하는 것이 옳다. SWOT분석은 이러한 시장성을 파악하고자 하는 첫 번째의 관문으로서 부정적 결과가 나온다면 굳이 사업을 벌일 필요가 없다. 가시권에 들어온 브랜드 일지라도 사업성이 없다고 판단되면 과감히 접는 것이 기업의 손익을 보존하고 사업의 실패를 예방하는 첩경이며 이러한 시장성의 효과적 분석은 철저하고 전문적인 시장조사를 통해 얻어질 수 있다.

1) SWOT 분석을 통한 시장성 분석

기업환경분석을 전략적으로 접근하기 위해서 개발된 도구가 SWOT 분석이다.

SWOT 분석은 기업의 외부 환경과 내부 환경 중 중요한 요인들을 바탕으로 전략수립을 가능케 하는 분석도구로서 특별히 복잡한 작업이나 계량화 작업 없이도 기존에 수행한 상황분석만으로 전략을 수립할 수 있다는 실용성 때문에 널리 사용된다.

(1) 기회 및 위협요인의 파악

SWOT 분석의 첫 번째 단계는 시장분석과 고객 분석을 통하여 자사가 처해 있는 시장 환경에 있어서의 기회요인과 위협요인을 파악하는 것이다. 이 단계에서 잊지 말아야 할 점은 어떤 상황에서도 시장 환경을 객관적이고 구체적으로 분석해야 한다는 점이다.

(2) 자사의 강점과 약점 파악

SWOT 분석의 두 번째 단계는 자사가 가지고 있는 강점과 약점을 경쟁사와 비교 분석하여 자사가 가지고 있는 상대적인 강점을 향후 시장에서 어떻게 활용할 수 있는지 그리고 자사의 상대적인 약점을 어떻게 보완하거나 방어할 수 있는지를 분석하는 단계이다. 이를 위해서는 가치사슬의 각 단계별로 비교하여 파악하는 것이 좋다. 가치사슬이란 기업의 제품이나 서비스가 어떻게 경영활동의 여러 단계를 거쳐 소비자에게 전달되는지를 파악 할 수 있게 해주기 때문에 자사의 어떤 부분이 경쟁사에 비하여 상대적으로 취약한지 알기 쉽게 해준다.

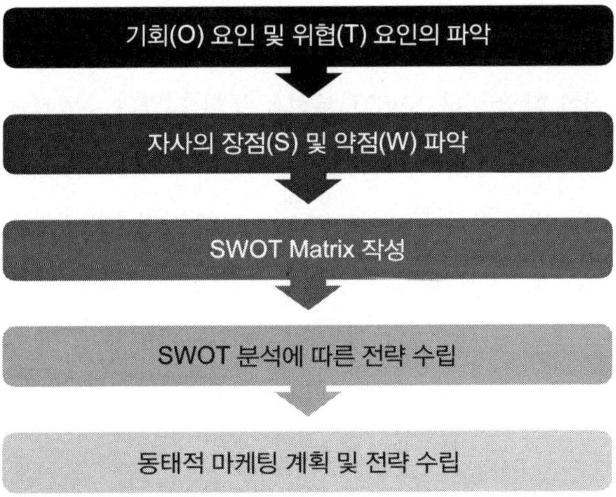

<그림 2-11> SWOT 분석 프로세스

(3) SWOT 분석표 작성

위에서 분석된 시장 환경의 변화요인을 크게 자사에게 유리한 변화요인인 기회요인과 자사에게 불리하게 작용하는 변화요인인 위협요인으로 나누어본다. 그리고 두 번째 단계에서 파악한 자사의 가치사슬의 각 단계가 경쟁사에 비하여 비교우위에 있다면 강점으로, 비교열위에 있다면 약점으로 분류한다. 실제 거의 모든 기업 내 기획실 지원이나 마케터들이 시장분석 방법으로 SWOT분석을 활용하고 있으나 대부분의 분석에서 강점(strengths)과 기회(opportunities)간 그리고 약점(weakness)과 위협(threats)간의 차이를 명확하게 구분 짓지 못하고 있는 것을 자주 볼 수 있다. 강점과 약점은 앞서 말한 시장의 미시적 관점에서의 분류 즉, 기업이 통제할 수 있고 요인 변화가 기업 활동에 직접적으로 영향을 주는 의사결정 변수 영역이다. 반면, 기회와 위협은 시장의 거시적 관점에서의 분류 즉, 기업이 통제하기 어렵고 기업 활동에 간접적으로 영향을 주는 환경적 변수를 대입시켜서 각각의 요인을 구분 지어야 할 것이다. SWOT 분석을 통한 전략의 수립전략적인 상황분석을 하는 목적은 그 결과를 가지고 SWOT Matrix를 작성하는 데에서 그치는 것이 아니라 SWOT 분석을 토대로 적절한 전략을 수립하는 것이다.

(4) SWOT 분석을 활용한 동태적 마케팅 계획 및 전략의 수립

기업이 가장 활동하기 좋은 상황은 시장 환경에 경영활동을 원활하게 할 수 있는 기회요인이 많고 이러한 기회를 자사에게 유리한 방향으로 살릴 수 있도록 내부에 강력한 핵심역량이 축적된 경우일 것이다. 따라서 기업들은 자사의 원활한 경영활동을 위하여 각 요소들이 O/S내에 위치할 수 있도록 노력을 해야 한다. 현재 자사의 위치에서 O/S로 가기 위한 동태적인 마케팅전략을 수립하고 이를 위한 활동 등을 통해 자사의 상황을 O/S로 이동시키는 것이 SWOT 분석의 목적이라 할 수 있다.

SWOT의 실제 적용에 있어 매우 중요한 점은 실제 실무에서 새로운 사업을 전개하거나 현 사업을 개선하기 위해 이 SWOT 분석을 활용할 때 긍정적 요인인 강점과 기회가 부정적 요인인 약점이나 위협에 비해 단순히 항목 수가 많다고 해서 반드시 사업성이 높거나 유리하다고 판단해서는 안 된다는 것이다. 각각의 항목에는 그 중요성의 경중이 있고 즉 가중치가 다르며, 문제 해결이나 개선의 시간적 차이가 있으므로 반드시 이에 대한 세부적 분석이 뒷받침 되어야만 한다. 그러한 문제점을 개선코자 필자가 실무에서 실행했던 추가 SWOT 분석을 <그림 2-12>에 소개한다면 아래와 같다.

여기에서 주의 할 점은 적용 항목과 배점은 사전 시장조사나 내부 협의를 거쳐 주관적 오류를 최소화해야 한다는 것이다. 위 SWOT 결과를 살펴보면 막연하게 시장성에 유리한 강점과 기회 항목이나 시장성에 불리한 약점이나 위협요인의 내용이나 개수를 파악하는데 그치는 것이 아니라 전문가 집단을 통해 얻은 가중치와 실제 소비자 조사를 통해 얻은 평가를 조합함으로써 320: 120이라는 정량적으로 시장성이 유리하다는 결과를 얻을 수 있었다. 이때, 점수차이가 의미하는 시장성의 강도의 크기는 향후 누적경험을 통해 얻어질 수 있다.

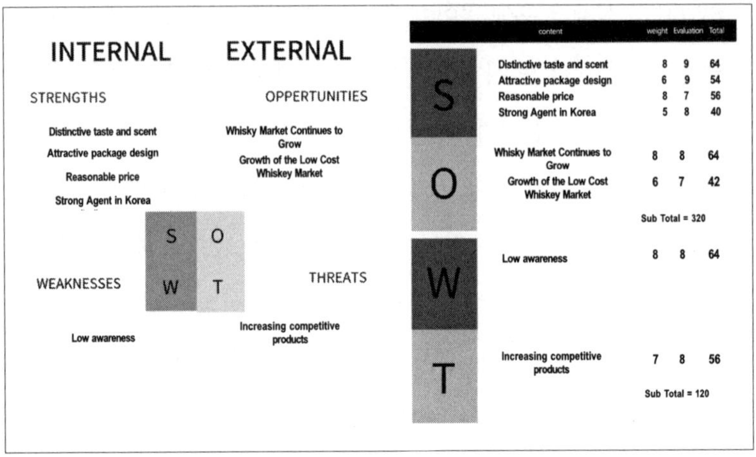

<그림 2-12> SWOT 정량화 예시

바. 경쟁상황 분석

언제부터인가 Blue Ocean(사업상 경쟁이 치열하지 않은 곳이나 유망한 틈새시장 의미)이란 말이 실무에서 익숙한 언어가 되어버렸다. 당연한 말이지만 이미 경쟁 구도가 빡빡한 시장 즉 소위 Red Ocean에 신규 브랜드로 진입하여 성공한다는 것은 결코 쉬운 일이 아니다. 기존 브랜드와 확연하게 차별화되는 그 무엇이 존재하거나 엄청난 촉진비용을 소모해야만 될 지도 모르며 이미 가격경쟁이 시작된 상태라면 당초 계획했던 정상 판매가를 유지하기 어려울 수도 있다. 한편 여러 가지 수입 브랜드를 운영하고 있는 국내 기업의 경우 새로 도입하는 브랜드가 기존 브랜드와의 식인효과(cannibalization)를 가져올 것인가 하는 것에 주목할 필요가 있다. 현재와 같이 불경기가 지속되고 가치

분 소득이 줄어드는 국내 시장 환경에서 새로운 브랜드의 추가가 새로운 매출의 창출과 연결 된다고 보긴 어려울 것이다. 그렇다면 유한한 자본을 가진 기업의 입장에서 브랜드 간 시너지효과를 가져오지 않는다 하더라도 최소한 매출을 서로 잠식하는 브랜드를 도입해서는 안 될 것이며, 본 계약을 체결함에 있어서도 해외 브랜드 본사에서 자사 브랜드와 경쟁관계인 브랜드를 이미 국내에 전개하고 있는 회사에 굳이 추가로 자사의 브랜드 사업권을 쉽게 주려고 하지 않을 것이다. 실제로 유니클로(Uniqlo)를 이미 도입하여 운영하고 있던 필자의 부서에서 야심차게 도입하려던 미국의 Gap 브랜드가 사업초기 미국 본토에서 경쟁브랜드인 유니클로(Uniqlo)의 운영사인 롯데를 이사회에서 거부했다는 내용의 서신을 보내 온 적이 있다.

실제적인 경쟁상황에 대한 파악은 단순하게 국내에 전개된 브랜드 수의 많고 적음으로 파악해서는 안 된다. 일반적으로 많은 기업에서 경쟁상황을 파악하기 위해 브랜드 포지셔닝을 활용하는데 실무적 경험을 바탕으로 이야기 할 때 과연 그러한 포지셔닝이 실제 고객의 인지하는 포지셔닝인지 아니면 실무자의 자의적 감에 의한 포지셔닝인지 묻고 싶은 경우가 많다. 심지어 학생들의 경우에도 리포트로 작성해오는 브랜드 포지셔닝을 보면 불과 한 두 시간의 고민도 없이 가격과 고객 연령 등 한 두 가지 특징적 요인만을 기준으로 작성해 오는 것을 자주 보는데 포지셔닝은 마케팅 영역에서 실행하는 그 어떤 시스템적 tool보다 정교하고 분명하여야 한다. 소비자가 실제로 느끼는 것을 그대로 반영해야 하며 소비자가 느끼는 것을 옮겨 올 때 명확한 내용을 담을 수 있어야 한다. 즉 직접적인 소비자조사를 통해 정보를 얻어야 하고 이미지 차원에서의 세련됨, 우아함, 고급스러움 등과 같은 사람에 따라 느껴지는 인식이 다르고 구별이 모호한 내용은 중복을 피해야 한다. 브랜드와 브랜드와의 위치적 거리도 막연하게 위치를 해서는 안 되고 소비자 조사방식에서의 정량화를 통해 등간적 차원에서 구분되어야 실제로 정확하게 파악될 수 있다. 또 한편으로 브랜드 포지셔닝이란 움직이는 것이므로 조사시점이 언제 인지도 눈여겨 볼 필요가 있다. 포지셔닝이란 결국 소비자들의 의식 속에 자사의 제품이 경쟁제품에 대비하여 차지하고 있는 상대적 위치를 밝히는 것이다.

포지셔닝 전략의 유형으로는 제품속성에 의한 포지셔닝으로 이는 중요한 제품속성이나 소비자 편익과 연계시키는 방법으로 예를 들어 치약(잇몸질환 예방 강조), 자동차(안전성 강조)같은 것을 말하며 사용상황에 의한 포지셔닝은 자사제품을 제품이 사용되는 특정상황과 관련시켜 연계 시키는 방법으로 예를 들어 스포츠음료(운동 후 갈증해소) 한방화장품(40대 이후 노화예방)이 있다. 세 번째로 경쟁자에 의한 포지셔닝으로 자사브랜드를 경쟁제품과 직접적으로 혹은 암시적으로 연계시킴으로써 제품포지션을 구축하는 방법으로 비교광고등을 예로 들 수 있다. 네 번째로 제품군에 의한 포지셔닝은 자사제품을 대체성이 있는 다른 제품군과 관련하여 포지셔닝함으로써 다른 제품군들을 사용하는 소비자들의 제품전환을 유도하는 방법을 말하며 모델에 의한 포지셔닝은 제품을 광고하는 모델의 성격과 이미지를 상표와 연결시켜 상표의 이미지를 구축하는 방법을 말한다. 마지막으로 가격-품질 상관관계에 의한 포지셔닝은 가격정보를 잘 이용하여 품질에 관한 포지셔닝을 하는 방법을 의미한다. 포지셔닝을 시행함에 있어 중요한 것은 대부분의 기업에서 시행하는 포지셔닝은 주관적 인식 즉 기업이 전문가라는 생각으로 소비자와는 동떨어진 기업 본위의 포지셔닝을 하는 경우가 많다는 것으로 반드시 소비자 조사를 통한 실제 맵(map)이 구성되어야 할 것이라는 점이다.

포지셔닝 전략의 수립과정으로는 먼저 경쟁사 대비 경쟁적 강점을 파악하여야 한다. 성능, 디자인 등과 같이 제품의 물리적 특성을 가지고 보는 제품적 차별화, 서비스에 대하여 차별화, 경쟁사들보다 직원의 선발 및 훈련에 있어서 많은 노력을 기울여 경쟁적 인적 우위의 차별화, 경쟁사에 대비하여 차별적 이미지를 구축하기 위한 노력에 따른 이미지 차별화 등을 고려한다. 이후 포지셔닝에 사용할 차별 점의 수와 차별점을 선택하여 경쟁사들로부터 차별적 우위를 얻을 수 있는 경쟁적 강점이 어떤 것인가를 신중하게 선택하여야 한다. 이후 선택한 포지션을 소비자들에게 전달해야 하는네 기업은 표적소비자들에게 바람직한 포지셔닝이 될 수 있도록 차별 점을 전달하며 바람직한 포지셔닝이 이루어지고 나면, 기업은 이를 지속적으로 유지할 필요가 있다. 이는 제품성능에 대한 주기적인 검사와 경쟁사들의 전략변화, 소비자들의 욕구변화에 대한 지속적인 파악이 바탕이 되어야 한다. 그러나 기존 포지셔닝은 위와 같은 효과를 얻는 데에 매우 한계적이고 제한적인 결과를 가져올 수밖에 없다. 관점상의 문제를 떠나 아이템상 다르게 적용될 수밖에 없는 가중치 즉 소비자가 상품을 구매할 때 고려하는 비중이 각기 다른데도 거의 모든 기업이 포지셔닝은 평면적 비교 즉 모든 요인을 같은 수준의 관여도 수준에서 놓고 파악하고 있기 때문이다. 예를 들면 명품 브랜드를 구매하는 소비자가 갖는 고려요인과 잠옷에 대한 고려요인은 다를 수밖에 없다. 명품의 경우 일반적으로 명성, 디자인 등이 주요 고려요인이라면 잠옷은 디자인보다는 몸에 입었을 때의 착용감을 우선적으로 고려하는 소비자가 많을 것이다. 따라서 포지셔닝에 사용하는 고려요인은 실제로 그 상품에 소비자가 관심을 갖는 것으로 구성되어야 하며 아울러 그 중에서도 각각 다를 가중치를 적용하여야 비로소 정확한 위치(location)이 파악된다. 따라서 앞서 언급한 SWOT분석의 정량화와 같이 포지셔닝도 기존의 방식에서 벗어나 정량화를 통해 경쟁 브랜드를 구체화 할 필요가 있다. 더구나 같은 유통 채널 상에 있지 않음에도 단순하게 상품의 성격이나 가격이 유사하다고 해서 경쟁 브랜드의 범주에 포함시키는 것은 매우 불용한 작업이 아닐 수 없다고 본다. 아래에서 제시하는 기존 포지셔닝(1차 포지셔닝)과 새롭게 제시하는 정량화된 포지셔닝(2차 포지셔닝)의 사례를 통해 새로운 브랜드 위치 정립에 도움이 되기 바라는 마음이다.

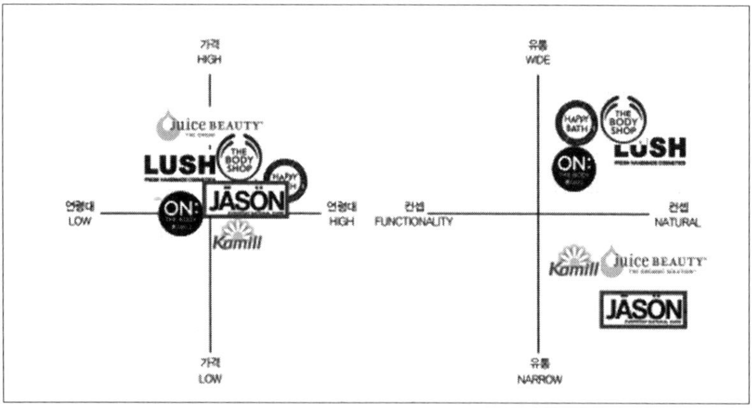

<그림 2-13> 1차 포지셔닝 예시

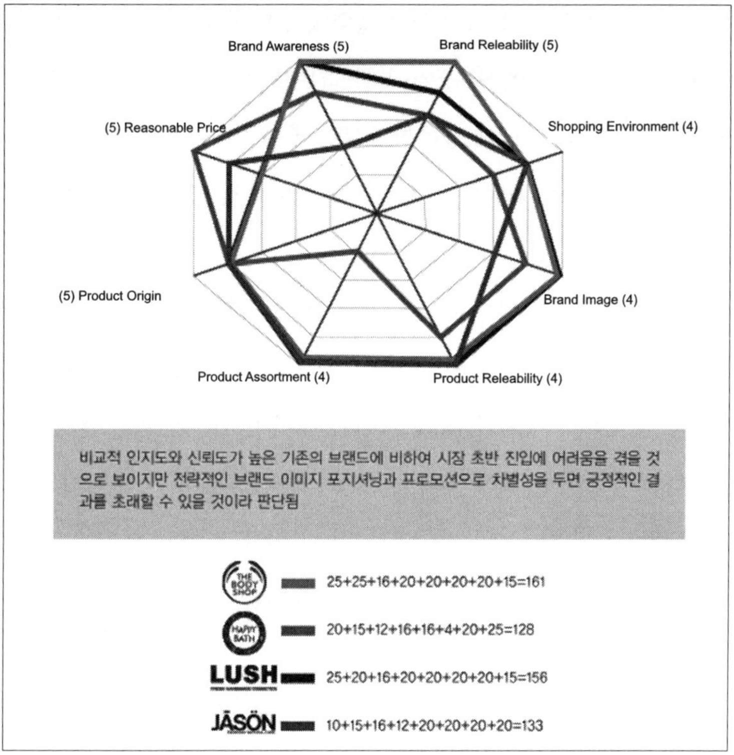

<그림 2-14> 2차 포지셔닝 예시

사. 체크리스트 작성

시장 환경 분석을 통한 SWOT의 사업성 여부 확인을 거쳐 포지셔닝 작업을 통해 경쟁 상황이 파악되면 타깃 브랜드를 국내에 도입하는 것에 대한 체크리스트를 작성하게 된다. 이와 같은 작업을 실행하는 이유는 맨 처음 이 책의 목적에서도 밝힌 바 있듯 해외에서 브랜드를 도입하는 것은 단순하게 해당 브랜드의 상품을 구매해서 파는 것이 아닌 매우 다방면에 걸친 업무 영역에서의 정확하고 꼼꼼한 업무를 요하는 일이기 때문에 꼭 챙겨야 할 업무를 놓치는 경우가 많고 그런 일이 발생하게 되면 국제 업무이기 때문에 해결하는 데에 많은 시간과 경비가 들 뿐만 아니라 상대방을 이해시키는 것 자체가 쉬운 일이 아니기 때문이다.

아래 보이는 <표2-2> 체크리스트는 브랜드와 제품의 유형과 계약 형태에 따라 다르겠지만 해외에서 수입브랜드를 독점 도입할 때 필수적으로 파악해야 하는 항목을 모아본 것이며 시점은 아직 상대방 브랜드의 계약조건을 알지 못하는 상황 즉 사업의향서나 사업제안서가 제출되기 전 시점에서의 기준이다. 또한 아래 표에서 보이는 상대적 중요도는 필자의 경험에 의한 임의적인 것임을 밝힌다.

<표2-2> 사전 계약 체크리스트 항목 및 중요도

구분	항목	최소조건	권장조건	중요도
직수입 / 라이센스	계약기간	3년 이상	5년 이상	◎
	일부 라인 라이센스 가능성	시즌별 물량의 최소 30% 가능	100%	◎
	로열티	단순 브랜드명 대여 라이센스의 경우 순매출액(수수료, 광고판촉비 제외)의 5%	매장 인건비 포함 3%	◎
	독점	2년 이상	당사의 요청기간	◎
	경합상품 취급 불가	범위 축소 (대상 브랜드 명기)	없음	◎
	최저사입제	예상 매출액 원가의 50% 미만	없음	◎
	계약중단, 해지	상호 협의	상호협의 및 의사결정 개시 6개월 전 통보	◎

직수입 / 라이센스	계약해지후상품처리	명기 안함	당사임의 처리 권리	◎
	상품 소매가	당사 결정	좌동	◎
	사업범위	대한민국 전체 모든 유통채널 (로컬, 면세, 온라인)	좌동	◎
	선적지연	소요비용 보상	좌동	◎
	계약서 언어	영어	영어, 한국어 동시 인준	◎
	Lead Time	발주 후 4개월 이내	좌동	◎
	광고판촉비규정 및 집행사전승인	없음	좌동	◎
	광고, 판촉지원	판촉물 지원 (광고 Visual 및 포스터..)	기본 사항 외 발주금액 일정부분 지원	○
	신규매장 오픈	매장도면 및 일정당사결정	좌동	○
	프렌차이징	3년 이후 가능	사업 초기 가능	○
	상품 범위	전라인	좌동	○
	상품대금 지급 조건	L/C 혹은 T/T	좌동	○
	계약 해지 후 사안	2년간 제3자와 국내에서 동종 사업 전개 불가	5년간 제3자와 국내에서 동종 사업 전개 불가	○
	인테리어	국내 제작	좌동	○
	준거법	제3국	대한민국	△
합작	재고반송		가능	△
	Term of Payment	Ex-Works	FOB 혹은 CIF	△
	인정 loss율 / 기간	수입물량의 3% / 통관 후 임주일내	하자상품 전량 / 통관 후 3달이내	△
	미입고분 처리	기본적으로 Amend 불가		△
	보험	상호 합의 외 일체의 보험 불가		△
	Consignment	Statement Item (원가 USD 10,000이상)	전량 D/A 조건	※
	자본비율	50% 이상		◎
	대표이사	당사 선임 및 공동대표		◎
	재적 이사수	과반이상		◎

합작	지분 및 주식 양도	이사회승인		◎
	계약해지	재적이사 전원 찬성		◎
	자산양도 (필요시)	상품 및 집기 등 별도 회계 법인을 통한 순자산가치 기준	좌동	◎
	영업권 (필요시)	인정 로열티 지급		◎
	언어	제3국어 (영어)		◎
	분쟁해결	대한상사중재원을 통한 중재		◎
	준거법	대한민국		◎

1) 계약 체크리스트 항목

(1) 브랜드 본사의 신용평가

브랜드가 유명하다고 해서 반드시 그 브랜드를 운영하고 있는 본사의 재무 구조가 안정적이며 해외 사업시스템이 신뢰가 높다고 볼 수 없다. 현재 많은 패션 브랜드는 그간의 국제적 이합집산 및 인수합병 등을 통해 브랜드의 원산지(origin)만을 가지고 브랜드를 소유하고 있는 회사의 국적이나 형태 등을 알 수 없으며 더욱이 회사 내부의 재무 상황 및 조직현황 등을 알기는 더 어렵다. 수년 전 국내 유명 편집매장 내에서 꽤 높은 반응을 보인 프랑스의 유명 브랜드 L의 경우 그 브랜드 소유자는 대만의 한 기업이었으며 신용평가를 의뢰한 결과 매우 높은 위험수준에 놓인 것으로 밝혀져 당시 라이센스 계약을 추진하기 위해 거액의 보증금을 지급하려던 입장에서 부득이 하게 도입을 중단했던 기억이 있고 롯데백화점이 국내 마스터사업권을 가지고 라이센스 사업을 벌이던 프랑스의 P브랜드는 라이센서 즉 프랑스 본사가 갑작스레 타 회사에 인수됨에 따라 사업을 종결하게 되어 사전 그에 대한 계약적 대비가 없었던 백화점 입장에서 커다란 물적, 이미지적 손실을 입은 적이 있다. 무역상의 품질 조건에서 브랜드의 명성만을 기준으로 품질을 인정하여 별도의 샘플이나 점검 없이 제품을 수입하는 경우는 문제가 생길 시 사업상 부분적인 타격을 예상할 수 있지만 파트너회사가 언제 사업을 종결할지 모를 정도로 내부 재무구조가 빈약하고 그간의 대외 업무에 있어 그 평판이 좋지 않은 회사의 경우는 사업자체가 커다란 위험에 빠질 우려가 있으므로 해외 브랜드와의 협상에 앞서 국내 외 신용평가사회사를 통한 공급사의 안정성과 신뢰성 점검은 필수적 요건이라 하겠다.

(2) 계약기간

일반적으로 수입브랜드 공급사 입장에서는 계약기간을 최소화하고자 할 것이다. 직접 진출한 것이 아니라 제3자와 독점계약을 통해 특정지역에서 사업을 하고자 하는 것이므로 매우 높은 수준의 신뢰성이 구축되어 있지 않은 상황이라면 상대 회사규모가 아무리 크고, 운영하는 브랜드의 수가 많다 하더라도 최소한의 기간을 계약기간으로 하여 우선 현지 유통업자의 능력을 검증하려 할 것이기 때문이다. 한번 계약을 체결한 이후에는 아주 특별한 사안이 아니면 중간에 계약을 무효화하기 어려우며 상대가 제시한 사업제안서 상의 목표는 그야말로 목표일 듯 이것을 달성하지 못했다고 해서 직접적인 손실을 요구할 수도 없고 있다 해도 많은 시간과 비용 그리고 브랜드 이미지에 심각한 악영향을 미칠 수 있기에 일년이나 최장 2년의 계약기간을 넘기려 하지 않을 것이다. 이는 가격할인이나 낮은 수준의 유통망에서의 자사 상품의 취급과 같이 브랜드 본사에서 일일이 관리감독하기 어려운 사항이 많기 때문이기도 하며 처음 한국시장에 전개하려는 브랜드의 입장에서는 더더욱 기간에 민감한 반응을 보일 것이다. 그러나 이와 반대로 국내에 외국 브랜드를 도입하는 에이전트나 유통업자의 입장에서는 최대한 계약기간을 길게 가져갈 필요가 있다.

해외에서 브랜드를 도입하기 위해서는 도입 준비과정에서도 많은 시간과 비용이 소모된다. 그리고 도입 후 매장을 이루어내고 광고, 홍보, 판촉 등의 촉진비용을 실행하는데 있어 초기 매출액이 그에 상응하거나 초과하는 경우는 매우 드문 것이 현실적이라고 본다면 투자대비 수익을 손익분기점까지 끌어 올리는 데는 많은 시간이 필요하며 실제로 실무에서 일하는 대부분의 전문가들의 견해는 해외에서 브랜드를 도입하여 수익을 내는 시점은 도입 이후 약 3년에서 5년 사이라고 보고 있다. 만약 도입한 브랜드의 인지도를 높이고자 초기 낮은 매출액에도 불구하고 많은 촉진비용을 소모하고 이제 본격적으로 수익을 낼 것이라는 시점에서 계약이 종료된다면 수입하는 입장에서 이보다 더 큰 타격은 없을 것이며 아무런 귀책사유가 없었다고 하더라도 브랜드 본사에서 파트너를 바꾸거나 직접 진출하고자 할 때 이를 방어 할 만한 특별한 대응책이 없는 것이 현실이므로 안정적인 계약기간은 사업을 시작함에 있어 가장 중요한 점검 요인의 하나라는데 이견이 없을 것이다. 도입하는 입장에서 계약기간은 브랜드의 파워(인지도, 이미지 등)나 본사에서 제공하는 제반 조건에 따라 다르겠으나 최소 2년 이상은 되어야 한다. 위에서 보듯 공급업체와 어긋나있는 관점에 대한 조율은 전문적이고 객관적인 자료를 바탕으로 협상을 통해 효과적으로 해결해야 할 것이다.

(3) 로열티 지급조건

로열티란 라이센스 계약을 통한 거래에서 발생하는 일종의 수수료로 브랜드를 소유한 라이센서(licensor)에게 그와 계약을 통해 사업을 전개하는 라이센시(licensee)가 지급하는 것이다. 보통 라이센스 계약을 체결 할 경우 일종의 보증금을 지불하는 경우가 많은데 로열티의 수준은 이렇듯 라이센서에게 지불한 보증금의 크기 및 보유한 브랜드의 파워에 따라 달라지는 것이 기본이겠지만 라이센시에게 제공하는 서비스 수준에 따라 결정 되어지는 것이 일반적이다. 실무적 상황에서 브랜드의 명칭만 사용하게 하는 경우 순매출액의 2~3%, 제품의 디자인을 제공하는 경우 7~10%, 그 외 글로벌 광고나 다양한 사업상의 서비스 제공 수준에 따라 금액이 높아지거나 낮아질 수가 있다.

로열티는 손익상 중요한 요인이다. 2~3%정도의 로열티에 대해 사업 초기에 둔감해 할 수도 있으나 실제로 해외 브랜드의 라이센스 사업을 하다 보면 생산과 재고에 대한 부담이 직수입 브랜드에 비해 크므로 비용을 줄일 수 있는 여지가 적다라는 것을 알게 된다. 더구나 백화점, 홈쇼핑 등 국내 유통업체의 수수료율이 매우 높고 치열한 가격경쟁으로 인해 할인이 빈번하게 일어나는 상황에서 순매출의 2~3%는 상당히 손익을 좌우하는 요인이 되기에 충분하다. 따라서 해외 라이센서와 계약을 하는 국내 라이센시는 당연한 논리이지만 로열티를 최소화 하고자 노력해야 한다. 로열티의 지급조건도 라이센시의 매출 보고에 따라 일정기간 이후 정산하여 지급하는 경우가 일반적이나 매우 강력한 라이센서 측의 감독과 사찰이 있을 경우 제대로 관리하지 않을 시 계약상의 클레임이 걸릴 소지가 많으며 아예 사전에 브랜드 라벨의 사입조건 등을 통해 사전 로열티를 지급해야 되는 경우도 있는데 유동성의 확보와 시장변수에 보다 탄력적으로 대응하기 위해서는 가급적 매출 이후에 라이센시 측의 자료제공을 근거로 한 로열티 지급을 계약 조건으로 하는 것이 유리하며 최소로열티조항(매출액과 상관없이 지불해야 되는 최소 로열티)을 없애거나 최소화 하는 것이 필요하다.

(4) 상품대금 지불조건

무역상에서 상품대금을 지불하는 일반적인 방법은 신용장(letter of credit)방식이나 전신환(telegraphic transfer)이 많이 사용되나 우리나라 산업의 수준이 고도화되고 해외시장에서의 평판이 높아짐에 따라 점점 전신환을 통한 대금 지급 빈도율이 높아지고 있다. 상품대금 지급조건이 왜 타깃 브랜드를 선정하는 하나의 기준이 되는냐 하는 것에 대한 의문이 있을 수 있으나 이는 사업의 시작여부보다는 손익에 직결되는 요인이기 때문이다.

전신환의 예를 들면 우선 전신환 결제방식으로는 사전 결제와 사후 결제 혹은 순차적 결제방식이 있다. 사전방식이란 선대신용장처럼 수입업자가 주문한 상품을 입수하기 전 상품대금을 지불하는 것이며 사후 결제는 Usance 조건의 신용장처럼 수입업자가 물건을 검수한 후 수출업자에게 상품대금을 지불하는 것이고, 순차적 방식은 상품대금의 일정부분은 먼저 보내고 상품을 받고 나서 문제가 없을 시 나머지를 보내는 방식인데 결제 시점에서의 환율 변동의 문제와 수출하고자 하는 브랜드 대비 수입하고자 하는 국내 업체가 많은 관계로 사전결제방식이 가장 많이 이용되고 있다. 이때 수입업자는 단순하게 대금을 먼저 보내는 것에 동의하지 말고 그에 따르는 대가를 요구해야 되는데 우선적으로 공급원가의 할인을 요청해 볼 수 있다. 또한 상품 공급의 시기를 보다 빠르게 해 줄 것을 요구할 수 있으며 혹 대금 지급 후 입고 된 상품의 하자에 대한 철저한 보안책을 계약상에 강구하여야 할 것이다. 앞서 로열티에서도 언급하였지만 수입브랜드 사업에 있어 비용을 절감할 수 있는 범위가 그리 넓지 않기 때문에 공급원가의 할인은 손익 창출에 큰 활력을 주며 주문량이 늘어감에 따라 추가로 할인 할 수 있는 여지를 계약시점에서 만들어 놓아야 하고 이런 조건으로 협상을 진행하여야 할 것이다. 물론 사후 결제 조건일지라도 환율이 지속적으로 올라(원화가치 하락) 당초 예상한 상품 대금을 현저하게 초과할 위험이 있는 경우는 위험요소를 사전에 파악한 후 사전 결제할 수 있다.

(5) 라이센스/프랜차이징

프랜차이즈는 라이센스의 한 형태이지만 라이센스보다 훨씬 강한 통제가 가능하다. 라이센스 계약이 브랜드명이나 기술을 일정기간 공유하는 것에 비해 프랜차이즈는 품질관리, 경영방식, 기업체 운영, 마케팅에 대한 제반 업무를 프랜차이저(franchisor)가 프랜차이지(franchisee)를 직접적으로 관리하거나 통제한다. 쉬운 예를 들자면 우리나라 F&F사가 라이센스 사업을 벌이고 있는 대표적인 라이센스 브랜드인 베네통(Benetton)의 경우 이태리와 우리나라간 매장이나 제품의 컨셉이 다를 수 있으나 롯데에서 프랜차이즈 사업을 하고 있는 TGIF의 경우 미국 매장의 그것과 메뉴조차 쉽게 다르게 하기 어려운 형편이다.

패션 사업에 있어 프랜차이즈를 통한 해외 브랜드 도입의 예는 매우 드문 편이다. 이케아(IKEA)와 같이 패션성이 적고 기업철학의 글로벌화를 지향하는 기업의 경우는 모르겠으되 각 지역의 기후, 문화, 체형 등의 차이를 감안하여 라이센싱을 통한 사업 전개를 하는 것이 일반적이라 볼 수 있다. 문제는 이러한 라이센스의 가능여부이다. 품질차이의 문제는 이제 일부 명품을 제외하고 커다란 문제라고 볼 수 없다 다만 유럽과 미국의 의류 브랜드를 직매입 할 경우 가장 큰 문제는 디자인 감도 이전에 체형이라 할 수 있으며 한편 홍콩의 브랜드를 직매입 할 경우에는 체형보다는 가을, 겨울 상품의 국내 기후 부적절한 보온성의 문제와 구색의 미비 등을 들 수 있다. 따라서 수입하는 입장에서 이러한 문제를 개선 할 수 있는 여부를 미리 파악하는 것은 매우 중요하다. 필자의 경험을 바탕으로 예를 들자면 2003년경 프랑스로부터 도입했던 여성 브랜드 Gerard Darel의 경우 도입초기에 구색상 반드시 필요한 가방제품이 없어 국내 라이센스를 요청하였으나 지연되어 매출에 어려움을 겪은 적이 있으며, 미국 SPA브랜드 Gap의 경우 일본의 경험을 미루어 볼 때 반드시 제품 체형상의 문제가 예견되어 강력하게 국내 라이센스를 요구하였으나 받아 들여지지 않아 도입을 접은 경험이 있다.

최근 몇 년 전부터 수그러들었던 해외 인지도 높은 브랜드의 라이센스 비중이 높아지고 있는데 타깃 브랜드의 파워나 사업성도 중요하지만 국내 외에서 제품을 제대로 제작할 수 있는 자사의 능력을 먼저 파악하는 것이 보다 더 중요하다고 하겠다.

(6) 최저사입금액

거의 대부분의 해외 브랜드는 국내 업체와 독점 계약을 맺을 경우 최저사입금액을 요구한다. 이는 독점을 제공하는 대가에 대한 요구로 국내 영업 상황이 어떻게 전개가 되던 간에 무조건적으로 일정기간 동안 지불해야 할 비용으로 라이센스 계약의 로열티와는 그 성격이 다르다. 국내 유통환경은 다른 나라에 비해 여러 가지 특수성을 안고 있다. 가두점이나 전문점 혹은 쇼핑몰 중심의 유럽과 미국의 경우와는 달리 백화점 중심의 시장환경과 유일하게 존재하는 권리금의 존재, 좁고 한정된 상업지역 등등 따라서 해외 브랜드를 도입하고사 하는 국내 업체가 그들이 공급사에 제시한 사업제안서 대로 유통망을 확보하기는 매우 어려운 일이다. 필자가 도입을 담당했던 부서는 다름아닌 백화점, 할인점, 홈쇼핑 등 국내 유수의 모든 유통채널을 운영하고 있는 우리나라 최대 유통 그룹의 기획부서임에도 불구하고 내부 협의 등의 어려움으로 유통망을 예정한 시간과 장소에 진행하기가 어려웠다는 것을 고려할 때 다른 국내 제조회사나 수입전문 회사의 경우 얼마나 높은 불확실성 속에서 브랜드를 도입하는 것인지 가히 짐작을 할 수 있다. 더구나 백화점과 할인점 등 우리나라 유통업체의 브랜드 입점 결정 시점은 해당 시즌의 6개월 전이 아니라 S/S(spring/summer)제품을 당 해년 1월에, F/W(fall/winter)제품을 당 해년 8월에 결정하므로 해외에서 최소한 6개월전 수주를 통한 바잉을 통해 제품을 확보 해야하는 국내 수입 업체의 입장에서는 그 어려움이 다른 나라에 비해 매우 큰 형편이다. 이러한 환경에서 최저사입금을 수용하는 것은 절대 쉬운 일은 아니나 이를 받아 들이지 않고는 계약 자체를 성립 시키기가 어려울 것이다.

최저사입금의 설정 기준은 공급사에서 일방적으로 결정하는 경우도 있으나 대부분은 국내 수입회사가 제안한 사업 제안서 상의 관련 내용을 그 기본으로 한다. 따라서 사업제안서의 매장 및 매출계획은 매우 중요한 양면성을 가지고 있다고 할 수 있다. 브랜드 본사 측의 관심을 유도하고 도입 주체의 의지를 강력하게 보이기 위해 매출액을 공격적으로 제시하자니 최저사입금이 과다하게 산정될 수 있고 이를 의식하여 예상 매출액이나 매장의 규모와 수를 줄이자니 계약 자체가 어려워지는 이유이다. 이에 대한 대책으로 국내 수입업체는 사업 제안서 상에 예상 결과만을 나열할 것이 아니라 국내 환경을 특징을 충분히 설명하고 그런 결과가 나오려면 어떠한 전제조건이 따라야 되는지는 정확하게 밝혀야 하며 이는 양해각서나 본 계약 체결 시에도 명문화 할 필요가 있다. 아무리 해외사업에 대한 많은 경험을 가진 해외 글로벌 브랜드라 하더라도 사입이 아닌 임대 형식의 운영방식과 높은 수수료 그 외 브랜드에 많이 불리한 국내 유통환경을 제대로 이해하고 있는 회사는 많지 않다. 그러므로 필요하면 국내에 브랜드 본사측 사람들을 직접 초대해서 실제적인 현실을 보여주고 그들의 이해를 높이는 것이 무모한 최저사입금으로 인해 사업상의 치명적 부담을 안고 출발하는 일을 줄이는 것이 될 것이다.

(7) 사업범위

국내 유통채널은 온라인과 오프라인 구분 뿐 만 아니라 패션 브랜드의 경우 면세와 로컬의 구분이 매우 중요하다. 더구나 면세시장이 향후 지속적으로 성장 가능성이 높은 중요한 시장이므로 면세점에 대한 권한은 분명하게 밝힐 필요가 있다. 현재 국내 면세점 내에는 LVMH나 Laureal과 같은 글로벌 회사 조차도 면세전문 벤더를 사용하고 있는 형편이라 해외 본사에서는 면세점에 대한 권한을 로컬과 별개로 나누어 전개하려고 할지 모른다. 그렇지만 이미 국내 시장에서 커다란 규모적 영향력과 아울러 높은 이미지를 구축하고 있는 면세시장에 대한 권한의 확보는 이제 거의 필수적이라 하겠다.

(8) 계약해지 후 상품처리

계약이 해지가 되면 남은 재고에 대한 처리가 중요한 사안이 된다. 해외 본사에서는 브랜드의 지속적 사업을 위해 남은 재고를 더 이상의 책임소지가 없어진 국내 이전 계약자가 합의되지 않은 유통망 예를 들어 폐쇄몰과 같은 비정상적인 루트를 통해 처리하는 것을 매우 꺼려할 것이다. 한편 국내 기존 유통업자의 경우 남은 재고를 방치하거나 매각을 할 수 없게 되는 경우 손실이 막대하므로 빠른 시기에 처리하고자 하는 것이 당연할 것이다. 따라서 국내 유통업자는 이것을 유리한 계약 조건으로 이끌기 위한 무기로 활용할 수가 있다. 남은 재고를 전량 반송하게 함으로서 손실을 적극적으로 최소화하거나 신규 유통업자에게 인계할 수 있거나 최소 계약 후 일정기간의 추가 판매 권한을 유지할 수 있는 조건을 요구하여야 한다. 계약이 끝났다고 무조건적으로 판매 권한을 상실하거나 심지어 멸각하는 것에 쉽게 동의해서는 안된다.

(9) 매장 인테리어

루이비통(Louis Vuitton)이나 샤넬(Chanel)의 백화점 내 공사비는 평당 3천만 원에 달하는 것으로 알려져 있다. 그 외 소위 유명 해외 패션 명품들은 국내 매장에 대한 지나친 권한을 가지고 천정부터 바닥 및 기타 조명, 진열집기 등에서 모든 원자재 공급과 제작을 본사에서 일임하는 조건을 걸고 있어 초기투자 비용에 대한 부담이 매우 큰 현실이다. 또한 비용적 문제 뿐 만 아니라 매장에 보수를 하려하면 수입차와 마찬가지로 이러한 이유로 사소한 하자나 보강에도 비용은 물론 많은 시간이 소요되므로 영업에 적지않은 손실을 가져오는 것이 예사이다. 따라서 국내 유통업자는 해외 본사의 이러한 매장 인테리어 공사에 대한 직간접적 간섭을 최소화 하는데 노력을 경주하여야 한다.

<그림 2-15> 샤넬 화장품 매장

(10) 재고반송

매우 일반적으로 해외 브랜드와의 계약에 있어 반송은 성사하기 희박한 조건이다. 아주 우리나라에 진출하고자 하는 열망이 크고 상대적으로 브랜드의 파워가 미약할지라도 팔리지 않은 제품에 대한 처리까지 해외 본사에서 책임지는 경우는 드물기 때문이다. 그러나 국내 수입업자의 입장에서는 그렇다고 반송조건에 대한 어떠한 협의 없이 계약을 종결해서는 안 된다. 반송자체가 일차적으로 불가하다 하더라도 판매자체에 결격이 있는 제품들 예를 들어 품질상의 문제가 있거나 예정보다 늦게 국내에 반입되어 판매시기를 놓친 제품에는 반송이 가능한 조건이여야 하고 하다못해 다른 계약조건과 연계하여 해외 본사의 귀책사유로 인한 사업 중단이나 사업을 지속하는데 중대한 문제가 야기 되었을 때는 국내에 남은 상품의 무조건적인 반송이 가능해야 할 것이다.

(11) 분쟁관련 기준

대부분의 수입 사업이 그러하지만 소비용품 브랜드의 경우 많은 분쟁소지를 안고 있고 실제로 해외 공급사와 국내 유통사간에 그간 많은 분쟁이 있었음을 그간의 다양한 사례에서 보여지고 있다. 문제는 분쟁이 생겼을 때 우리나라 측 입장이 매우 불리하다는 데 있다. 대부분의 수입계약의 준거법이 수출국으로 되어 있고 더구나 우리나라 법률회사의 대부분이 미국법 중심의 변호사들로 이루어져 있어 유럽 브랜드와의 분쟁을 효과적으로 대응하기 어렵다.

분쟁의 경우는 다양하나 주로 상품품질 문제, 대금(상품가, 로열티,

최저사입금)지급 문제 그리고 통관 시 물품의 종류나 수량의 차이, 디자인 도용, 계약상 공급사로부터 승인받지 못한 유통망(회색상인, 해외도매업자, 폐쇄몰 등)전개 등이 대부분을 차지한다. 이러한 분쟁에 대한 각각의 사전 대책은 제 몇 장 계약파트에서 자세히 다루겠지만 해당 브랜드가 다른 브랜드에 비해 특이한 조건을 내세우고 있지 않은지 반드시 사전에 파악할 필요가 있다. 홍콩에 아시아 지역 지사를 두고 있는 미국 리즈클라이본 계열의 브랜드 M의 경우 협상 당시 매우 높은 금액 수준의 보험가입을 요구함에 따라 도입 시도를 중단한 적이 있다.

Part Ⅲ
수입 브랜드 도입 프로세스

1. 사업의향서(Letter of intent)

당 교재에서 다루는 사업의향서는 다른 법률관련 교재에서 다루는 법적 권한을 가지는 의향서와 전혀 다른 개념이다. 그야말로 도입을 하기로 결정한 타깃 브랜드에 보내는 초기 서신을 의미한다. 사업의향서를 보내기 위해서는 정확한 상대방 회사의 담당자를 파악하여야 하는데 홈페이지를 참고하거나 직접 회사에 전화를 걸어 알아보는 방법이 있다. 한편, 우리나라에서 보내는 사업의향서에 대해 미국과 유럽기업에서 보이는 양상이 다소 다른데 미국의 경우는 거의 답신이 오는 경우가 적다. 그 이유는 매우 발달된 서비스업의 영향으로 아직 사업관계가 아닌 파트너에 대응할 부서가 기존에 있지 않은 기업의 경우라면 답변을 하지 않을 확률이 크고 부서가 있다 하더라도 미국의 기업과 이해관계가 있는 제3자 (전문 agent이거나 다른 나라의 파트너)를 통해 접수된 의향서에만 대응하는 경우가 많다. 또한 아직 미국 브랜드의 경우 한국 시장에 대한 관심이 유럽기업보다는 낮고 더구나 아직 일본시장에도 진출 하지 않은 브랜드라면 전혀 반응을 보이지 않을 것이다. 반면 유럽 브랜드는 이미 오래전 자국 내 시장이 포화되어 해외 시장개척에 열을 올린지 오래된 기업이 상당수 이며 한국 시장의 중요성을 잘 인식하고 있기 때문에 한국에서 보내는 사업의향서에 직접적으로 답변을 보낼 확률이 매우 높다. 설령 그들이 한국의 다른 업체와 계약을 논의 중이라 하더라도 조건의 비교차원에서 접근하거나 자사 브랜드에 대한 관심에 최소한의 인사를 해 올 것이다.

Date: November, 24, 2005

To: Mr. Mikael Bartroff

Director Franchising Division/ Inter IKEA Systems B.V.

Tel:31 15 215 38 15 Fax: 31 15 215 38 38

Dear Mr. Mikael Bartroff

This is my second letter with a desire to open business relationship between IKEA and Lotte.

Let me introduce what we do. Our principal duty is developing new potential foreign brands which are not yet introduced in Korea local market. I think that business has been getting well so far even if we did not have enough experience in this kind of field and we are doing our best to move to the right direction in the shortest time.

Meanwhile, we recently made a fashion company named 'Lotte Global Fashion which can accomplish the working as a distributor and as an agent better than before. The Lotte Global Fashion's the most important vision is the opportunity working with IKEA.

As I mentioned in the first letter, as a leading retailer in Korea, we would like for you to note that we are a different division from the one that contacted IKEA previously and we have a different strategic plan from then.

Lastly, we have intention of seeing you with full information to reach an agreement for matters above-mentioned in any place. We think the meeting can be a chance to understand each other better. So, I would like to ask you to share your precious time for us. And, if any further information, comments and or suggestions are raised from you, please do not hesitate to contact us. Your prompt reply would be appreciated.

Best regards.

Moon-Sang LYU / Chief Manager

CFD Prestige Brand Team

<그림 3-1> 사업의향서 예시

사업의향서는 이렇듯 해당 브랜드와의 사업에 대한 관심을 표명하는 편지로서 복잡한 내용이 들어갈 이유가 없다. 주로 포함되는 내용은 해당 브랜드를 알게 된 계기와 의향서를 보내는 회사에 대한 간략한 소개가 우선되는데 이때 해당 브랜드를 알게 된 계기는 일반적인 것이기 보다 상대가 인지하는 유력인사를 통한 소개이거나 유명한 국제 전시장에서의 미팅 등을 밝히는 것이 효과적이며 자사 소개는 회사의 규모나 역사보다는 현재 운영하는 사업이 해당 브랜드를 한국에서 운영하는데 어느 정도 전문성과 연관성을 가지는지를 강조하는 것이 중요하다. 외국 화장품 브랜드에 의향서를 보내면서 그동안 가방류만 취급해 왔으나 사업확장 차원에서 화장품 사업을 시작하려 한다는 식의 내용은 직접적인 사업 경험을 중시하는 외국 기업의 입장에서는 전혀 반가운 이야기가 아닌 것이다.

한편, 반드시 상대방 브랜드로부터의 가격 리스트를 요청해야 하는데 이때의 가격은 물론 공급원가를 의미하며 사업 시작의 기본이 되는 조건이기 때문이다. 아무리 브랜드의 명성이 높고 제품의 디자인, 품질 등이 뛰어나다 하더라도 한국에 도입했을 때 마진 구조가 맞지 않으면 협상 자체를 할 이유가 없다. 더구나 최근 직구의 영향으로 국내 소비자들이 현지 가격에 매우 민감한 상황에서 현지가격 대비 지나치게 높은 공급원가는 점점 사업성의 악화를 가져올 것이기 때문이다. 위에서 제시되는 사업제안서는 국내 기업인 롯데가 스웨덴의 유명 생활용품 브랜드 IKEA에 보낸 사업의향서의 실제 샘플로 회사의 업무 소개와 아울러 사업의지를 간략하게 밝히고 있다.

2. 사업제안서(Business Proposal)

사업의향서가 해당 브랜드로부터 받아 들여져 양사 간에 서신교환이 이루어지고 상호 사업에 대한 우호적 의지를 확인하게 되면 국내 기업은 외국 본사에 사업 제안서를 제출하게 되는데 이는 브랜드 도입의 핵심역량을 보여주는 것으로서 매우 전문적인 지식과 경험을 필요로 하는 작업이다.

가. 목적

사업제안서를 작성할 때 가장 중요한 것은 상대 기업에게 사업을 제안하는 구체적인 목적을 가지고 있어야 한다는 것이다. 예를 들어 해외 브랜드를 국내에 런칭하기 위한 사업제안서일 경우 자사가 브랜드를 국내에 도입하려고 하는 타당한 목적을 가지고 있어야 하고, 왜 자사와 협력해야 하는지, 국내로 도입시킬 경우 상대 기업이 어떤 이익을 취할 수 있는지를 설명함으로써 설득력을 높일 수 있다.

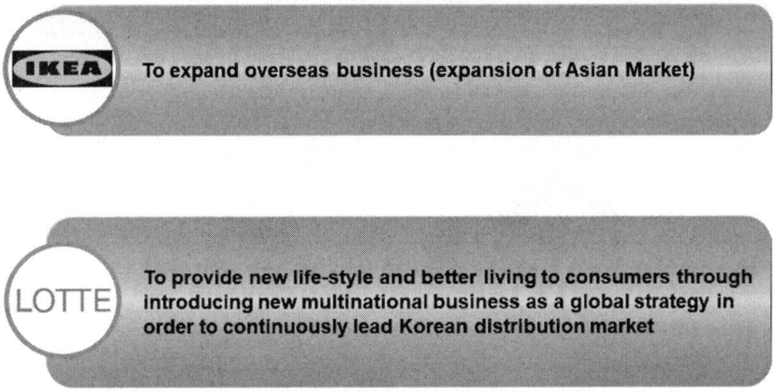

<그림 3-2> 사업 제안서 목적 예시

나. 내용

1) 국내시장환경 분석

국내 시장 환경 분석으로 거시적 지표와 미시적지표로 나눌 수 있는데 거시적 지표는 기업 활동에 영향을 미치는 외부적 요인들로 인구통계적 환경. 사회문화적 환경, 경제적 환경, 기술적 환경, 정치·법률적 환경, 자연적 환경 등의 마케팅 환경정보로 기업이 통제할 수 없고 끊임없이 변화하는 환경적 요인들을 말하고, 미시적 지표는 기업이 통제할 수 있는 요인들로 경쟁사분석, 유통환경 분석, 포지셔닝, 기업정책 및 문화, 조직구조, 자원 등을 말한다.

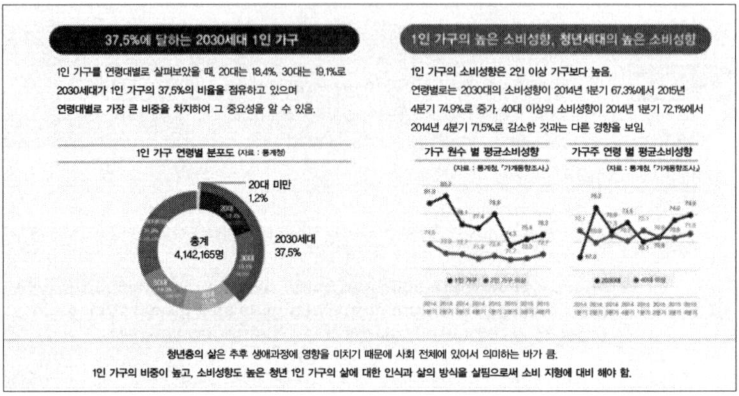

<그림 3-3> 거시환경 예시

<그림 3-3> 예시를 보면 거시적지표로서 인구 통계적 환경인 가구 구조 변화와 청년세대의 소비 성향을 보여주고 있다. 해외 브랜드를 국내에 도입할 때 국내에 대한 사회 문화적인 이해가 부족할 경우 브랜드를 국내로 도입하는데 어려움이 생길 수 있기 때문에 국내의 사회적, 문화적인 차이를 충분히 이해시키는 것이 중요하다. 문화나, 사회적인 경제인구, 실업률, 취업률 등 사회적인 환경에 대한 정보를 보여준다. 그 다음 현재 국내의 경제적인 상황을 보여 줄 수 있는 정보를 제시한다. 과거에 비해서 경제적인 환경이 어떻게 변화하는지 수치로 정확히 제시하고, 또 얼마나 좋아지고 있는지, 달러지수를 통해 다른 국가들과의 경쟁력이 어느 정도 있는지에 대한 정보를 알려 준다.

거시적 지표에 대해서 보여주었다면 그다음은 미시적 지표를 보여 줄 필요가 있는데 그중에서도 직접적인 국내 소비자 분석은 해외 브랜드 본사에서 매우 가치 있는 자료가 될 수 있다.

한 가구당 수입이 어느 정도 되는지와 계층별, 연령별로 세분화하였을 때 수입을 어떤 영역에 지출을 제일 많이 하는지 등의 수치를 보여준 뒤 소비자 설문조사를 통해 소비자 행동을 분석한다. 예시에 있는 소비자 행동분석을 보면 타깃 브랜드 관련된 정보를 소비자들이 어떤 정보원을 통해 얻고 있는지를 보여주고 있는데 향후 국내 마케팅 촉진 전략 수립의 바탕이 될 수 있다.

CONSUMER RESEARCH

■ 자주 이용하는 SNS 종류								(단위: %/ 3개 항목 응답)
	전체	6-19세	20대	30대	40대	50대	60세	70세이상
카카오스토리	71.1	66.7	64.5	72.5	77.9	73.8	71.7	66.0
페이스북	61.4	74.8	81.8	67.6	48.8	33.7	33.2	42.6
네이버밴드	42.1	24.7	31.5	41.4	54.0	57.8	49.3	41.9
인스타그램	23.4	30.1	36.9	24.7	15.3	9.8	10.0	14.8
네이버 카페	11.1	10.1	11.9	12.1	11.1	9.9	8.1	8.4
네이버 블로그	10.8	8.5	12.3	13.7	10.2	7.5	6.2	5.6
다음 카페	6.1	4.5	5.8	6.8	6.5	6.4	5.8	1.6
트위터	4.8	6.0	7.3	5.1	3.7	2.1	1.5	2.7
다음 티스토리	1.9	1.8	2.5	2.1	1.9	1.0	1.3	2.1
미니홈피	0.7	1.2	0.6	0.8	0.5	0.6	0.8	0.2
구글플러스	0.5	0.5	0.6	0.5	0.4	0.5	0.2	0.6
텀블러	0.2	0.6	0.2	0.2	0.1	0.2	0.1	0.4
웨이보	0.1	0.1	0.2	0.1	0.1	0.0	0.0	0.0
링크드인	0.1	0.0	0.2	0.1	0.0	0.1	0.0	0.0

■ SNS 이용기기								(단위: %/ 복수 응답)
	전체	6-19세	20대	30대	40대	50대	60세	70세이상
스마트폰	93.7	92.8	91.7	93.7	94.5	95.8	96.5	97.6
데스크탑 컴퓨터	30.9	33.1	39.5	35.8	28.4	17.4	12.4	8.4
노트북 컴퓨터	11.1	8.0	23.3	13.3	7.4	4.7	2.0	2.3
스마트 패드	3.3	3.4	4.7	4.3	2.5	1.5	1.0	0.8
기타	0.1	0.2	0.1	0.2	0.1	0.1	0.0	0.0

■ SNS 이용률							(단위: %)	
	전체	6-19세	20대	30대	40대	50대	60세	70세이상
2013년		52.0	87.5	74.0	48.7	25.3	9.5	
2014년		58.6	87.8	77.4	59.1	38.4	15.5	
2015년		58.8	89.0	80.6	67.4	49.3	28.4	11.3
2016년	65.2	57.5	91.5	83.9	69.5	52.6	29.8	8.4

RESULT

인터넷 이용실태조사 결과, 주타겟층인 20~30대의 자주 이용하는 SNS종류로는 20대가 페이스북 81.8%, 인스타그램 36.9%로 가장 높은 수치를 보였다.

SNS 이용기기부분 또한 20,30대가 가장 넓게 SNS를 이용하는 것으로 나왔으며, 이용률 또한 가장 높았다.

주 타겟층은 SNS나 인터넷, 모바일 쇼핑 익숙하며 스스로 정보를 찾을 수 있는 능력이 있다고 판단됨.
이에 SNS 마케팅을 적극 활용한 전략이 필요할 것으로 보인다.

출처: 한국인터넷진흥원 인터넷이용실태조사(2016)

한편, 도입하려는 브랜드가 속한 영역이 국내 시장에서 대략 어느 정도의 규모로 차지하고 있는지, 유통시장의 규모, 세분시장의 규모는 어느 정도인지 제시한다. 그 다음 경쟁브랜드들을 정보를 보여줄 필요가 있다. 브랜드를 국내로 도입하기 위해서는 경쟁브랜드에 대한 정보를 통해서 상품의 기획이나 판매촉진, 포지셔닝에 대한 기획을 하는

데에 용이하기 때문인데 경쟁브랜드들을 선정하여 회사의 전략이나 브랜드 이미지, 시장 포지셔닝, 가격정책, 유통정책, 판매 및 판매촉진 정책, 기술력, 인력 조직도 등 구체적인 것들을 조사한다

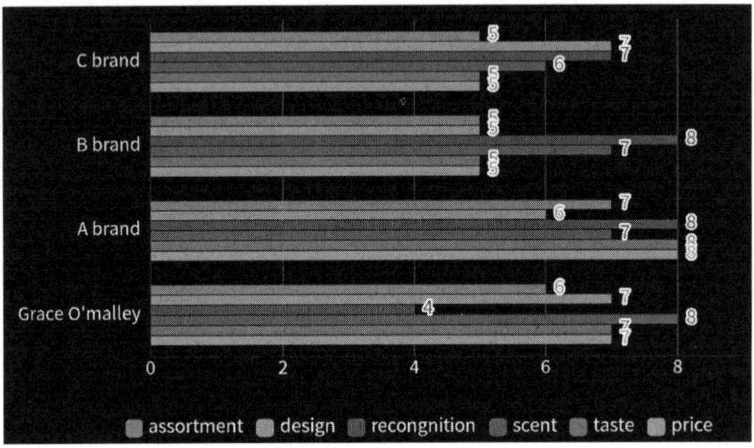

<그림 3-5> 국내 경쟁 브랜드 현황 예시

2) 회사소개

해외 브랜드인 경우 국내에 있는 자사에 대해 잘 알지 못하기 때문에 역사는 어느 정도 됐고, 어떤 비전이나 철학을 가지고 있는지를 통해서 기본적인 정보를 제공한다

회사의 조직도, 매장 직원 수를 통해서 기업의 규모가 어느 정도인지, 전개하고 있는 유통망의 수나 사업제안서를 보낼 기업의 시장과 연관있는 자사의 브랜드들의 소개를 통해서 자사가 해당시장에 대해

서 얼마나 큰 비중을 차지하고 있는지 등을 보여준다. 또한 해당 브랜드를 운영할 조직을 미리 선보임으로서 해당 브랜드에 대한 구체적인 사업의지를 보이는 것도 중요한 요소이다. 이때, 특히 중요한 것은 회사가 보유한 관련 사업에 대한 전문성으로 최대한 직접적이고 오랜 경험을 가지고 있을수록 유리하다. 아무리 자본이 많고 매출이 큰 회사라 하더라도 브랜드 운영에 대한 경험이 일천하면 해외 본사로부터 긍정적인 호응을 얻기 어렵다.

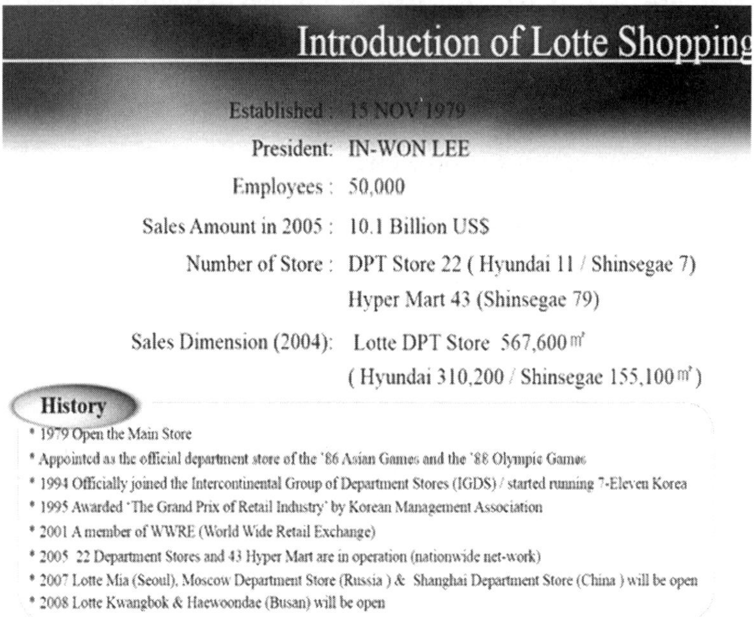

<그림 3-6> 회사 소개 예시

3) 계약 조건 제시

사업제안서 상에 명기될 계약 내용은 구체적일 필요는 없다. 하지만 사업의 근간이 되는 것에 대한 최소한의 기본적 사항은 표시하여 상대방의 의사를 이 시점에서 파악할 필요는 있는데 주로 계약기간과 계약형태 그리고 계약범위 등이 최우선적으로 제시되어진다. 앞서 계약 체크리스트에서 언급한 것처럼 계약기간에 대한 브랜드와 수입업자와의 생각은 기본적으로 차이가 있기 마련이다. 브랜드 입장에서는 최소화하여 혹시 있을 수 있는 상대방의 장기적 태업이나 무성의를 조기에 차단하려 들것이고 수입업자의 입장에서는 너무 짧은 계약기간은 수익을 올리기 무리일 뿐만 아니라 안정적 사업 투자를 하기가 쉽지 않으므로 적절한 타협점을 찾아야 한다.

사업의 형태는 크게 입장차이가 없을 수 있으나 사업 범위는 최근 들어 브랜드 측에서 세분화 하는 추세인데 예를 들면 로컬시장과 면세시장 그리고 온라인과 오프라인을 구분하여 별개의 계약자를 두는 것이다. 이렇게 되면 브랜드의 입장에서는 각기 전문적 장점을 가지고 있는 세분 시장에 파트너를 둠으로써 효율을 극대화 하는 효과는 볼 수 있겠으나 사업초기에 브랜드의 이미지를 구축하고 적극적 촉진을 시행해야 할 수입업자의 입장에서는 각 시장별 가격 및 서비스의 균형이 맞지 않는 경우가 많아 효과적 전개를 하기 어렵다. 따라서 독점수입 계약의 경우 일단은 가능한 전체 시장에 대한 권한을 요구하여야 할 것이다.

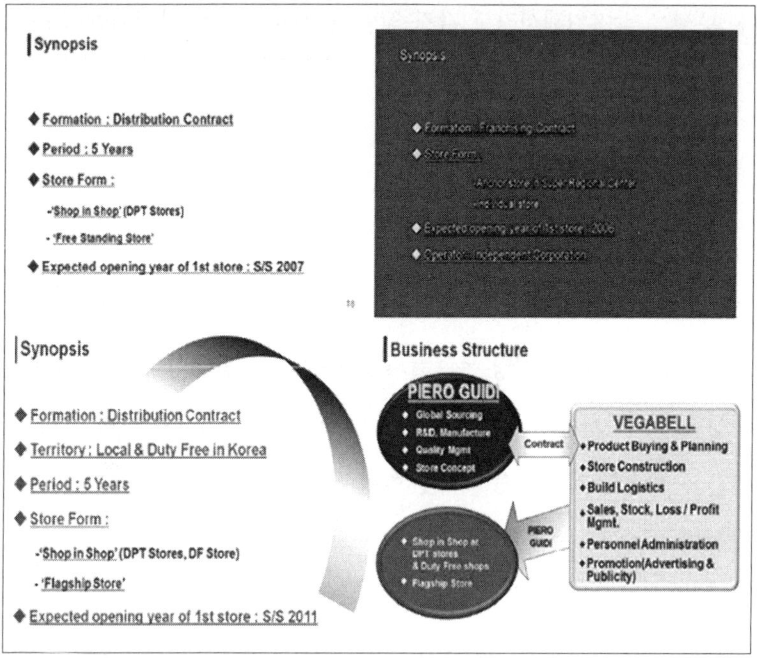

<그림 3-7> 수입 계약 기본 구조 제시

한편, 브랜드와 수입업자간에 기본적인 업무 분담에 대한 골격을 확실히 하는 것이 좋다. 특히 에이전트의 경우 브랜드와 유통업자 사이에서 수행하는 업무에 대해 구체적으로 인급하여 협상이 더 진행된 시점에서 다시 초기 협상으로 돌아가 기초적인 것을 재협상하는 일이 없어야 할 것이다. 예를 들면 국내 면세 에이전트의 경우 체화재고의 반송을 면세점에서 요구하는 것은 매우 빈번한 일로서 면세점에서는 브랜드 본사의 책임 하에 그러한 업무가 이루어지는 것을 당연시하지만 실제로 재고 반송을 허락하는 브랜드는 거의 찾아보기 어려우며 브랜드 측에서는 에이전트의 책임이라 간주할 것이다. 따라서 불필요한 차

후 분쟁을 막기위해서라도 각자 역할에 대한 규명은 사업제안서 시점에서 명확하게 할 필요가 있다.

4) Marketing Mix – 4P

마케팅 믹스란 마케팅 목표를 효과적으로 달성하기 위하여 마케팅 활동(product, place, price, promotion)에서 사용되어지는 여러 가지 방법을 구체적인 계획을 통하여 균형이 잡히도록 조정·구성 계획한 일을 말한다.

마케팅 믹스를 구체적인 계획을 통하여 보다 효과적으로 구성함으로써 소비자의 필요나 욕구를 충족시키며, 매출, 이익, 사회적 명성, 이미지 등과 같은 기업목표를 달성할 수 있게 된다. 마케팅 믹스는 첫째로, 제품·서비스 믹스(브랜드·가격·서비스·제품라인·스타일·색상·디자인 등), 두 번째, 유통 가격 믹스(수송·보관·재고·소매상·도매상 등), 마지막으로 프로모션 믹스(광고·인적판매·판매촉진·디스플레이 등)이다. 즉, 수입업자가 브랜드의 어떤 제품을 어디서, 얼마에 어떻게 판매하겠다는 실행계획을 밝히는 것으로 특히 브랜드는 수입업자가 거의 역할을 하기 어려운 제품이나 한계성이 있는 가격보다는 브랜드의 이미지를 극대화 할 수 있는 유통계획과 차별적인 촉진계획을 우선적으로 중시한다.

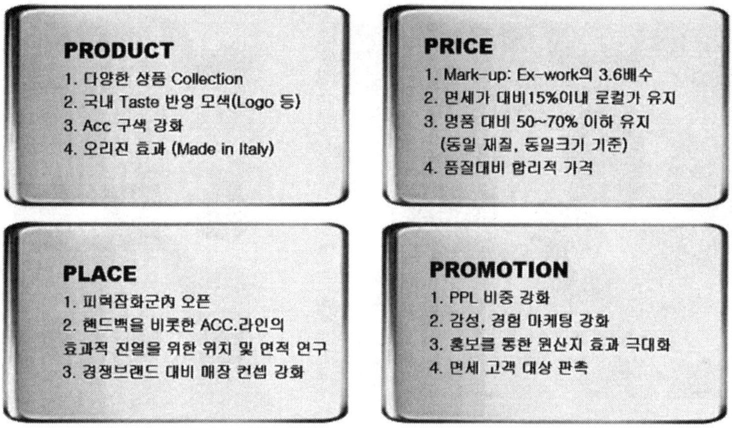

<그림 3-8> 마케팅 믹스 제시

① 제품계획(Product)

라이센스가 아닌 직수입업자가 수입 브랜드의 제품계열과 관련하여 사업제안서 상에 표기할 내용은 극히 제한적이다. 아직 상품에 대한 국내 시장의 반응을 알 수가 없고 브랜드로부터 받을 수 있는 제품라인을 구체적으로 알지 못하므로 일반적인 계획으로 충분하며 배달, 수선, 친절 판매원 서비스 등의 부형 서비스를 포함하여 품질보증 A/S 방법과 구체적인 방안을 추가적으로 보여주는 것도 좋은 제시안이라 할 수 있다. 우리나라의 기후조건과 로컬 소비자의 욕구를 충족시켜 줄 수 있는 스타일등에 대한 간단한 제안도 긍정적이다. 그러나 지나치게 자세한 소재, 색상, 실루엣, 디테일에 대한 제시는 제품의 초도구매시 충분히 제안할 문제이지 사업제안서 상에서 다루어질 문제는 아니다.

<그림 3-9> 제품 계획 예시

② 가격구조(Price)

가격계획은 이미 브랜드 현지 가격이 확정되어 있는 상황에서 수입업자가 임의로 정할 수 있는 것이 아니므로 사업제안서상의 가격계획은 브랜드 본사에 수입업자가 한국 특성상 유통업체에 지불해야되는 높은 수수료로 인해 운영이 쉽지 않음을 보여주는 간접 자료의 역할을 한다. 유럽이나 미국과 달리 위탁사업을 중점으로 하며 수수료를 받는 국내 백화점의 경우 재고에 대한 책임도 지지 않기 때문에 수입업자가 백화점을 통해 수입브랜드 사업을 전개하는 것은 사실상 매우 어려운 일이다. 면세점의 경우는 관세법에 의해 면세점에서 직수입을 하지만 수수료율이 백화점보다도 평균 15~20% 높고 로컬대비 무조건적인 낮은 가격을 요구받기 때문에 만만하게 접근할 수 있는 시장도 아니다. 따라서 국내 가격구조 내에서 차지하는 판매관리비용이 높다는 것을 해외 본사에 보여줌으로서 한국시장에 수입업자가 성공하기 위한 필요한 도움을 구체화 할 필요가 있다 하겠다. 실제로 해외 본사에서는 한국 패션시장의 경색성에 많이 놀라며 유통업체의 소위 '갑'으로서의 영향력에 대해 초기에는 이해하기 어려워하는 편이다.

Section	Local	Duty Free	Retail Price %		Remarks
			Local	DF	
Product Cost	100	100	18	22	
VAT	10	0	1.8	.	
Tariff	8	0	1.5	.	
Logistics	2	2	0.4	0.5	Ex-works terms
Agent Commissions	.	25	.	.	
Sales Cost	120	127	22	29	
Personal Cost	162	162	30	37	
Promotion	54	0	10	.	
Interior Depreciation	27	27	5	6	
Local Logistics	16	0	3	.	
Commission for DPT store	151	0	28	.	
Margin for Duty Free store	0	127	.	29	
Margin for Distributor	10	0	1.8	.	
Retail Price	540	443	.	.	

<그림 3-10> 가격 구조 예시

③ 유통계획(Place)

사업제안서에서 유통은 해외 브랜드 본사가 가장 중점을 가지고 확인하는 계획안이다. 매출이 일어나더라도 브랜드의 타깃소비자가 편안하고 고급스러운 환경에서 구매하길 원하기 때문이다. 따라서 수입업자는 일단 백화점이나 전문점 위주의 계획안을 준비할 필요가 있다. 인지도를 높이기 위해 방문판매나 온라인 판매를 시작으로 사업 3년차에 본격적으로 백화점에 매장을 전개하겠다는 식의 계획은 매우 한국 상황에서 현실적일 수 있으나 해외 브랜드 본사에서는 이해하기 어려운 조건이며 아무리 면세점 시장의 성장이 두드러진다 하더라도 면세점을 먼저 오픈하겠다는 계획은 로컬시장을 최우선으로 하는 브랜드의 입장에서 달가운 제안이 아니다.

유통은 제품을 소비자가 용이하게 구매할 수 있도록 연결시키는 실질적인 경로로써 모든 마케팅 기능의 직접적 수행을 담당한다. 국내에서 패션 사업을 하기에는 많은 제약이 있다. 대표적인 것이 위탁사업을 하는 백화점이 패션산업의 중심적 유통 장소라는 것과 다른 나라에서는 찾아보기 어려운 '권리금'이라는 전문점을 오픈할 때 필요한 초기비용이다. 한국에서 백화점에 유통망을 확보하는 것은 쉬운 일이 아니기 때문에 국내 패션시장은 할인점과 온라인 시장의 등장으로 유통망이 다변화 되고 있는 추세이다. 백화점에 경우 지역에 따라 차이가 있으나 평당 최소 천만원에 육박하는 매장 인테리어 비용과 해를 갈수록 상승하는 판매사원 인건비 뿐 만아니라 평균 30%이상의 수수료를 지급해야 한다. 전문점에 경우 법정으로 보장 받을 수 없는 권리금이라는 초기 사업비용으로 유통계획에 엄청난 자금 압박을 주고 있다. 면세점은 본사와 면세사업권자간의 상품공급과 구매를 간접적으로 돕고 이에 대한 수수료를 공급사로부터 취하는 방식으로 재고부담이 없고 사업형태가 단순하다. 허나 백화점과 마찬가지로 면세점에 유통망을 확보하기에 어려움이 많다.

<그림 3-11> 매장(shop in shop) 도면 예시

<그림 3-12> 매장 디자인 예시

고가의 유명 명품 브랜드 위주로 대부분 입점하기 때문에 초기 사업에는 어려움이 따른다. 온라인 매장은 인테리어 비용과 같은 투자비용은 없고 인건비를 줄일 수 있다. 물론 온라인매장은 오프라인 시장에서 획득하기 어려운 비용적 장점과 쇼핑 시간과 장소의 한계를 극복하는데 유리하나 실제로 온라인 사업만을 계획하는 업체와 독점 수입계약을 맺을 브랜드는 없다.

유통구조는 적시에 상품이 시장에 공급될 수 있도록 유통경로를 선정하고, 이 경로를 통해서 제품을 유통시키고 운송하는 것을 포함한다. 특히, 일반적으로 제품은 물리적인 가치 이외에 심리적인 부가가치가 크게 작용하므로 상품가치에 적합한 유통구조 및 판매를 위한 입지조건을 고려하여 작성해야 한다. 입지장소와 조건은 고부가적 가치와 상품 이미지에 큰 영향을 주기 때문에 유통채널 선정을 상품 특성에 알맞게 고려하여 작성해야 한다.

④ 매장 및 매출 계획

일반적으로 해외 브랜드 본사에서 한국기업에서 보내온 사업제안서상에 가장 큰 관심을 보이는 것은 매장과 매출계획이다. 그런 이유로 별도의 항목을 구성하여 이에 대한 구체적인 계획안을 만들어 제시하는 것이 좋다. 어느 정도의 명성을 구축한 해외 브랜드 본사의 경우는 한국의 유통 환경에 대한 이해가 이미 상당하지만 보통 플레그쉽 스토어(Flagship Store)나 적어도 국내 랜드마크에 전문점을 개설할 것을 요구하는 경우가 많다. 미국 특히 유럽의 경우 패션소비의 중심은 전문점이기 때문이기도 하고, 한국도 이제 백화점의 장악력이 상당히 떨어져가고 있다는 것을 그들이 모를 이유가 없기 때문에 향후 잠재력과 수입업자의 사업의지를 확인하는 전략의 일환으로 사업제안 단계서부터 논의가 될 것은 분명하다. 이때 현실적인 상황에서 브랜드를 설득하려는 것보다 장기적인 계획을 제시하여 그 가능성을 살리는 것이 현명한 대응책이다.

예를 들면 계약기간의 3년으로 예상되는 경우 3년차에 전문점을 오픈하는 계획을 제시함으로서 초기 이년 간 쌓을 신뢰를 바탕으로 해당년에 어려울 수도 있을 실행 부담을 해결할 방안을 열어두고 사업이 성공적으로 진행되어 재계약이 필요할 시 하나의 조건으로 삼을 수 있기 때문이다. 이 계획에서 도입 기업이 매우 주의를 요해야 하는 것은 도입 계약을 성공시키겠다는 욕심으로 너무 장밋빛 계획안을 제시하게 되면 독점 계약상 반드시 요구되는 최저사입금액에 커다란 부담을 스스로 자초하게 된다는 것이다. 최저사입금액 조건이란 독점수입권을 보장하는 대신 계약기간동안 수입업자가 이행하여야 할 무조건적인 사입금액 약정을 말하는데 이는 수입업자의 사정으로 매장이 존재하지 않아도 이행되어야 하는 것으로 보통 사업제안서 상 예비 도입기업이 제시한 매장 및 매출계획에 따라 정해지므로 희망적이되 현실성을 망각한 계획제시는 매우 난감한 상황을 만들어 낼 수 있다.

Sales Plan

Unit : Retail /in thousand USD

Year	Store	# of Shop	Sales Amount	Aggregate / Y	Growth (%)
2005 (2 months)	DPT	3	437	437	-
	Mart	3	218	218	-
2006	DPT	6	5,242	5,679	1,300
	Mart	6	2,621	2,839	1,302
	Franc	10	6,540	6,540	-
2007	DPT	9	7,862	13,541	238
	Mart	9	3,931	6,770	238
	Franc	20	13,080	19,620	300
2008	DPT	16	13,978	27,519	203
	Mart	14	6,115	12,885	190
	Franc	30	19,620	39,240	200
2009	DPT	25	21,840	49,359	179
	Mart	20	8,736	21,621	168
	Franc	50	32,700	71,940	183

◆ **Condition**
① Under Lotte exclusive operation until 2007
② Franchising starting from 2007
③ Launching at competitor's store (Hyundai, Shinsegae ...) from 2008

<그림 3-13> 매장 및 매출 계획

5) 촉진활동(Promotion)

기업은 판매촉진활동을 통하여 더 많은 이익을 내기 위해 촉진활동을 해야 한다. 광고는 기업이 제공하는 상품이나 서비스에 대한 잠재고객의 반응을 촉진시킴으로써 정보를 제공하고, 소비자의 욕구 충족의 길을 열어 주며, 특정 기업의 상품을 선택해야 할 이유를 제시한다. 광고는 판매증진의 수단으로 그치는 것이 아니라 모든 활동과 연동화되어 기업전체의 이미지 형성에 영향을 미치는 기업 커뮤니케이션 수단이다. 홍보는 소비자에게 보다 믿음을 주는 폭넓은 정보를 제공함으로서 기업 입장에서의 자화자찬이 아닌 소비자간 공감할 수 있는 기업과 브랜드에 대한 긍정적인 태도를 형성하게 한다. 해외에서 도입되는 브랜드는 몇몇을 제외하고 인지도를 충분히 확보하고 있는 경우는 드물다. 따라서 상품수명주기로 환산하며 도입기에 있는 것과 같아 인지도의 구축을 우선적으로 검토하여야 한다. 물론 효과가 높은 공중파나 옥외광고 등을 통해 인지도를 넓힐 수도 있고 유명연예인의 PPL을 통해 관심도를 짧은 시간 내에 올릴 수는 있겠지만 막대한 비용이 드는 일이기 때문에 시행하기 쉬운 일은 아니다. 따라서 대부분의 브랜드는 타깃 소비자가 많이 구독하는 패션잡지를 통해 선을 보이는 경우가 보통이며 최근에는 SNS상의 바이럴 마케팅을 강화하는 추세이다. 잡지는 표적대상에게 집중적으로 보여줄 수 있으며, 신문에 비해 인쇄 품질이 우수하고 광고의 수명이 길기 때문이고, 바이럴 마케팅은 전파력이 빠르기 때문이다.

인지도 구축과 긍정적 이미지 강화를 위해 최소의 비용으로 최고의 촉진효과를 올리는 것은 훌륭한 매장을 오픈하는 것이 가장 좋은 방법이다. 롯데 GF사업본부, 신세계 인터내셔날처럼 유통을 확보하고 있는 회사에서 해외 브랜드를 도입하는 것이 아니라면 우리나라에서 신규 해외 브랜드의 매장을 백화점이나 면세점에서 좋은 위치와 면적으로 오픈하기는 매우 어렵다. 단순하게 브랜드의 파워 뿐 만 아니라 인맥을 동원한 영업능력도 요구되며 그 외 복합적인 요인들이 작용하게 될 것이다. 따라서 매장 확보는 전문가를 통해 차별화된 입점제안서를 작성하고 잦은 유통업체 바이어 미팅을 통해 장기간 노력하여야 할 문제이다.

사업제안서 상의 촉진계획은 타깃 브랜드의 성격에 따라 다르겠지만 단순히 상품의 판매를 증대시키기 위한 각종 기능이나 활동보다는 브랜드의 이미지를 높일 수 있는 서비스 차원의 계획을 강조할 필요가 있다. 브랜드가 이미 시행하고 있는 촉진 활동을 파악하여 그 컨셉상에서 크게 벗어나지 않되 한국 소비자의 특성을 고려한 차별적인 촉진 계획 제시는 브랜드에서 예비 수입업자의 자신이 브랜드에 대한 구체적인 관심과 의지를 확인하는 데에 부족함이 없을 것으로 본다.

PROMOTION PLAN
(프로모션 계획일정표)

<table>
<tr><th></th><th>12</th><th>1</th><th>2</th><th>3</th><th>4</th><th>5</th><th>6</th><th>7</th><th>8</th><th>9</th><th>10</th><th>11</th></tr>
<tr><td rowspan="2">ON LINE</td><td rowspan="2">SNS 페이지</td><td></td><td>블로거</td><td></td><td rowspan="2" colspan="6">인스타그램 해쉬태그
연예인 협찬 / 블로그 포스팅</td><td rowspan="2"></td><td rowspan="2"></td></tr>
<tr><td colspan="3">SNS활동 및
EVENT/ ATL</td></tr>
<tr><td rowspan="2">OFF LINE</td><td></td><td colspan="3">VMD 실시
판매사원 교육</td><td rowspan="2" colspan="6">신규가입 시 10% 할인쿠폰 제공
(정보료 DM 발송)</td><td rowspan="2"></td><td rowspan="2"></td></tr>
<tr><td colspan="4">지하철 스크린 도어 광고</td></tr>
<tr><td>PR</td><td></td><td></td><td></td><td></td><td></td><td colspan="2">GQ/크래커마블
잡지부록</td><td></td><td></td><td colspan="2">패션잡지
스타일 코디 기사</td><td></td></tr>
<tr><td>EVENT</td><td></td><td></td><td></td><td></td><td colspan="3">런칭이벤트/
20만원 이상 구매고객 대상
MHL에코백 증정</td><td></td><td></td><td></td><td></td><td></td></tr>
</table>

1년 기준
ONLINE: 약 30,000,000
OFFLINE: 약 45,000,000
PR: 약 18,000,000
EVENT: 약 30,000,000

<그림 3-14> 촉진 계획 예시

6) 향후 Schedule

사업제안서 후반부에는 사업제안서 협의 이후 매장을 오픈하기까지 스케쥴을 시기별로 알아보기 쉽게 제시한다. 이것은 예비 수입업자의 전문성을 보여주는 자료가 될 뿐만 아니라 매장을 오픈 하는데까지 소요되는 시간을 명확하게 함으로서 해외 브랜드에서 상품계획을 세우는데 도움을 주게 하기 위함이다. 보통 매장 오픈 두, 세달 전에 광고를 시행하는 것이 일반적이며 정규 판매사원은 오픈 한달 전 채용하여 내부적으로는 상품 및 서비스 교육을 시키고 외부적으로는 해당 매장에 파견을 보내 POS관리에 대한 교육을 받게 하여야 한다. 매장 인테리어는 브랜드의 정책에 따라 달라지나 국내 수입업자의 재량권이 클 경우는 최소 3개월 전에는 해당 유통업체 영업 혹은 공사 담당과 협의를 시작하여야 한다. 브랜드의 매장 컨셉이 모두 다 허용되는 것은 아니므로 Shop in Shop 상황에서 유통업체 본 매장과 브랜드 매장과의 조화로운 공존은 중요한 일이며 상품 규격이나 고객 동선 등을 잘 고려하여 본사와 적절히 협의하여야 할 것이다.

what to do	MAY			JUNE				JULY				AUGUST			
	3	4	5	1	2	3	4	1	2	3	4	1	2	3	4
1. M.O.U. & Agreement															
2. Product Import															
Forwarder Selection															
Warehouse Selection															
Product Collection Book															
Buying															
Shipping & Warehousing															
Product Code															
TAG & Label															
Retail Price Testing															
Delivery to Stores															
3. Human Resource															
Office Staff Recruiting															
Sales Staff Recruiting															

<그림 3-15> 향후 계획표 예시

3 사업협상(Business meeting)

사업제안서가 제출되면 본격적으로 직접적인 협상에 들어가게 된다. 보통 일차적으로는 수입을 하는 기업 쪽에서 해외 브랜드 본사에 방문하여 제출한 사업제안서를 구체적으로 설명하고 이후 해외 브랜드 관련 실무자가 한국에 방문하여 국내 유통환경 및 경쟁 브랜드 현황을 살펴보고 식으로 이차 미팅을 가지게 된다. 해외 본사와의 미팅은 매우 전문적인 지식과 경험을 필요로 하는데 단순하게 언어만 잘한다고 해결되는 것이 아니다. 그 나라 문화를 먼저 이해하고 최대한의 매너를 유지하는 환경에서 상대방에서 원하는 사안에 대해 논리적이고 확실한 답변을 줄 수 있어야 한다. 더구나 우리나라 실정에 대한 질문에 대한 답변을 명확하게 하지 못하거나 차후로 미루는 일이 잦아지면 상대는 이쪽의 사업의지 자체를 의심하게 될 것이다. 일반적으로 협상은 경제적 이해와 욕구를 충족시키기 위해 각자가 가지고 있는 자원의 교환조건을 결정하기 위한 의사소통 과정을 말한다. 기업은 이윤을 추구하는 집단으로 양자 간의 이해관계에 있어 쉽게 의견일치가 되거나 합의되기 어려운 일이 많으므로 효과적인 협상은 기업 간 갈등 해소에 중요한 기술적 방법으로 여겨지고 있다. 협상에는 다양한 목적이 있으나 구매협상의 경우 공급자로부터 구매약속을 얻어내기 위해 제반 거래 조건(가격, 상품과 서비스, 계약조건 등)에 대한 이견을 해결해 나가는 특화된 의사소통과정을 말하며 그 외 인수 합병, 각종 계약 등에 대한 다양한 종류의 목적을 지닌 협상이 존재한다.

협상의 단계로는 준비, 예비협상, 실제협상, 평가로 구분해 볼 수 있는데 먼저 준비단계에서는 협상의 목적을 분명히 하고 주제를 선정 후 협상팀을 구성하여 사전 정보 등을 수집하고 분석한다. 이후 목표치를 선정하고 구체적인 전략과 전술을 마련하는 것이고, 두 번째 예비협상 단계에서는 협상 장소와 시기를 확정하고 협상의 스케쥴을 내부적으로 협의하는 단계이다. 그러고 세 번째 실제 협상단계에서 협상팀은 그동안 준비한 객관적이고 논리적인 자료를 통해 주도권을 확보하고 정당한 상호 이익선에서의 협상문안을 작성하게 된다. 마지막 평가단계에서는 금번 협상에 대한 성공이나 실패 원인을 분석하고 다음 협상의 준비를 하게 된다.

일반적으로 협상의 3대 요소로 Power(힘)과 Information(정보) 그리고 Time(시간)을 들곤 하는데 여기에서 힘이란 지식, 경험, 경쟁, 태도, 인내, 직위, 노력, 합법성, 정당성 등을 의미하며 정보는 협상에 연관된 필요한 정보를 얼마나 많이 보유하였는가에 대한 조건이며 시간은 매 협상에 연관된 시간적 고려사항 즉 협상준비에 소요되는 시간, 협상하기 좋은 시간 등을 의미한다.

협상력을 좌우하는 원칙으로 크게 요구하면 크게 얻으며 자기 쪽에서 주도권을 가지고 공격해 가고, 숫자나 조건은 구체적으로 제시하며, 상대의 최초 요구에는 다소의 쇼크법으로 대응하여 쉽지 않음을 암사하고, 상대의 정보를 얻고 알리되 자신의 정보는 감추는 상황에서 토의내용과 합의사항을 모두 기록하고 상대의 약점을 자신의 강점으로 파악하고 최초의 제안은 내가 먼저 하는 것이 유리하다는 것들이 있다.

한편 협상의 5가지 원칙으로 경쟁하고 양보하며 타협하고 회피하고 협력하라는 것이 있는데 기본적으로 경쟁력을 가지고 임해야 협상에 승산이 있다는 것은 자명하며 무조건 자신의 이익만을 고려하여 밀고 나가기보다 때로는 이보 전진을 위한 일보 후퇴가 필요할 때도 있음을 알아야 할 것이며 가끔 답변하기 애매하거나 어떠한 입장표명도 득이 되지 못한다고 판단할 시에는 일단 사안을 회피하거나 보류하는 것이 나을 수도 있다. 그리하여 결국 협력기조로서 결과지어야 한다는 원칙인데 어느 한 가지 원칙이 우선된다기 보다 협상의 특성이나 상황에 맞추어 적절한 안배가 필요하다 하겠다.

<그림 3-16> 사업 협상

협상의 결과는 4가지로 구분해 볼 수 있는데 우선 Lose-Lose 즉 협상의 당사자들 중 어느 쪽도 자기들이 원하는 것을 얻지 못하는 경우로 보통 경영진과 노동조합이 임금협상 등에 만족스럽지 못해 파업을

하는 경우가 그 예로 볼 수 있다. 두 번째로 Win-Lose(또는 Lose-Win)로서 협상 당사자들 중 어느 한쪽이 원하는 것을 얻고 다른 한쪽은 손해 보는 경우로 협상 당사자들 중 어느 한쪽이 원하는 바를 얻지 못한 채 자리를 뜨게 되면, 승리를 거둔 쪽 당사자와 앞으로 다시 협상하기를 꺼리게 되는데 이러한 관계는 모두 시간이 지나면서 루즈-루즈 결과로 끝을 맺게 되는 경우가 대부분이다. 세 번째로 Win-Win으로 거의 모든 협상에서 이상적인 결과를 의미한다. 양쪽의 욕구와 목적이 충족되어 모두가 호의적인 기분으로 자리를 뜨게 되는 경우로 이를 위해 한 가지만 파고 들지 말고 다양한 조건에서 경쟁하고 양보하는 방식의 협상이 매우 중요하다 하겠다. 또한 나보다 상대가 원하는 것에 대한 판단이 정확하고 신속해야 함은 물론이다. 마지막으로 협상을 통해 아무 결과를 얻지 못한 것으로 어느 쪽도 득을 본 것도 손해를 본 것도 아닌 결과를 의미한다.

상황별 협상 전략을 요약하면 전문가의 의견을 인용하는 것이 중요하다. 나와 상대보다 전문성이 있다고 인정되어지는 사람의 의견을 제시하면 일반적으로 큰 영향력을 가지게 되며 이때 그 전문가의 의견을 우리 측 의사와 맥을 같이 해야 할 것이다. 그리고 때로는 다양한 답변이 가능하지 않은 yes, no만이 가능한 폐쇄형 질문이 필요할 때가 있다. 반대로 상대에 반드시 답을 이끌어 내기 위해 다양한 조건의 답변이 가능한 개방적 질문을 던지기도 하고 때론 침묵하기도 하고 불리할 경우 협상 마감을 지연할 수도 있다.

당연한 이야기 일 수 있으나 협상을 성공으로 이끄는 일반적인 기술은 협상의 목적을 정하고 그것을 달성하며 협상 상대가 원하는 부분을 분석하고 당시의 감정이 때로는 객관적 사실보다 중요할 수도 있다는 것인데 이는 당시 참석한 사람의 심리 상태나 상황이 보다 중요할 수 있다는 것이다. 그리고 상대방의 기대가치보다 더 큰 가치를 제시하고 이때 대안은 창의적인 것이 바람직하다 할 것이다. 자신이 준비한 협상 목적과 내용에 충실하고 서로 상대와 다른 가치를 교환하는 것이 중요하다.

4. 양해각서(Memorandum of understanding)

국제계약이 체결되기까지 시간이 걸리는 것은 당사자가 원격지에 있는 것은 물론 언어나 법률문화의 차이가 있기 때문으로 어느 정도 용인할 수 밖에 없다. 또 계약 조건의 교섭은 그것이 단순한 상품매매 같은 것이라면 많은 시간을 요하지 않으나 수년 간의 계약기간을 가진 마스터 계약(Master Contract)이나 라이센스 계약 같은 것이라면 1개월 이상, 어떤 경우에는 1년 이상 걸리는 것은 흔히 있는 일이다. 흔히 MOU로 일컬어지는 양해각서는 본 계약에 들어가기 전 브랜드와 수입업자간에 맺는 약속문서이다. MOU는 형식이 정해져 있는 것이 아니라 부분적, 잠정적 합의가 기재되어 있는 서면으로 생각하면 좋을 것이다. 이 같은 개별 합의사항이 모이면 최종적으로 계약서에 정리하게 된다. 이렇듯 굳이 본 계약 전에 양해각서를 맺는 이유는 본 계약을 체결하기 위해서는 많은 시간이 소요되므로 적절한 사업 시기를 그로 인해 놓치게 되는 경우가 예상되므로 매우 중요한 계약의 근간이 되는 사항에 대한 합의만 가지고 사업에 필요한 일정을 시작하려는데 있다. 보통 한 두장 정도로 요약되며 사업제안서 제출 이후 양자 간의 협상을 통해 확인된 사안들만 다루게 된다. 아래는 양해각서에 대한 이해와 작성을 위해 필요한 사안들을 설명하고 있으며 이는 본 계약에도 적용된다.

가. 계약 주체

한 법인회사의 사장이 주식을 모두 소유하면서 경영상의 실권도 모두 장악하고 있는 경우에도 법인회사와 사장 개인과는 전혀 별개인 것처럼 사장 개인이 맺은 계약이 회사에 대하여 자동적으로 효력을 가지는 것은 아니다. 사장과 회사가 사실상 일체인 동안은 문제가 발생하지 않을는지 모르지만 사장이 주식을 매각하여 회사의 경영권이 이전되면 새로운 경영자는 한국 특정 기업과 이전에 맺은 수입권에 대한 계약은 무효라고 주장하고 나올 우려가 있다. 계약 당시 담당자는 언제 바뀔지 모르는 일이고 기업매수 등으로 경영진이 바뀌는 일도 많다. 재판에 회부되었을 경우는 계약서의 기재 내용만을 의지하게 된다. 따라서 계약의 당사자가 외국의 회사일 경우 한국의 등기부처럼 편리한 제도가 없을 때가 많고 서명하는 사람이 진짜 회사를 대표하는 권한을 가졌는지의 여부를 확인하는 방법을 검토하지 않으면 안 되는 때도 있다. 이런 확인을 위하여 자주 사용되는 방법은 공증의 증명서라든지 변호사의 의견서 등이다.

나. 계약의 정의와 법적 효력

사전에서 우리말의 계약에 해당되는 영어는 Contract와 Agreement가 명시 되어 있다. 그러나 영미법에서는 합의(agreement)와 계약(contract)은 원래 서로 다른 개념이고 명확하게 구별되어 왔다. 계약

(Contract)은 두 사람 이상의 당사자 사이에 합의되고, 그 합의가 법률로 강제될 수 있는 것으로 설명되고 있다. 한편 계약 당사자 간 합의(agreement)라도 공공질서와 법규에 반하지 않는 한 계약으로 유효하다고 보는 대륙법 계열(우리나라의 법률도 대륙법의 영향을 받아 편찬되고 있음)의 법률과 달리 영미법 아래에서는 단적인 합의만으로는 아직 계약으로 보지 않는다. 영미법 아래에서는 합의에 더해져서 「약인(約因 : consideration)」이 없으면 계약으로 성립되지 않는다. 즉 제안(offer)에 대해서 승락(acceptance)이 있으면 합의(agreement)가 되는데 이것에 약인이 더해져서 비로소 Contract(계약)가 된다. 그럼 약인이란 도대체 무엇일까? 그것은 양 당사자에게 존재해야 하는 거래상의 손실이라고 생각할 수 있다. 예를 들면 해외 브랜드가 가죽 가방을 100만원에 수입상에게 판매한다고 하는 경우를 생각해 보자, 매도자에게는 가방을 건네주는 손실이 있고 매입자에게는 100만 원을 지불하는 손실이 있다. 이 서로 대립하는 손실의 존재가 약인인 것이다. 그러나 현대에서의 매매계약처럼 명확하게 약인(쌍방의 손실)이 있는 것에 대해서는 굳이 「약인」이라는 용어를 사용하지 않는 경우가 많다.

이처럼 영미법에서는 Contract와 Agreement는 엄밀한 의미로는 별개의 개념이지만 오늘날은 이 두 가지 언어는 거의 같은 뜻으로 쓰이고 있다. 따라서 그 외에 그 어떤 합의내용을 기록한 서류에 'Memorandum'이나 'Letter of Intent' 등 여러 가지 제명의 것을 사용하기도 하는데 이런 것들이 계약서에 해당하는지와 법률적 권한이 있는 것인지는 어디까지나 그 합의상의 내용 등으로부터 판단되는 것이지 더 이상 제명에 의하여 효력의 유무가 결정되는 것은 아니다. 이처럼 의향서에서 가장 중요한 문제가 되는 것은 그 서면이 법적 구속력을 지니는가 아닌가 하는 것이다. 당사자 한 쪽은 양해각서에 기재한 사항이 법적 구속력을 가진다고 생각하고 있는데 다른 쪽 당사자가 구속력이 없다고 생각하면 문제가 발생되는 것은 분명하다. 의향서에 양당사자의 합의를 기재라고 계약으로서 효력을 있다고 판단시키기 위해서는「합의의 명확성」이 객관적으로 확정되어야 한다. 또, 양당사자가 법률적으로 구속력을 갖는 계약을 체결한다는 인식(약인의 존재)을 갖고 있음이 의향서의 기재에서 확실히 드러나야 한다. 한편 법적 구속력이 의향서에 없는 경우에는 분명하게 구속력을 부정하는 내용을 거기에 기재할 필요가 있다. 그러나 혹 그 반대의 입장 즉 법적 효력에 대한 부담을 갖는 경우라면 계약서로 생각하게 하지 않는 표현을 사용하는 것이 중요해진다. 의향서 가운데 contract, agreement 등 계약 성립을 나타내는 말을 사용하지 않고 또 shall, will 등 의무를 명시하는 용어를 피하고 그 대신에 desire, intend, expect, be thinking of라는 표현을 사용하는 것을 권한다.

다. 주요 항목

양해각서에 명기되는 항목은 사업의 성격이나 제품의 특성에 따라 차이가 있으나 일반적으로 사업주체, 계약 형태, 계약 기간, 사업 범위, 지급조건, 품질 조건, 운송 조건, 준거법 등이 기재된다. 양해각서를 맺는 이유는 앞에서도 이야기 했지만 적절한 사업 시기를 놓치지 않기 위한 것으로 본 계약은 수입 브랜드가 국내에 도입되어 운영되고 있는 와중에 이루어지는 경우가 많으며 이때 양해 각서 상의 내용 중 일부는 현실에 맞게 수정될 수도 있다.

Vendor: Furla SpA of Via Belllaria 3-5, San Lazzaro di Savena(Bologna), Italy; Distributor; Lotte;

Territory: 대한민국, 승인된 아울렛 매장을 포함하고 면세지역을 제외한 국내 시장
상품: 어패럴 및 non- 어패럴 제품
기간: 5년
개시: 2006년 9월 6일 이전 상호협의 된 본 양해각서에 서명된 날로부터 시작
가격: 발주 승인 시의 Furla SpA export price list에 따르며 세일 전 한국 리테일 가격은 3,2 mark-up에 준한다. (*본 계약 시 추가 협의)
Delivery: ex-factory, San Lazzaro di Savena, Bologna, Italy
Payment terms: Furla 홍콩 또는 Furla코리아가 지명한 은행계좌로 취소불능신용장 개설한다.(롯데가 현금으로 미리 지불할 경우 2% 할인 가능)
Invoicing: 상품 인보이스는 Furla 홍콩 또는 Furla 코리아가 발생한다.
Retail Outlet: 한국에서 오픈하는 모든 매장은 Furla의 사전 승인을 받아야 한다. 위치, 크기, 컨셉 관련 조건을 만족 시키도록 노력한다.

롯데는 본 양해각서가 체결된 날로부터 18개월간 최소 4개의 mono-brand Furla 매장, 멀티 브랜드 매장, 코너, 숍인숍을 오픈하고 운영하며 한 매장은 롯데 백화점 본점에 위치한다.

기존 Furla코리아에 의해 오픈한 신세계 강남점의 운영을 인수한다.

사업계획: 롯데는 한국에서의 상품유통관련 사업계획안을 제공하여 Furla 홍콩 또는 Furla 코리아의 승인을 받는다. 사업계획안은 Distribution Agreement에 첨부되고 연간 최저사입금과 매장 수를 포함한다.

광고: 롯데는 총매출의 2% 이상을 마케팅 비용에 투자한다.

매 시즌 롯데는 마케팅 계획을 제공하여 Furla HK 또는 Furla 코리아의 승인을 받으며, Furla HK 및 Furla 코리아의 승인 없이 그 어떠한 프로모션, 광고, 마케팅 활동을 진행하지 않는다.

이월재고: Furla 홍콩 또는 Furla 코리아와 협의하여 남은 재고를 처분한다

<그림 3-17> 양해각서 예시

5. 본 계약(Contract)

MOU가 체결되고 이후 실제적인 사업이 진행되는 동안 해외 브랜드 본사와 국내 도입 업자 간에는 지속적인 계약 협의가 이루어지게 된다. 이러한 계약 체결을 위해 전문적인 법률회사를 고용하는 경우가 많은데 전문성과 안정성은 높지만 굉장히 많은 비용을 요구하는 일이므로 대기업이거나 자본이 많은 중소기업이 아니라면 쉬운 일이 아니다. 그러나 계약요건은 브랜드마다 다르긴 하겠지만 핵심적인 요인만 잘 파악하고 협의한다면 그렇게 어려운 일이 아니며, 사업의 규모나 상대방의 일반적이지 않은 요구 등으로 인해 어쩔 수 없이 법률회사를 고용한다 하더라도 아래 소개하는 실제 계약상의 조항들을 잘 살펴보고 이해할 수 있다면 실제 비용을 상당히 절감할 수 있을 것이라 믿는다.

가. 독점 수입 계약서

1) 표제와 전문

계약당사자의 명칭, 소재지, 계약체결일 및 계약이 체결되는 목적, 이유, 배경, 경위 등이 기재된다.

① 표제

표제부분에서 계약이 체결되는 당사자와 계약 목적을 기재한다. 아래 소개된 계약은 홍콩에 있는 ABC Asia Pacific사와 한국의 Hoseo사 간의 프랜차이즈계약이 된다. 물품매매계약에는 일정기간에 걸쳐 약정품을 인도하는 계속적 매매(공급) 계약과 한 번만의 매매를 계약하는 스팟계약이 있다.

BETWEEN

1. ABC ASIA PACIFIC LIMITED, a company duly registered and incorporated in Hong Kong whose registered office is situate at 8th Floor, Shield Industrial Center, 84-92 Chai Wan Kok Street, Tsuen Wan, New Territories, Hong Kong (hereinafter called "ABC") of the one part; and
2. _Hoseo__, a company duly registered and incorporated in Korea whose registered office or main office is situate at (hereinafter called "MASTER FRANCHISEE") of the other part.

- 본 프랜차이즈 계약은 다음의 당사자들간에 일자로 체결되었다.

1. 홍콩에서 적법하게 등록되고 설립되었으며 홍콩 뉴테리토리스 추엔완 차이완콕 스트리트, 84의92 쉴드인더스트리얼센터 8층에 등록된 사무실을 두고 있는 ABC 아시아퍼시픽리미티드(이하 "ABC")
2. 한국에서 적법하게 등록되고 설립되었으며 일정 주소지 에 등록된 사무실 또는 본점을 두고 있는 호서 (이하 "가맹계약자")

WHEREAS

1. ABC is within a group of companies comprising, among others, ABC International B.V. and ABC Europe B.V. and is entitled: -
   (a) to the Brand Name (as defined in Clause 1.1 below) and to the use of the Brand Name; and
   (b) to grant a franchise to any franchisee for the sale of Merchandise (as defined in Clause 1.1 below) with the use of the Brand Name.
2. ABC agrees to grant a Franchise (as defined in Clause 1.1 below) to MASTER FRANCHISEE subject to and upon the terms, conditions and covenants as mentioned or referred to in this Agreement here below defined.

NOW IT IS MUTUALLY HEREBY AGREED AS FOLLOWS: -

전문

1. "ABC"는 ABC인터내셔널비브이 및 ABC유럽비브이를 포함한 회사 그룹 내에 속하며, 다음과 같은 권리를 보유한다.

(a) "브랜드명"(아래 제1.1항에 정의됨)에 대한 권리 및 "브랜드명"을 사용할 수 있는 권리

(b) 가맹계약자들에게 "브랜드명"을 사용하여 "상품"(아래 제1.1항에 정의됨)을 판매하는 권리를 부여할 수 있는 권리

2. "ABC"는 아래 규정된 본 계약에서 언급된 조건 및 서약에 따라 "가맹계약자"에게 "프랜차이즈"(아래 제1.1항에 정의됨)를 부여하기로 합의한다. 이에, 당사자들은 아래와 같이 상호 합의한다.

2) 정의(Definitions)

계약서에서 되풀이 사용되는 말을 여기서 정의하고 그 후의 표기를 간단하게 만든다. 모든 계약서가 예문처럼 반드시 정의 조항을 두고 있지는 않다. "hereinafter referred to as" 등을 사용해 문장 안에서 정의하는 경우도 있다. 정의되는 말은 전부 대문자로 쓰여지거나 머릿글만이 대문자로 쓰여지기 때문에 정의가 되어 있는지 아닌지는 그 단어를 보면 알 수 있다.

1. DEFINITIONS AND INTERPRETATION

1.1 INTERPRETATION

In this Agreement, if the context so permits or requires and where not inapplicable, the following terms shall have the following meanings: -

(a) "Brand Name" whenever used in this Agreement shall mean the marks set forth below:

Registered Mark

Mark	Reg.	No.	Goods / Services
ABC			Clothing / Footwear
ABC			Bag

(b) "Franchise" whenever used in this Agreement shall mean the sole and exclusive right granted to MASTER FRANCHISEE for the retail sale of the Merchandise within the Territory including the use of the Brand Name for the retail shops and outlets as to be opened and established pursuant to the provisions of this Agreement, the marketing and promotion of the sale of the Merchandise within the Territory and the advertising incidental to the promotion of the sale of the Merchandise, but excluding any rights to duty free, Internet and catalog sales, which rights are specifically reserved by ABC, and which sales by ABC or its designees shall not violate or breach MASTER FRANCHISEE's rights under this Agreement;

(c) "Merchandise"whenever used in this Agreement shall mean any women's wearing apparel, made of fabrics of any kind or leather or any combination thereof to which the Brand Name is applied or bearing the Brand Name, excepting apparel products manufactured or distributed by any licensee of ABC or any of ABC's affiliates;

(d) "Person or persons" whenever used in this Agreement shall mean any unincorporated body, partnership and body corporate or corporation; and

(f) The term"affiliate" shall mean, with respect to a party, any person or entity which, directly or indirectly, is in control of, is controlled by, or is under common control with, such party and whether under a formal or informal obligation. For purposes of this definition,"control" of a person or entity means the power, directly or indirectly (including via a nominee arrangement), either to (i) vote a majority of the securities or shares having voting power; (ii) determine the majority of the board of directors, management committee or similar governing body of such person or entity; or (iii) direct or cause the direction of the management and policies of such person or entity whether by contract or otherwise.

- 1.1 해석

본 계약에서 문맥이 허용하거나 문맥에 따라 그리 해석되어야 하면서도 부적절하지 않은 경우에 한하여, 아래의 용어들은 다음과 같은 의미를 가진다.

(a) 본 계약에서 사용되는 "브랜드명"이라는 용어는 아래 기재한 마크를 의미한다. 등록된 마크 상품/서비스 ABC 의류/신발/가방

(b) 본 계약에서 사용되는 "프랜차이즈"라는 용어는 "영역" 내에서 "상품"을 소매할 수 있도록 "가맹계약자"에게 부여되는 유일하고 독점적인 권리를 의미하며, 이러한 권리에는 본 계약의 조항에 따라 설립되고 개점될 소매점 및 아울렛에 "브랜드명"을 사용할 수 있는 권리, "영역" 내에서 "상품"을 마케팅하고 판촉할 수 있는 권리 및 "상품"의 판촉에 부수적인 홍보 활동을 할 수 있는 권리가 포함된다. 그러나, 면세 판매 권리 및 인터넷이나 카탈로그를 통한 판매 권리는 제외되며, 이는 "ABC"가 특별히 보유하고 있는 권리이고, "ABC" 또는 "ABC"가 지정한 자에 의한 이러한 판매는 본 계약에 따른 "가맹계약자"의 권리를 위반 또는 침해하지 않는다.

(c) 본 계약에서 사용되는 "상품"이라는 용어는 종류를 불문하는 직물, 가죽 또는 합성 직물을 원료로 만들어지고 "브랜드명"이 사용 또는 부착된 여성복을 의미하나, "ABC"의 라이센스 인수자 또는 "ABC"의 계열회사가 제작 또는 유통시킨 의류 상품은 제외한다.

(d) 본 계약에서 사용되는 "인(人)"이라는 용어는 비법인 단체, 동업자 및 법인체를 의미한다.

(f) "계열회사"라는 용어는 특정 당사자, 인(人), 또는 법인이 형식적 의무를 부담하는지 여부를 불문하여 직간접적으로 통제하거나 통제를 받거나 공동 통제를 받는 당사자, 인(人), 또는 법인을 의미한다. 여기서 인(人) 또는 법인의 "통제"란 (i) 그러한 인(人) 또는 법인의 의결권 있는 유가증권 또는 주식의 과반수를 의결하거나, (ii) 그러한 인(人) 또는 법인의 이사회, 관리 위원회 또는 이와 유사한 규율 단체의 과반수를 결의하거나, (iii) 계약의 체결 등을 통하여 그러한 인(人) 또는 법인의 관리 및 정책을 직접 지시하거나 이들이 지시를 받도록 할 수 있는 직간접적인(대리인 임명도 포함) 권한을 의미한다.

3) 계약기간(Duration of the Agreement)

계약기간은 앞서 브랜드의 시장성 검토에서 언급하였듯 매우 중요한 요소이나 계약자 상호 간에 입장차이가 가장 클 수 있는 조항이기도 하다. 수출업자 혹은 제조업자의 경우 상대방에 대한 신뢰 여부 및 본사의 직진출 여부를 가늠하기 위해서 수입업자의 운영기간을 최소화 하려는 경향이 있다. 그러나 초기투자비용이 많이 들어가는 해외 패션브랜드의 사업환경에서 수입업자는 불과 1~2년의 사업보장만으로는 안정적인 투자를 하기가 매우 어렵다. 기껏 광고와 판촉 및 매장을 통해 인지도를 높여 놓아 이제 수익을 바라보는 시점에서 수입 권한을 빼앗길 수 있다는 것은 기본적인 사업여건이 될 수 없기 때문이다. 일반적으로 수입 패션 브랜드가 BEP 매출 즉 초기투자비용을 제외하고 비용과 매출이 일치되는 시점이 런칭 후 3년 이후로 보기 때문에 수입업자의 입장에서는 최소 5년의 독점 보장을 강력하게 요구할 필요가 있다.

계약을 통해 기간을 정했을 경우 계약은 그 기간 동안만 유효하고, 그 뒤에 어떻게 하느냐 하는 문제는, 계약을 맺는 방법 여하에 달려있다. 먼저 백지의 상태로 그 뒤의 일은 전혀 결정해 놓지 않는 방식이 있는데 그런 경우, 새로 계약을 맺지 않는 한 원래의 계약은 끝나고 만다. 두 번째로 쌍방이 갱신할 권리를 갖는 것으로 이 경우 어느 한쪽 당사자가 갱신을 희망할 경우는 그런 의도를 상대방에게 통지함으로써 계약을 갱신할 수 있는 방식이다. 세번째로 쌍방이 갱신을 거절하는 권리를 가지는 경우로 어느 한쪽 당사자가 갱신을 희망하지 않을 경우는 그 의도를 상대방에게 통지함으로써 계약을 해체할 수 있고, 그렇지 않은 경우는 계약을 갱신한다는 방식이 있다. ("Automatic renewal" 자동갱신). 계약을 다시 장기간 계속시키고 싶으면 갱신을 거절하려면 정당한 이유가 필요하다 등의 제한을 가할 것을 검토하여야 한다.

3. DURATION OF THE AGREEMENT

3.1 This Agreement and the Franchise shall be valid and in force for a period of three (3) years commencing on and from the 1st day of July, 2015 (the "Initial Term") subject to and upon the terms, conditions and covenants as mentioned in or referred to in this Agreement. This Agreement and the Franchise shall be renewable for another two (2) years commencing on the next day immediately following upon the expiration of the Initial Term on the same terms and

conditions or covenants provided in this Agreement, other than the Minimum Purchase Value and any other terms or conditions otherwise modified or varied by mutually agreement and in writing between ABC and MASTER FRANCHISEE, PROVIDED THAT, notwithstanding the foregoing
provisions, it shall be condition precedent for such renewal whereby MASTER FRANCHISEE
(a) shall have observed and performed the terms and conditions of this Agreement and in particular shall have fulfilled the provisions as mentioned in Clauses 6 and 9 below; and
(b) shall have first given to and served on ABC a written notice at a time of not less than nine (9) months prior to the expiration of the period mentioned in this Clause 3.1 above informing ABC of the determination on the part of MASTER FRANCHISEE for the exercise of such right of renewal.

- 3.1 본 계약 및 "프랜차이즈"는 본 계약에서 언급된 조건 및 서약에 따라 2015년 7월 1일부터 삼(3) 년("최초 기간") 동안 유효하다. 본 계약 및 "프랜차이즈"는 "최초 기간"의 만료일 익일부터 이(2) 년의 기간 동안 연장이 가능하며, "최소구매량" 및 "ABC"와 "가맹계약자" 간에 상호 합의하여 서면으로 수정 또는 개정될 기타 조건을 제외하고는 이 기간 동안에도 본 계약에서 정한 바와 동일한 조건 또는 서약에 따른다.
  단, 전술한 규정에도 불구하고, 위와 같은 갱신에 대한 선행 조건으로서 "가맹계약자"는 다음과 같이 행하여야 한다.

(a) "가맹계약자"는 본 계약의 조건을 준수하고 이행하여야 하며, 보다 구체적으로는 아래 제6조 및 9조에서 언급된 규정을 이행하여야 한다.
(b) "가맹계약자"는 "가맹계약자"로서 갱신 권한을 행사하고 싶다는 결심을 기재한서면 통지를 위 제3.1항에 언급된 기간의 만료일로부터 최소한 구(9) 개월 이전에 "ABC"에게 우선 송달하여야 한다.

4) 상품 구매 및 구매 가격(Purchase Price)

계약기간 이내 수입업자는 별도의 추가 계약 없이 수출업자의 제품을 시즌에 따라 혹은 수시로 구매할 수 있으며 별도의 업자로부터 상품 구매를 하지 않는다는 일반적 구매 내용과 상품을 구매할 시의 가격조건을 담고 있다. 가격조건에는 첫해에 해당되는 것만 정해놓고 그 다음은 현의에 의한 것, 고정가격에 의한 것 등 여러 가지 종류가 있다. 국제매매계약에서는 운임, 보험료 등의 여러 경비가 관련되기 때문에 가격의 계산 기준으로 FOB, CIF, CF 등의 무역조건이 쓰이고 있다. 계약에서 사용되는 통화에 대해서는 계약기간 중 변동 폭을 고려해서 리스크를 계산할 필요가 있다. 또 원자재 비용, 제조비 등의 변동에 예상되는 것에 대해서는 미리 가격 조정을 할 수 있다는 취지를 기재해둔다.

4. PURCHASE OF MERCHANDISE AND PURCHASE PRICE

4.1 PURCHASE OF MERCHANDISE

In consideration of the grant of the Franchise to MASTER FRANCHISEE as aforesaid, MASTER FRANCHISEE shall, during the currency of this Agreement and the Franchise and subject to the provisions mentioned in Clause 4.2 below, purchase and from time to time purchase the Merchandise and any part thereof and place all orders for the same direct with ABC (hereinafter collectively called "the Sales Contract") and likewise shall not purchase the Merchandise and any part thereof from any person except from ABC.

4.2 PURCHASE PRICE OF MERCHANDISE

(a) The retail price of the Merchandise and any part thereof to which the Sales Contract relates shall be determined by ABC absolutely provided that ABC

shall always take the market conditions into consideration. The purchase price of the Merchandise and any part thereof shall be on term of FOB Hong Kong and shall be determined and calculated by the formula, that is, the retail price of the Merchandise and any part thereof to which the Sales Contract relates which shall then be divided by a mark-up of 3.75.

(b) MASTER FRANCHISEE shall solely and at its own cost pay the related insurance premium, freight charges for the route from the exporting country to MASTER FRANCHISEE's final warehouse, Import Duty and Customs Clearance charges of and chargeable upon the Merchandise.

- 4.1 상품의 구매

위에서 언급한 "가맹계약자"에 대한 "프랜차이즈" 부여를 약인으로 하여, "가맹계약자"는 본 계약 및 "프랜차이즈"의 유효 기간 동안 아래 제4.2항에 언급된 규정을 조건으로 하여 "상품" 및 그에 대한 일부를 구매하고, 수시로 구매할 수도 있으며, 이에 대한 모든 주문을 "ABC"에게 직접 하고(이하 집합적으로 "판매 약정"), "멕스" 이외의 인(人)으로부터 "상품" 또는 그 일부에 대한 구매를 하지 않는다.

4.2 상품의 구매가격

(a) "판매 약정"의 대상이 된 "상품" 및 그 일부에 대한 소매가격은 "멕스"가 전적으로 스스로 결정하나, 단, "ABC"는 시장 상황을 항상 고려하여야 한다. "상품" 및 그 일부에 대한 구매가격은 홍콩 FOB가격으로서 "판매 약정"의 대상인 "상품" 및 그 일부에 대한 소매가격을 가격인상폭(mark-up) 3.75로 나눈 금액으로 결정된다.

(b) "가맹계약자"는 "상품"에 대하여 수출항에서부터 "가맹계약자"의 최종 목적지인 창고에 도달할 때까지의 관련 보험료, 운임료, 및 수입 관세 및 세관 통과료를 스스로 부담한다.

5) 상품의 인도

수입업자가 구매한 제품을 수출업자는 어떠한 방법으로 운송할 것인가에 대한 합의를 다룬 것으로 전량이나 분할 그리고 지연에 대한 약정에 관한 내용이 담겨져 있다.

인도와 위험부담은 밀접한 관계가 있고 여기서도 FOB, CIF, CF 등의 무역조건이 관계된다. 일반적으로 매도자의 기본적인 매도의무는 특정 기일 (time of shipment)까지 특정 장소 (port of shipment)에서 상품을 본선 인도하는 것이다. 사례로 보여지는 계약내용 중 5조 2항의 경우 천재지변에 의한 수출업자의 면책은 이해가 가는 사항이나 지연책임이 애매한 상황에서 지연된 제품에 대한 책임을 지지 않는다는 식의 조건은 필히 개정되어야 한다. 상품의 지연은 자주 발생하는 상황이며 특히 이탈리아 브랜드의 경우 더욱 세심한 주의를 필요로 한다. 상품의 판매기회가 중요한 패션제품의 경우 약간의 지연이 매출기회에 큰 악영향을 미칠 수 있으므로 가격이나 기간 못지않게 중요한 항목이라 하겠다.

5. DELIVERY OF MERCHANDISE

5.1 DELIVERY BY INSTALLMENT

If pursuant to the Sales Contract for the sale and purchase of the Merchandise, delivery or shipment thereof is to be made by installments, each installment shall be deemed to be subject of a separate contract for the sale and purchase thereof.

5.2 DELIVERY OR SHIPMENT TIME

Time for the delivery or shipment of the Merchandise shall be of the essence of and for each separate Sales Contract PROVIDED THAT: -

(a) ABC shall in no case be liable to MASTER FRANCHISEE nor any person if and only if the delay in delivery or late delivery of shipment of the Merchandise is due to force majeure, acts of god, war, mobilization, strike, riots, civil commotion, unmerchantable quality or defects of the Merchandise or any other circumstances whatsoever beyond the control of ABC; and

(b) MASTER FRANCHISEE may reject or otherwise cancel the Sales Contract to which the delay in delivery or late delivery or shipment of the Merchandise relates, however without being liable to ABC nor any person for the purchase price of the Merchandise and any other costs which might have been incurred by ABC.

- 5.1 분할 인도

"상품"의 매매에 관한 "판매 약정"에 따라 "상품"이 분할 인도 또는 선적되어야 하는 경우, 이러한 각 분할 인도 또는 선적은 각 해당 매매에 대한 개별 약정 대상인 것으로 간주된다.

5.2 인도 또는 선적 시기

"상품"의 인도 또는 선적 시기가 각각의 개별 "판매 약정"에서 가장 중요한 사항이 될 것이다. 단, (a) "상품"의 인도 또는 선적이 오직 불가항력, 천재지변, 전쟁, 동원, 파업, 폭동, 시민 내란, 판매 불가능한 품질 또는 하자를 지닌 "상품", 또는 기타 "ABC"의 통제를 벗어나는 상황으로 인하여 지체된 경우, "ABC"는 "가맹계약자" 기타 누구에게도 어떠한 책임도 지지 않는다.

(b) "가맹계약자"는 인도 또는 선적이 지체된 "상품"과 관련된 "판매 약정"을 거절 또는 취소할 수 있으나, 이 경우 "상품"의 구매가격 및 기타 "ABC"가 발생시킨 비용에 대하여 "ABC" 또는 기타 누구에게도 책임을 지지 않는다.

6) 상품대금 지급(Payment)

수입업자가 구입한 대금을 지불하는 방법에 대한 약정을 의미한다. 국제 매매계약에서의 지불은 일반적으로 신용장(Letter of Credict, L/C, LC)이 부속된 어음에 의한 결제방법이 채용되고 있다. 신용장이 붙지 않는 어음도 있어서 D/A어음 또는 D/P어음 두 가지가 있다.

D/A(documents against acceptance)어음은 수출하는 자가 발행한 환어음을 수집한 자가 인수하는 대신에 지불은행 (또는 그 지불위임을 받은 은행)이 수입자에게 선적서류를 인도하는 방법을 말한다. 이 지분조건에는 환어음의 인수만으로 수입자에게 선적서류가 인도 되기 때문에 수입자의 신용에 주의함과 동시에 어음의 만기일을 명확히 해야 한다. 이것에 대해서 D/P(documents against payment)어음은 수출자가 발행한 환어음에 대해서 수입자가 지불하는 대신에 지불은행(또는 그 지불위임을 받는 은행)이 수입자에게 선적 서류를 인도하는 방법을 말한다. 그러나 어느 방법이라도 신용장 거래에 비교해서 대금회수의 확실성에 있어서는 뒤떨어진다. 그밖에 매입자가 매도자에게 직접 송금하는 방법도 있고 전신환송금, 우편송금이나 송금수표 등의 방법도 있다. 최근 들어 점점 전신환을 이용한 송금의 빈도가 늘고 있으나 여전히 신뢰가 쌓이지 않은 상대이거나 후진국 간의 거래에 있어 신용장의 활용은 중요한 대금 지급 방법이다. 신용장의 안정성을 보장하기 위해서는 거래은행의 수준을 높여서 지방은행이 아닌 최소한의 규모를 가진 은행과 거래하는 것이 좋으며 전신환의 지급의 경우 환율의 상황을 보아가며 지불하는 것이 좋고 선전신환의 경우는 제품가의 할

인을 제시해 보아도 좋다.

6. PAYMENT OF THE PURCHASE PRICE

6.1 IRREVOCABLE AND TRANSFERABLE LETTER OF CREDIT

Subject to the provisions as mentioned below, MASTER FRANCHISEE shall pay ABC for the purchase price of the Merchandise and any part thereof to which the Sales Contract relates by way of a 60 days Irrevocable and Transferable Letter of Credit and made payable in favour of ABC as the beneficiary thereunder (hereinafter collectively called "the said Irrevocable and Transferable Letter of Credit") and further that the said Irrevocable and Transferable Letter of Credit: -

(a) shall duly be opened and established by MASTER FRANCHISEE not later than 14 days from placing of orders with ABC and the sum shall not be less than one hundred and five percent (105%) of the value of the Sales Contracts concerned;

(b) shall be opened or issued by a licensed bank carrying on a banking business who shall rank one of the top 500 bankers in the world's banking business and ABC shall have first approved; and

(c) shall contain, in addition to other terms and conditions, such terms and conditions as mentioned in Appendix 1 annexed to this Agreement (hereinafter collectively called "the said Irrevocable and Transferable L/C Basic Terms") and shall not contain any other terms and conditions which are either in conflict or inconsistent with or derogatory from any of the said Irrevocable and Transferable L/C Basic Terms.

- 6.1 취소불능 양도가능 신용장

아래 언급된 조항을 조건으로, "가맹계약자"는 "판매 약정"의 대상이 되는 "상품" 및 그 일부에 대한 구매가격을 "ABC"를 수익자로 하는 60일 기한부 취소불능 양도가능 신용장(이하 집합적으로 "상기 취소불능 양도가능 신용장")을 통하여 "ABC"에게 지급하며, "상기 취소불능 양도가능 신용장"은 다음과 같다.

(a) "가맹계약자"가 "ABC"에게 주문을 하기 최소 14일 이전에 적법하게 개설되

고 확정되어야 하며, 금액은 해당 "판매 약정" 대금의 105% 이상이어야 한다.

(b) 전 세계 은행 중 상위 500위 내에 들고 "ABC"가 우선적으로 승인한 허가 받은 은행이 개설 또는 발행하여야 한다.

(c) 여러 조건들 중에서도 본 계약의 별첨1에 언급된 조건(이하 집합적으로 "상기 취소불능 양도가능 신용장의 기본 조건")을 포함하여야 하고, "상기 취소불능 양도가능 신용장의 기본 조건"과 상충, 불일치 또는 이를 침해하는 어떠한 기타 조건도 포함하지 않아야 한다.

7) 최저 구입량(Requirement)

독점계약의 경우 수출업자는 수입업자의 해당 지역에서의 독점권을 주는 대신에 그에 상응하여 주여하는 의무중에서 매년 일정량을 무조건 구매해야 하는 조건을 내거는 경우가 대부분이다. 이는 유통채널 확보가 쉽지 않는 한국의 패션산업 환경에서 매우 위험한 조건임은 분명하나 일반적으로 구매액의 크기에 대한 협상은 가능해도 조건 자체의 제거는 거의 불가한 상황이다. 일반적으로 최저 구매량은 사업 제안서에 담긴 수입업자의 향후 매장과 매출계획에 근거하는 경우가 많으므로 브랜드를 도입하고자 하는 입장에서 지나친 과욕에 의한 장밋빛 사업제안서는 이러한 부담을 안길 수 있다는 것을 고려하여야 한다.

Article7. MINIMUM REQUIREMENT

During the term of this AGREEMENT, MASTER FRANCHISEE shall guarantee the minimum annual purchase of the products from ABC to be negotiated and agreed upon separately. Thereafter, however, the minimum requirement

in case of the renewal thereof shall be determined by the parties hereto each year not later than sixty(60) dates prior to the expiration date of the renewal term of this AGREEMENT. If MASTER FRANCHISEE fails to attain the minimum requirement as determined hereunder, ABC may terminate this AGREEMENT by giving three(3) months written notice to MASTER FRANCHISEE at any time during the term or renewal term of this AGREEMENT.

- 본 계약기간 중 "독점수입업자"는 별도 협의하고 합의되는 본 제품의 연간 최저 구입량을 보증한다. 그 후 계약기간이 갱신된 경우 이 연간 최저 구입량에 대해서는 본 계약 갱신기간 만료 60일 전에 양당사자에 의해 매년 결정된다. "독점수입업자"가 본 조항에 의거 결정되는 최저구입량을 이행 할 수 없는 경우 ABC는 3개월간의 예고기간을 거쳐 사전 통보에 의해 계약 기간 중 또는 계약 갱신 후의 기간 중 언제라도 본 계약을 해제할 수 있다.

8) 소매점 인테리어(Store Interior)

특정 브랜드의 경우 브랜드의 이미지를 유지한다는 명목으로 국내 오픈되는 매장에 대한 로케이션과 면적은 물론 인테리어에 관여하는 경우가 있다. 이 경우 공사 기간의 연장과 비용의 과다는 물론 오픈 이후 A/S가 신속성을 잃는 경우가 많기 때문에 한국정도의 공사기술을 가진 국가에서는 당연히 집기의 자체 제작 및 공사를 요구하여야 한다. 독점의 경우 유통채널의 성격과 로케이션 그리고 면적 등에 대한 브랜드의 관여는 당연한 것이나 한국 유통사정이 해외 그것과 많이 다르므로 이에 대한 사전 이해를 높일 필요가 있다.

8.1 OPENING SCHEDULE AND APPROVAL

MASTER FRANCHISEE shall have first sought the written approval of ABC in respect of the location and size of any such retail shops and outlets proposed to be opened or established and shall have, with sufficient prior written notice to ABC, furnished such of the particulars of the location and size of any of such retail shops and outlets to ABC who shall inform MASTER FRANCHISEE, within seven (7) days from the date of receipt of all such particulars from MASTER FRANCHISEE, of ABC's approval or disapproval, as the case may be.

8.2 SHOP DESIGN AND PRESENTATION

(a) ABC shall without incurring any liability to ABC, from time to time be entitled to specify and determine the design for the retail shops and outlets as to be opened, established or renovated by MASTER FRANCHISEE pursuant to the provisions of this Agreement PROVIDED THAT MASTER FRANCHISEE shall have first from time to time furnished to ABC the floor plan, design plan, dimensions and measurements and detailed specification of decoration or renovation of each of such retail shops and outlets.

(b) MASTER FRANCHISEE shall, at its own expenses and costs, swiftly and diligently and without any delay after the receipt of ABC's approved design and design plans, from time to time decorate each of such retail shops and outlets in accordance with the ABC's approved design and design plans in all respects to which such individual retail shops and outlets relate.

- 8.1 개점 일정 및 승인

"가맹계약자"는 개점 또는 설립 예정인 소매점 및 아울렛의 위치와 크기에 대하여 "ABC"로부터 서면 승인을 사전에 획득하여야 하고, 그러한 소매점 및 아울렛의 위치와 크기에 대한 상세한 내용을 자세히 기재하여 "ABC"에게 서면으로 통지하고 이러한 모든 통지를 받은 날로부터 7일 이내에 "ABC"는 승인 여부를 "가맹계약자"에게 알린다.

8.2 소매점 디자인 및 장식

(a) "ABC"는 본 계약의 조항에 따라 "가맹계약자"가 개점, 설립 또는 개조할 소매점 및 아울렛의 디자인을 수시로 결정할 수 있는 권리를 보유하며 이 경우 "ABC"에게는 어떠한 책임도 발생되지 않는다. 단, "가맹계약자"는 소매점 및

아울렛의 바닥 평면도, 디자인 구상도, 면적, 넓이 및 상세한 장식 또는 개조 내용을 수시로 "ABC"에게 사전에 제공하여야 한다.

(b) "가맹계약자"는 스스로 비용을 부담하여 신속하고 부지런히 그리고 "ABC"가 승인한 디자인 및 구상도를 받은 후 즉시, "ABC"가 승인한 디자인 및 구상도에 따라 각각의 소매점 및 아울렛을 이와 관련된 모든 측면에서 수시로 장식한다.

9) 촉진(Promotion)

브랜드는 수입업자의 국내에서의 촉진을 협조할 의무가 있다. 일반적으로 사진자료나 그 외 국제적으로 시행되는 행사 등과 같은 자료를 국내 수입업자에게 제공하여 브랜드의 인지도를 높이고 이미지를 고양하는데 보탬을 주는데 주저함이 없어야 한다.

간혹 아래의 경우처럼 수입업자의 일정매출을 광고나 판촉에 사용하라는 조건을 다는 경우가 있다. 이러한 경우는 브랜드의 파워에 따라 받아들이는 데에 결정이 다르겠으나 라이센스가 아님에도 매출을 구체적으로 공개하는 것도 일반적인 것이 아니며 국내 촉진을 강제하는 것은 받아들여서는 안될 조건이라 하겠다.

9. ANNUAL PROMOTION AND ADVERTISING

(a) MASTER FRANCHISEE shall at its own expenses and costs, spend for the promotion for the sales of and advertising the Merchandise throughout the Territory in the aggregate sum of not less than 2.5% per annum of the total amount of the actual retail sales value obtained by MASTER FRANCHISEE for the residue term and period of this Agreement which shall be reconciled subsequently in the next fiscal and financial year;

(b) MASTER FRANCHISEE shall send to ABC, within thirty (30) days from the last day of the close of the fiscal and financial year of MASTER FRANCHISEE, a detailed report showing such particulars for the preceding fiscal and financial year of MASTER FRANCHISEE as the total amount of sales, and the total amount of promotion and advertising expenses spent during the preceding fiscal and financial year of MASTER FRANCHISEE for the Merchandise and such other particulars as ABC may from time to time reasonably require, all to be contained in such a format as to be mutually agreed to by ABC and MASTER FRANCHISEE.

- 9. 연간 판촉 및 홍보

(a) "가맹계약자"는 다음 회계연도에 통합될 본 계약의 잔여기간 동안 "가맹계약자"의 실제 소매 매출 총액 중 연간 최소한 2.5%에 해당하는 금액으로 스스로 비용을 부담하여 "상품"의 판촉 및 홍보 활동을 실시한다.

(b) "가맹계약자"는 "가맹계약자"의 직전 회계연도 동안 "상품"의 총 매출액, 총 판촉 및 홍보 비용, 및 "ABC"가 수시로 합리적으로 요구할 기타 내역을 기재한 상세한 보고서를 "가맹계약자"의 회계연도 종결일로부터 30일 이내에 "ABC"에게 송부하여야 하며, 이러한 모든 내역은 "ABC"와 "가맹계약자"가 상호 합의하는 양식으로 작성되어야 한다.

10) 보험(Insurance)

보험은 수입업자가 드는 것이 일반적이나 아래 예문처럼 보험금의 크기나 내역에 대해 강제하는 것은 지나친 일이다. 해외 브랜드의 수입사업은 과거에 비해 손익이 매우 제한적인 사업이므로 보험금의 부담은 적지 않은 상황이므로 제반 사정을 철저히 예측하여 시행할 필요가 있다.

10. INSURANCE

MASTER FRANCHISEE shall obtain, as soon as possible after the execution of this Agreement, and maintain in full force and effect for the duration of this Agreement, liability insurance in the minimum amount of HK$40,000,000 in order to protect against any obligations, liabilities or damages with which it may be charged because of damage or injuries suffered by any servants, agents, employees, or customers of MASTER FRANCHISEE. MASTER FRANCHISEE shall cause the name of ABC to be entered in such policy as an additional named insured and deliver to ABC a copy thereof. Said insurance shall provide that it cannot be amended or canceled without the insurer first giving ABC not less than thirty (30) days' advance written notice thereof.

11) 권리의 양도(Assignment)

사업을 진행하다보면 자금문제 혹은 영업상의 문제 등으로 일부 혹은 전체의 권리를 양도하려는 시도를 하는 경우도 있다. 수입 브랜드의 독점 운영 계약도 마찬가지로 가끔 보면 권리를 실제로 획득한 자가 서브계약을 통해 본사가 모르는 제3자에게 권한을 위임하여 중간 수수료만 챙기는 경우를 볼 수 있는데 이는 필연적으로 거의 모든 브랜드에서 금기하는 사항이며 실제로 시도하여서는 안된다.

11. MASTER FRANCHISEE'S RIGHTS

This Agreement and the Franchise are personal to MASTER FRANCHISEE. MASTER FRANCHISEE will not assign, transfer this Agreement and the Franchise or any part thereof or in charge in any manner the benefits thereunder nor will attempt to do so and further will not make an offer to any person for the assignment or transfer of this Agreement and the Franchise or any part thereof nor will attempt to do so unless the prior written approval of ABC has first been obtained and ABC shall not unreasonably withhold consent if the assignee is party controlled by MASTER FRANCHISEE.

- 11. 가맹계약자의 권리

  본 계약 및 "프랜차이즈"는 "가맹계약자"에 대한 것이다. "가맹계약자"는 "ABC"로부터 사전 서면 승인을 획득하지 않고서는 본 계약, "프랜차이즈" 또는 그 일부, 또는 그로부터 발생하는 이익을 어떠한 식으로든 양도하거나 이전하지 않으며, 그러한 양도 또는 이전을 시도하지도 않으며, 누구에게도 본 계약, "프랜차이즈" 또는 그 일부를 양도 또는 이전하겠다는 제안을 하지 않으며, 그러한 제안을 시도하지도 않고, "ABC"는 양수인이 "가맹계약자"가 지배하는 자일 경우 [양도에 대한] 승인을 부당하게 보류하지 않는다.

12) 불이행

12.1 DEFAULT

If either party breaches any of the provisions of this Agreement, the innocent party may give notice thereof in writing to the defaulting party and require him to remedy such breach. If the defaulting party fails, refuses or neglects to remedy such breach within sixty (60) days from the date of said notice, the innocent party may forthwith terminate this Agreement by giving written notice of termination of this Agreement and the Franchise HOWEVER without prejudice to nor affecting any of the rights of ABC and MASTER FRANCHISEE may have as accrued or to be accrued to each of them.

- 12.1 불이행

일방 당사자가 본 계약의 규정을 위반하는 경우, 상대방 당사자는 위반 당사자에게 서면으로 통지를 송부하여 해당 위반을 치유할 것을 요구할 수 있다. 만일 위반 당사자가 위 통지를 받은 날로부터 60일 이내에 해당 위반을 치유하지 못하거나 치유 요청을 거부 또는 무시하는 경우, 상대방 당사자는 본 계약 및 "프랜차이즈"를 해지하겠다는 의사를 기재한 서면 통지를 송부함으로써 즉시 본 계약을 해지할 수 있으며, 이 경우에도 "ABC" 및 "가맹계약자"에게 발생되어 있거나 발생될 권리에는 어떠한 침해 또는 영향도 끼치지 않는다.

13) 권리의 행사

12.2 EXERCISE OF RIGHT

Without prejudice to the provisions mentioned in Clause 12.1 above, if any of the following events shall have occurred, ABC shall be entitled to terminate this Agreement and the Franchise forthwith:

(a) MASTER FRANCHISEE makes default in the payment of the Purchase Price, the Royalty Fees and Supervision & Coordination Fees and any part thereof or fails, refuses or neglects to comply with any of the provisions of this Agreement or of the Appendices annexed to this Agreement; or

(b) MASTER FRANCHSIEE fails to or cannot achieve 85% of the said minimum purchase values to this Agreement.

(c) MASTER FRANCHISEE shall become bankrupt or otherwise become insolvent or make any arrangement or composition with any of MASTER FRANCHISEE's creditors.

(d) MASTER FRANCHISEE shall make an assignment for the benefit of its creditors.

- 12.2 권리의 행사

위 제12.1항에 언급된 규정을 침해함이 없이, 다음의 상황이 발생할 경우 "ABC"는 본 계약 및 "프랜차이즈"를 즉시 해지할 권한을 보유한다.

(a) "가맹계약자"가 구매가격, 로열티 수수료, 감독&협조 수수료 및 그 일부를 지급하지 않거나, 본 계약 또는 본 계약에 첨부된 별첨의 규정을 준수하지 않거나 준수를 거부 또는 무시하는 경우

(b) "가맹계약자"가 본 계약에 합의된 최소구매량의 85%를 달성하지 않거나 달성하지 못하는 경우

(c) "가맹계약자"가 파산 또는 지급불능 상태가 되거나, "가맹계약자"의 채권자와 약정 또는 화의에 이르는 경우

(d) "가맹계약자"가 자신의 채권자의 이익을 위하여 양도를 하는 경우

14) 검사와 하자담보 책임(Inspection)

매입자가 상품을 수령 수 검사를 하고도 결함 (이것을「하자」라고 함)을 발견하지 못하고 그 상품을 사용하고 나중에 그 결함을 발견했

생겼을 때 계약 이행이 늦어지거나 계약을 이행하지 못하는 데 대한 면책을 받는 것이 보통인데 계약항목 중 특약이 없는 이상 계약을 해체할 수 있는 권한은 부여 받지 않는 것으로 되어 있다. 1997년 우리나라의 금융위기와 같은 사례도 일개 회사에서 감당할 수 있는 정상적인 사안이 아니므로 환율에 대한 비정상적인 변동도 가급적 포함시키는 것이 좋다.

19) 분쟁해결(Settlement of Disputes)

국제거래 조건을 교섭하면 항상 문제가 되는 것 중의 하나가 분쟁이 발생했을 때의 해결 방법을 정해 두는 것이다. 당사자의 신용관계가 두텁다고 해서 장래 분쟁이 일어나지 않는다고 단언할 수는 없다. 어떻게 계약 조항을 자세하게 기재하더라도 당사자를 둘러싸는 정치, 경제, 사회 환경은 항상 변화하는 것이다. 특히 국제간의 거래에서는 언어, 습관, 생각이 다르고 당초 생각지도 않았던 사건이 일어나거나 생각에 차이가 나서 분쟁에 직면하게 될 수 있다. 따라서 당사자간에 분쟁해결 수단이나 절차를 미리 협의하고 계약 조항으로 기재해두는 것은 중요하다. 분쟁의 해결수단으로서 법원에 소송을 제기하는 방법과 중재에 대한 해결방법이 있다.

- 중재

중재라 함은 재판관이 아니라 중재인으로 불리는 중립적인 입장에 있는 사람이 당사자의 주장을 듣고 판단을 내리는 법률상의 수속을 말한다. 중재와 재판은 여러 가지 점에서 다르다. 중재는 상소라는 것이 없으므로, 재판에 비하여 시간이나 비용을 절약할 수 있는 가능성이 있고, 또 비공개적이므로 비밀을 유지할 수 있는 등의 이유로, 국제적인 분쟁 해결에 많이 활용되고 있다. 분쟁 해결 방법으로서 중재를 택하고자 할 경우, 상대방 소속국가의 중재법과 중개기간의 규칙을 조사하는 것이 필요하다. 또한 한국 중재기관의 하나인 국제 상사중재협회와 외국 중재기관의 사이에 맺어져 있는 중재협정을 이용하는 것이 편리할 수도 있다.

이 점에서 국제거래의 분쟁해결 수단으로는 소송에 의한 쪽이 유리하다고 생각하는 특별한 이유가 없으면 중재로 해결할 것을 권한다. 단. 당사자간에 중재조건이 합의되지 않는 경우 중재협회는 사건을 맡지 않고 또「중재에 의한 판단을 최종적인 것으로 한다.」라는 것이 합의되지 않으면 아무리 자사에 유리한 판단이 나오더라도 상대방이 또 다시 소송을 걸어올 가능성이 있기 때문에 주의해야 한다. 주요한 국제상사중재기관에는 International Chamber of Commerce(I.C.C.)나 London Court of International Aribitration Assocation(A.A.A.)등이 있습니다. 이밖에 중재기관은 아니지만 UNCITRAL(The United Nations Commission on International Trade Law)도 중재에 관한 표준관약관을 내고 있다.

중재에 대해서 중요한 것은 중재를 하는 장소를 어디로 하느냐하는 것이다. 경비나 시간 정력 그리고 상대방에 주는 심리적 효과를 고려할 때 자국을 중재시로 주장하는 것은 당연하다. 그러나 이쪽이 자국을 주장하면 상대방도 자국에서의 중재를 주장할 것이다. 그래서 자국에 고집하는 나머지 중재를 합의하지 못하는 것을 피해야 한다. 타협책으로 중립적인 입장을 취하는 제3국으로 하는 것이 일반적이다.

- 합의 재판관할(Jurisdiction)

재판에 의거할 경우 어디에 있는 법원에 재판을 걸으면 좋을까? 법률용어로써 말하면 어느 나라의 법원이 관할권을 가지는가에 대한 국제적인 규칙은 없다. 준거법을 놓고 서로 합의되지 않을 경우 어느 쪽 당사자의 나라도 아닌 제3국의 법률로 정하는 문제가 하나의 타협안이 될 수 있다. 그러나 대부분의 패션 브랜드는 유럽에서 수입된다는 것을 감안할 때 미국법을 준거로 하기에는 유럽 브랜드에서 받아들이지 않는 경우가 흔하고 유럽의 제3국을 준거로 하기에는 국내 법률회사들이 미국법에 집중되어 있으므로 적합한 법률자문을 받기 어렵다. 따라서 유럽의 제3국으로 하되 국내 법률회사들의 조언을 받아 정하는 것이 최선일 것이다. 한편, 합의 내용에 따라서 어떤 문제에서는 한국법, 또 다른 문제에서는 상대국의 법률이라는 식으로 나누는 방법도 있다. 그러나 계약 내용을 그렇게 명확히 나누는 것은 곤란하므로, 어느 쪽으로 분류할 것이냐에 대해서 분쟁대상이 될 우려가 있다.

실제로 해외 브랜드 독점 수입계약에 있어 준거법을 유리하게 하는 협상은 거의 보지 못하였다 저항감이 있지만, 준거법에 집착하지 말고, 차라리 준거법이라는 점에서는 양보하고 다른 실질적인 조건(지불조건 등)에서 점수를 따도록 하는 것도 하나의 전략판단이다.

- 준거법

나라에 따라 법률의 내용이 다르기 때문에, 어느 나라 법률을 적용할 것인지에 의하여 당사자의 권리와 의무의 내용이 달라진다. 계약당사자들이 분쟁시에 어느 나라 법률을 적용할 것인지 기준으로 삼는 것을 준거법이라 하며 이를 합의하지 않았다면, 재판을 행하는 나라의 국제사법(private international law) 또는 저촉법(conflict of law)으로 불리는 원칙에 의하여, 어느 나라의 법률을 적용하는지가 결정된다.

나. 라이센스 계약서

라이센싱(Licensing)이란 상표법 또는 저작권법상 등과 같이 일명 지적재산권법으로 보호되는 특허, 노하우, 기업비결, 등록상표(Trade-mark), 캐릭터, 상표명(Brand name), 그래픽, 로고, 슬로건, 초상 등에 대해 라이센서(Licenser)가 라이센시(Licensee)에게 계약된 지역에서 일정한 계약 기간 동안 일정한 지불조건으로 사용이 허락된 상품에 대한 생산, 판매, 유통, 광고 등의 상업 활동을 할 수 있도록 권한을 부여하는 것을 말하는 것으로 상품 판매를 목적으로 하는 머천다이즈 라이센싱(Merchandise Licensing)과 광고나 판촉 등의 촉진 서비스 소싱을 목적으로 하는 프로모션 라이센싱(Promotion Licensing) 등이 있다. 라이센스 계약에는 기본적으로 로얄티(Royalty)가 부과되는데 이것의 수준은 라이센서가 라이센시에게 제공하는 서비스의 수준에 따라 결정되어진다. 실제 예를 들면 라이센서의 이름 만을 빌리는 경우, 라이센서의 브랜드 파워에 따라 달라지겠지만 일반적으로 3~5%의 순매출 대비 로얄티가 부과되어지는 것이 일반적이며, 라이센서가 제품의 디자인과 글로벌 광고 및 상품 품질 관리 등 보다 세부적인 서비스를 제공한다면 20~30% 정도의 순 매출 대비 로얄티가 부과되기도 한다.

라이센서가 라이센스 계약을 맺는 이유는 당연히 지적재산권에 따른 부가 수입을 확보하거나 해외 시장에 무역 장벽의 부담 없이 신속하게 진입할 수 있음과 동시에 운송비용이 많이 드는 제품 수출의 경우에 있다. 한편 아직 안전이나 신용 등이 확보되지 않은 국가에 진출할 때 안전성 제고 등을 뽑을 수 있으며, 반대로 라이센시가 라이센스 계약을 맺는 주요 이유는 외국 유명 기업의 인지도를 활용한 상품 매출 극대화와 앞선 해외 기술의 활용을 통한 품질 개선, 라이센서의 축적된 마케팅 기법 도입 등을 들 수 있다.

라이센스는 그러나 많은 문제점도 가지고 있는데 먼저 브랜드나 기술에 대한 보호가 어렵고, 나라에 따라서 라이센시의 성과 수준과 생산 및 마케팅 활동에 대한 충분한 통제가 어려울 수 있다는 것이다. 또한 직접 투자 대비 수익률이 높지 않은데다 라이센시의 통제되지 않은 가격이나 유통 전략 등에 따라 자사 브랜드의 이미지가 크게 실추될 수도 있다는 것이다. 한편 자사 기술이 유출되면서 향후에 직접적인 경쟁자를 만들 위험도가 높아지는 것이 바로 그것이다.

한편 프랜차이즈(Franchise)는 라이센스의 한 형태이지만, 라이센스보다 프랜차이저가 프랜차이지에 대해 훨씬 강한 통제를 가할 수 있다. 그 이유는 라이센스 계약이 기술이나 브랜드만을 일정 기간 동안 공여하는 것에 비해 프랜차이즈는 품질 관리, 경영 방식, 기업체의 조직 및 운영에 대한 지원, 마케팅 지원 등 기업이 프랜차이즈 업체를 직접적으로 관리하거나 통제하기 때문이다. 이러한 프랜차이즈의 장점은 적은 자본으로 시장 확대가 가능하고 독특한 이미지로 표준화된 마케팅도 가능하고 라이센스와 같이 경우에 따라 위험한 지역에서의 낮은 정치적 위험 등을 뽑을 수 있으며, 단점으로는 라이센스처럼 직접 투자보다는 본부 이익에 한계가 있으며 실제로 가맹점 운영에 대한 완벽한 통제가 불가능하고 경쟁사를 양성할 가능성이 있다는 것이다.

상표와 브랜드 사업은 라이센싱 중 현재 가장 빨리 성장하는 분야로 의류나 패션 사업에 주로 이용된다. 주요 사례로는 영국의 '닥스'가 우리나라 LG패션과 발렌타인, 서도, 우성I&C 등과 프랑스 '파코라반'이 우리나라 SBA코리아, 미도, 예진상사 등과 맺은 패션 제품 관련 라이센싱과 이탈리아의 'FILA'를 우리나라 'Fila Korea'가 2007년 인수하여 전세계 라이센시로부터 로열티를 받고 있는 사례가 있다. 스포츠 분야도 라이센싱 산업에서 가장 빨리 성장하고 있으며, 북미의 스포츠 라이센싱 시장은 입장 수입 다음으로 큰 수입원을 올리고 있으며 미국 프로 스포츠(NBA, NFL, MBL, NHL)의 성공은 스포츠 라이센싱의 성장에 큰 도움을 주고 있다. 올림픽이나 월드컵 같은 국제 행사의 라이센싱 규모는 매우 큰 편이다.

한편 로열티는 최소한의 수익을 안정적으로 보장받기 위해, 관련 매출 금액과 관계 없이 최소한으로 지급하는 미니멈 계약과 생산된 상품을 출하하는 가격에서 일정한 캐릭터 사용액을 매월 지불하는 런닝 계약이 있다.

1) 허락(Grants of License)

라이센스 계약의 주요 조항이다.이 조항을 일반적으로 그랜트(grant)조항이라고 한다. 여기서 Licensor(라이센서: 특허권 허락자)가 Licensee(라이센시: 특허권피허락자)에게 라이센서의 특허와 노하우를 허락한다. 여기에서 ABC의 자회사(한국ABC)가 동일 지역에서 본 라이센스 제품을 제조, 판매하기 때문에 독점적 라이센스(exclusive license)를 Daihan에 허락하는 것을 규정하고 있다. 한편, sub-license란 부여받은 라이센스를 제3자에게 다시 제공하는 것을 말한다. 만약 이 "sub-license"가 허락된다고 한다면 라이센스는 자신이 제조, 판매하는 외에 제3자에게 아이센스를 다시 허락할 수 있다.

Aticle1. GRANTS OF LICENSE (재조정)

1. ABC hereby acknowledges that Daihan has the right to exercise the ABC Patents and the ABC Know-How in Korea. Subject to this condition, ABC hereby grants to Daihan an exclusive license in the Territory under the ABC Patents and the ABC Know-How, ex cept Korea ABC, to manufature, use and sell the Licensed Products and the Combination Products.

2. The license granted to ABC under Paragraph 1 hereof shall not include the right to grant sub-license to others.

3. It is agreed and understood between Daihan and ABC that Korea Daihan and ABC shall conduct joint development in the territory relating to an application for registration for th Licensed products to the Ministry of health and welfare.

1. ABC는 Daihan이 한국에서 Daihan 노하우를 실시하는 권리를 가진 것을 인정한다.이것을 조건으로 ABC는 Daihan에 대하여 ABC의 특허 및 노하우에 의서 본 지역에서 라이센스 제품 및 배합제품을 제조, 사용 및 판매하는 (ABC Korea제외) 라이센스를 부여한다.

2. 본 조항 제 1항에 규정되는 Daihan에 대해 부여된 라이센스에는 제3자에게 라이센스를 다시 허락하는 권리가 포함되어 있지 않다.

3. ABC 및 Daihan은 한국 ABC 및 Daihan이 본 지역에서 보건복지부에 등록신청을 위한 공동개발을 하는 것에 동의한다.

2) 노하우의 공개(Discloseure of Know-How)

라이센서가 계약 체결시에 소유하는 노하우가 라이센서로부터 라이센시에게 공개되면 그에 취득되는 것도 제공되는 것이 일반적이다. 또 라이센시가 허락 제품의 개발, 제조과정에서 취득하는 노하우 기타 데이터를 라이센서에게 무상으로 제공하는 것을 규정할 수 있다.

3) 기술원조의 협정(Technical Assistance Agreement)

특허권의 허락과 노하우의 제공만 있어서는 허락제품의 개발, 제조가 가능하다고 말할 수 없다. 그 때문에 라이센서에 의한 기술원조가 이루어진다. 이 경우 그 기술원조가 유상인가 무상인가 하는 문제가 발생하는데 본 계역에서는 그러한 규정이 없기 때문에 무상이라는 해식이 가능하다.

4) 부여된 라이센스에 대한 대가(Payment for License Granted)

라이센스의 허락에 대한 규정이 있고 나면 대가(로열티) 지불조항이 오게 된다. 로열티에는 "initial payment(계약금)", fixed sum payment(정액지불)", Iump sum payment(일괄지불)", "installment payment(분할지불)", "down payment(첫지불금)", "advace payment(선불 로열티)", "running royalty(보험제 사용료)", minimum royalty(최저 로열티)" 등이 있다.

5) 경쟁상품(Competitive Products)

라이센서가 라이센시에게 독점적인 라이센스를 부여하는 경우에는 보통 라이센시에 대해서 허락 제품과 유사한 제품을 취급하는 것을 금지하는 의무를 지우는데 이것은 즉각 독점금지법 위반이 되지는 않다. 단, 이 계약에는 라이센서의 자회사 (한국J&E)가 동일지역내에서 제조, 판매하고 있기 때문에 이점에서 경쟁제품 취급을 전면금지하는 것은 문제가 될 수 있다. 또, 유사품(경쟁상품)을 어떻게 정의하느냐 하는 문제도 있기 때문에「정의」조항에서 그 범위를 미리 합의해두는 게 중요하다.

6) 감사(Auditing)

라이센스 해 지불되는 로열티가 정확한 것인지 아닌지 감사하는 것은 중요한 일이다. 단, 지불한 시점에서 오랜 시일이 지난 장부를 감사라는 것은 너무도 라이센서에게 부담이기 때문에 그 기간을 한정하는 것이 일반적이다.

7) 특허 및 보증(Patent and Warranties)

일반적으로 라이센서는 라이센서가 특허가 제3자의 특허권을 침해하지 않는다든가 출원중인 발명이 반드시 특허가 된다는 것을 조등하지 않다. 여기서는 라이센시가 라이센서의 특허를 사용했을 때 제3자가 「특허권침해다」라고 소송을 걸어왔을 때의 처리방법 등에 대해서 규정한다.

상품의 매매계약과는 달리 라이센스 계약에는 제조물 책임에 대해서는 라이셰시가 책입과 부담으로 처리한다. 제품을 제조하는 것은 라이센시 자신이고 취급상 주의해야할 것이 있으면 그것에 대해 경고, 지시해야하는 것도 라이센시이기 때문이다.

8) 비밀(Secrecy)

라이센스 계약은「정보의 공개계약」이라고 해도 과언이 아닌데, 정보를 공개 받은 쪽이 어떻게 비밀을 유지하는가는 쉬운 것 같으면서 어려운 문제이다. 이것에 대해서는 먼저 어떤 정보가 비밀정보에 속하는지 규정해야 한다. 다음에 비밀정보로 여겨지는 정보라도 이미 공지되어 있는 것과 제3자로부터 합리적으로 입수하고 있는 것과 같은 것 등은 당사자 간의 계약에서 비밀 취급하는 것은 합리적이지 못하다. 그러한 정보는 비밀정보로부터 제외한다는 뜻을 기재할 필요가 있다. 나아가서 의약품 등은 정부승인을 취득하기 위해 의료기관의 연구원에게 비밀정보를 공개해야 하는 경우가 생기므로 그 점에 대해서도 기재할 필요가 있다.

다. 합작회사 계약서

1) 합작투자계약의 의의

합작투자계약이란 국적이 상이한 둘 이상의 자연인, 회사 또는 공법인 등이 특정사업의 공동수행을 위해 일정기간 함께 투자할 것을 약정하는 계약을 의미한다. 여기서 합작투자라 함은 통상 경영을 목적으로 하는 해외직접투자를 말하며, 단순한 배당수익을 목적으로 하는 주식이나 채권에 대한 잠정적 투자인 증권투자 또는 간접투자와는 구별된다.

2) 합작투자시 협의사항

① 합작회사의 설립

양 당사자는 합작투자계약 체결시 계약이 효력을 발생한 이후 일정 기간 내에 합작회사를 설립하여야 한다고 합의하거나, 공동으로 추진하고자 하는 사업에 대한 정부의 인, 허가 등(필요한 경우)을 취득한 즉시 설립하여야 한다고 합의할 수 있다. 이 경우 합작회사의 명칭, 본점 소재지, 설립준거법, 사업목적 등을 합의하여 규정하여야 한다. 또한 합작회사 정관의 내용은 본 합작투자 계약서의 내용을 따르는 것을 원칙으로 하되 미리 정관을 작성한 후 합작투자 계약에 정관을 첨부하도록 하는 것이 바람직하다.

② 자본금 출자

합작투자 계약 시 어느 당사자가 합작회사의 경영권을 가질 것인지를 결정하기 위하여 주식의 지분, 즉 출자비율에 대하여 정하여야 하는데 이를 위해 출자금 총액, 납입시기 및 방법, 발행주식의 종류, 발행가, 발행주식 수 등에 대하여 합의하여야 한다. 또한 납입 수단은 양 당사자간 특별한 사유가 없는 한 현금으로 발행주식을 인수하도록 하는 것이 현물출자 등의 방법에 의하는 것보다 분쟁의 소지를 예방할 수 있다. 현물출자의 경우 그 가치를 어떻게 평가하는가에 대하여 당사자간 분쟁이 발생할 수 있기 때문인데 Zara와 롯데 간에 합작계약에는 Zara 측의 일부 현물투자를 인정하였는데 이 같은 경우는 매우 드문 일로서 계약에 있어 어느 한쪽이 힘이 치우치게 되는 경우 발생하기도 한다.

합작회사의 자본증감은 이에 따라 출자지분이 변경되고 결과적으로 경영권이 변동될 수 있기 때문에 당사자간에 가장 큰 관심사항의 하나이다. 따라서 어떠한 자본변동도 2/3 또는 그 이상의 다수결에 의한 주주총회의 승인을 얻도록 하여야 할 것이며 추가로 신주를 발행하는 경우에는 합작투자의 기본 골격을 유지하기 위하여 기존 주주에게 주식인수에 대한 우선권이 주어져야 한다.

③ 주식의 양도

주식양도라 함은 주식의 승계취득의 일종으로서 당사자간의 법률행위에 의하여 주식을 이전하는 것을 말하는 것으로 주식을 회사설립 관련 당사자가 아닌 제3자에게 양도할 경우에는 지분비율의 변동이 생길 수 있으므로 합작투자계약에서는 원칙적으로 주식의 양도(매각, 담보제공 포함)를 금할 필요가 있다. 다만, 양당사자간의 합의에 의하여 당사자와 어느 정도 관련 있는 회사(대부분 계열회사를 뜻합니다)일 경우는 일정한 조건하에 그 주식의 양도를 허용하거나 상대방의 사전 서면 동의가 있을 경우에 한하여 이를 허용할 수는 있다.

④ **신주인수권**

신주인수권이라 함은 신주의 발행 시 다른 사람에 우선하여 신주를 매수할 수 있는 권리를 말하는 것으로 신주인수권은 다만 다른 사람에 우선하여 신주를 인수할 수 있는 권리일 뿐이고, 통상 인수가액이나 기타 인수조건에서 다른 사람보다 유리한 취급을 받을 수 있는 권리를 의미하는 것은 아니다. 신주를 주주 이외의 제3자에게 배정할 경우에는 주주의 재산상 이익에 영향을 미칠 뿐 아니라, 의결권을 통한 합작회사의 지배관계에 변동을 가져오므로, 종래의 주주에 대하여 그 소유주식수에 비례하여 신주인수권을 부여함이 원칙이다.

⑤ **주주총회**

주주총회는 주주에 의하여 구성되는 회사 최고의 필요적 기관이며, 회사법 또는 정관에 정하는 사항에 관하여 결의를 할 수 있는 회의체 형식의 의사결정기관이다. 합작회사는 소수의 주주에 의하여 설립되는 폐쇄회사로서 전형적인 공개회사와는 다른 성격을 가지고 있다. 합작회사의 주주는 공동사업을 수행하기 위한 수단으로써 합작회사를 활용하고 있는 것이 일반적인 현상이므로 전형적인 주식회사의 주주와는 달리 회사의 경영에 많은 관심을 가지고 있고 따라서 합작회사의 주주는 전형적인 주식회사의 주주와 같이 배당이익 및 투기적 이익을 얻는 것만으로 만족하지 않고 합작회사의 활동을 통하여 스스로의 사업을 확대하고자 한다. 그 결과 합작회사의 주주총회는 전형적인 주식회사에 있어서의 주주총회와는 달리 실질적인 최고기관이 되는 경우가 많다.

통상적으로 주주총회의 결의는 합작회사가 발행한 총 주식의 과반수가 참석하고 참석한 주주 과반수의 찬성으로 채택되는 것이 일반적이다. 다만, 대부분의 사안을 주주총회의 특별결의의 대상으로 정할 경우에는 당사자간에 회사의 운영에 관한 주요문제에 있어서 일방 당사자의 제안이 있었으나 이사회나 주주총회에서도 채택 여부를 결정하지 못하는 소위 Deadlock, 교착 상태에 빠질 수 있으므로 주의하여야 한다. 합작회사는 국적을 달리하는 자가 공동으로 설립하는 만큼 주주총회를 어떠한 언어로 진행할 것인지, 의사록은 어떠한 언어로 작성할 것인지, 만일 한국어와 외국어로 작성된 의사록에 대해 해석이 대립될 경우 어떤 언어로 작성된 의사록에 우선 순위를 둘 것인지도 사전에 정하여 두어야 한다.

⑥ 이사회

합작회사의 이사는 주주가 자기의 의사를 실현하기 위하여 회사에 보낸 주주의 대리인에 가깝다. 따라서 합작투자의 각 당사자는 자기를 대표하는 이사를 가능한 한 많이 지명하려고 하는데 일반적으로 이사의 수는 양당사자간의 주식의 보유비율에 따라 할당됨은 물론이다. 전형적인 주식회사에 있어서는 이사회 업무집행권의 상당부분이 대표이사에게 위임되나 합작회사에 있어서는 대표이사 역시 어느 일방 주주의 지명에 의해 선임된 자이므로 자기를 지명해준 주주의 이익에 맞게 그 직무를 수행하게 될 것인 바, 이러한 대표이사에게 광범위한 업무집행권을 준다면 이로 인하여 그 대표이사를 지명하지 않은 주주는 매우 불리하게 된다. 따라서 Uniqlo처럼 각 당사자의 이익을 보호하기 위하여 각각의 주주가 1인씩 대표이사를 지명하여 복수의 대표이사를 두는 공동대표의 형식을 취하기도 한다.

⑦ 합작3회사의 기본적인 경영정책

합작투자계약을 체결하기 위한 양 당사자간의 합의 과정은 합작회사의 기본 틀을 짜는 작업이다. 따라서 합작회사의 기본적인 경영정책을 규정하는 것이 필요하게 된다. 일반적으로 양 당사자에게 자본금 유지의무가 있음을 규정하거나, 합작회사가 판매하는 제품의 가격, 합작회사의 인사정책(급여포함) 등은 사전에 합의하는 것이 바람직하다.

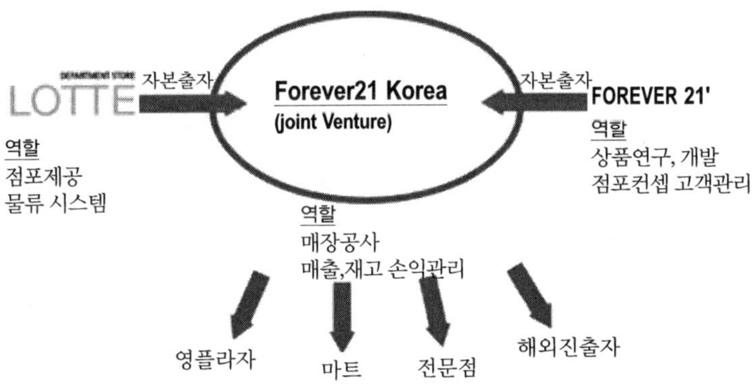

<그림 3-17> 합작회사 기본 구조

⑧ 회계 및 회계감사

합작회사의 회계장부는 양 당사자의 이익을 보호하기 위하여 합작회사가 설립되는 국가에서 일반적으로 인정된 회계원칙을 따라 작성하도록 하는 것이 바람직하다. 따라서 합작회사의 회계장부는 국내법상 회계원칙에 따라 작성되도록 규정하고(대신에 국제적으로 승인되는 회계기준과 실무에 적합하여야 한다), 양당사자에게 회계장부에 대한 검사권을 부여하되 회계장부의 공정성을 유지하기 위하여 공인회계사의 회계감사를 받도록 규정하는 것이 바람직하다. 물론 이러한 절차를 거쳐 작성된 회계장부는 합작회사로 하여금 양 당사자에게 제출하도록 하고 주주총회의 승인을 득한 회계장부는 합작회사의 재산상태에 대하여 종국적인 확정력을 갖도록 하여야 한다.

합작회사에는 1명의 감사만 두는 것이 보통이나, 각각의 주주가 지명한 감사를 두는 경우 또는 해당합작사업에 참여한 외국투자가인 주주에게만 감사를 지명할 수 있는 권한을 부여하는 경우도 있다. 이사와 비교해 볼 때 감사의 권한은 극히 제한되어 있으므로 그 지명권을 그다지 중시하지 않는 경향이 있으나 향후 감사의 권한이 더욱 강화되어 가면 이러한 경향도 변할 것으로 보인다. 통상 양 당사자가 함께 받아 들일 수 있는 자를 감사로 선임하도록 규정하는 것이 일반적이겠으나, 어느 일방 당사자가 감사를 지명하도록 하고 타방 당사자는 필요한 경우 감사를 추가로 지명할 수 있도록 규정하는 방안도 고려할 수 있다.

⑨ 계약의 이행

합작투자계약에는 계약 당사자로 하여금 계약을 성실하게 이행할 것을 확약하는 원칙적인 조항을 두는 것이 필요하다. 이에 대해 몇 가지 예를 들면 ① 일방 당사자의 의무 불이행으로 타방당사자가 입게

된 손해의 배상 ② 합작회사의 영업에 방해가 되지 않도록 합작회사 설립국에서 합작계약의 양당사자가 합작회사와 경업을 하지 않겠다는 경업금지의 이행 ③ 합작계약을 이행하는데 필요한 계약으로서 상표 라이센스 계약 등 부수계약 체결의무의 이행 ④ 일방 당사자가 합작회사에 대하여 이행하여야 하는 의무를 타방 당사자에 대하여도 이행하여야 하는 의무로 간주 등이 있는데 물론 이는 각 계약의 특성에 따라 달라질 수 있다.

경업금지와 관련하여, 특히 국내 기업은 외국 투자가(또는 외국투자가가 자국 및 한국 이외의 외국에 출자하여 설립한 법인)가 본 계약상 합작회사 이외의 형태로 국내에 진출하는 것을 사전에 방지하고자 할 것이며, 외국 투자가는 국내 기업이 유사한 분야에서의 합작회사 설립 등을 금지시키고자 할 것이기 때문에 국내 기업 입장에서는 외국투자가의 국내 진출은 최대한 금지하되 국내 기업이 사업할 수 있는 영역에 제한이 오는 일은 막을 필요가 있다. 예를 들어 외국 투자가가 국내 기업에 대하여 '의류'사업에 대한 경업 금지를 요구하는 경우 당사는 "외국 투자가와 동일한 국적의 캐쥬얼 의류회사"와 "유사한 합작투자계약을 체결하지 않겠다" 정도로 경업금지 의무를 규정하자고 답변하는 것이 바람직 할 것이다.

⑩ 계약의 종료

일방 당사자의 파산, 해산 등의 경우와 일방 당사자가 계약상의 중요 부분을 불이행할 경우를 대비하여 통상 계약의 종료 조항을 규정하여야 한다. 특히 합작투자계약서에서 이러한 규정은 계약당사자들의 권리구제수단 또는 분쟁해결의 한 방법으로서의 성격을 갖는데 이는 일방 당사자가 계약상의 의무를 불이행하고 있고 또한 그 치유 가능성이 없다면 계약을 조속히 종료시키는 것이 타방 당사자의 권리를 보호하는 데 보다 효과적이기 때문이다. 물론, 때론 합작회사 설립의 취지상 일방 당사자의 채무불이행이 있을 경우라 하더라도 합작회사의 존립 여부에 중대한 영향을 미치지 못할 경우에는 합작투자계약을 종료하지 않는 것이 더욱 이익이 될 수 있을 것이다. 따라서 합작투자계약에서는 채무불이행의 경중을 구분하여 차별적인 조치를 규정하여 경중에 따라 계약의 해제 등 합작관계를 종료하거나 배상금 등의 벌칙 조항을 나누어 규정하는 것이 좋다.

일반적으로 계약의 종료 사유로는 일방당사자가 계약상의 의무를 이행하지 못하고 일정기간이 경과된 경우, 일방당사자에게 파산 및 해산의 사유가 발생하는 경우 본 합작사업을 추진하기 위하여 체결된 계약이 종료되는 경우, 양 당사자간 합의한 출자 지분율이 변경되는 경우 등을 들 수 있다.

⑪ 분쟁의 해결

합작투자계약의 진행과 관련하여 양당사자간에 이해관계의 대립으로 분쟁이 발생할 수 있다. 이 경우 당사자간에 재판절차를 통하여 문제를 해결할 수도 있겠지만 국제분쟁에 있어서는 시간과 경비를 절감하기 위하여 상사중재제도를 이용하는 것이 일반적이다.

중재합의 시 중재조항에는 중재의 장소, 중재의 진행기관, 중재진행 시에 적용할 중재규칙, 중재진행 시 사용할 언어를 표시하여야 하며 한국 기업의 경우 중재조항을 당사에 가장 유리하게 하기 위하여는 한국, 대한상사중재원, 대한상사중재규칙, 한국어로 규정하면 될 것이다. 위 사항대로 외국 투자가와 협의하되 중재조항에서는 중재장소가 가장 중요한 만큼 다른 사항은 양보하게 되더라도 중재 장소만큼은 국내로 하는 것이 중요하다.

라. 국내 로펌의 계약서 검토 사례

해외 브랜드와 계약을 협의할 때 일반적으로 법률회사 즉 로펌의 자문을 구하는 경우가 많다. 사업이 안전성을 기하고 계약 협의 시간의 단축을 위해서는 매우 효과적인 방법이지만 문제는 비용이 상당하다는 것이다. 계약 협의가 길어지면 상상하지 못할 정도의 금액이 들어 갈 수도 있는데다가 혹시 계약이 불발되게 되면 이 모든 것은 고스란히 손실로 남게 된다. 따라서 로펌에 의뢰할 때에는 때와 상황을 잘 판단하여야 한다. 최소한의 계약 지식을 가지고 상대와 충분히 논의한 후 문제가 생기거나 혹 있을지도 모르는 미래 문제에 대한 대비차원에서 단기적 의뢰로 끝내는 것이 좋다. 한가지 유의할 점은 국내 로펌은 미국 중심의 변호사들이 많아 유럽의 법률에는 전문성이 떨어지는 경우가 많다. 따라서 지나치게 세부적인 조건을 따진다거나 사업상 중요하지 않은 점을 문제시 하는 등의 사례가 빈번하므로 브랜드 도입자는 주인의식을 가지고 최대한 자신의 협상력과 지식으로 우선 해결하겠다는 의지가 필요하다.

1) 사례 1

YVES ROCHER S.A. grants to the Distributor an exclusive importation right for the duration of the Agreement hereby. Importation right granted by YVES ROCHER S.A. to the Distributor shall only apply in the framework of the implementation of a retail network in the Territory. Notwithstanding the foregoing, YVES ROCHER S.A. shall keep the right to import itself the Products in the Territory for the distribution of them out of its websites.

- YVES ROCHER S.A.(이하 “provider”)만이 인터넷 판매를 할 수 있고, 인터넷 판매를 통하여 한국 직판을 할 수 있는 것은 귀사의 배타적 수입권의 이점을 크게 약화시킬 수 있습니다. 특히 provider가 귀사의 소매판매 가격보다 저렴한 가격으로 인터넷 판매를 할 경우 귀사의 매출에 큰 타격이 될 가능성이 있습니다. 그러므로 provider의 인터넷 판매를 통한 한국에의 직접 수출 시 그 가격조건은 귀사의 소매가격을 고려한 적정한 가격조건보다 유리한 조건으로 하지 못한다는 등의 단서 규정을 두는 방법을 고려해 보시기 바랍니다.

2) 사례 2

The present Agreement is governed by the Laws of the Republic of Korea.Any dispute, difference, or question which may arise at any time hereafter effecting the true construction or interpretation of this Agreement or the rights and liabilities of the Parties hereto shall be finally settled under the Rules of Arbitration of the International Chamber of Commerce by one or more arbitrators appointed in accordance with the said Rules. The arbitration board shall sit in Singapore.

- 귀사에 보다 유리하도록, 준거법을 한국법으로, 중재지를 싱가폴로 하는 것으로 수정하였습니다.

3) 사례 3

After receipt of the Products, should the Distributor reasonably decline to accept all or part of the Products due to any fault in the Products or in the completion of the orders, the Distributor shall notify YVES ROCHER S.A. of such and YVES ROCHER S.A. shall either replace or repair the Products at its own cost and as soon as practicable. YVES ROCHER S.A. shall also reimburse the Distributor for any and all damages suffered by the Distributor in relation to the faulty Products.

- 귀사가 수령한 물품에 하자가 있는 경우 해당 물건의 수령을 거절하고, 상대방이 이에 대하여 물품교체 및 손해배상을 하도록 규정하였습니다.

6. 수입 브랜드 관련 주요 법률 사항

수입 브랜드와 관련된 법률은 국내 법령과 국제 무역 규제를 포함하여 여러 가지 법적 요구사항을 따른다. 수입 브랜드가 한국 시장에 진입하고 운영되는 과정에서 반드시 준수해야 하는 주요 법률들은 다음과 같다.

가. 통관 및 세관 규정

수입 브랜드는 세관과 통관 절차를 통해 한국에 제품을 들여올 때 관련 법령을 준수해야 한다. 이 과정에서 주로 적용되는 법률은 관세법과 수입식품안전관리법이다. 관세법은 수입품에 대해 부과되는 세금을 규정하는 법률로, 관세와 부가가치세(VAT), 기타 세금이 부과될 수 있으며 수입 시 제품의 품목에 따라 세율이 달라지며, HS Code(Harmonized System Code)에 따라 세금을 납부해야 한다. 수입품에 대한 세금은 해당 제품의 카테고리에 따라 다른데 예를 들어, 고급 의류, 전자기기, 화장품 등의 세율이 각각 다르며, FTA(자유무역협정)를 통해 세금 혜택을 받을 수도 있다. 수입식품안전관리법은 식품과 관련된 브랜드의 수입 시, 식약처의 규제에 따라 안전성 검사 및 인증 절차를 거쳐야 하는 법으로 식품, 의약품, 화장품 등의 수입 시 품질, 안전성, 포장 등에 대한 기준을 규명하고 있다.

나. 상표법 및 지식재산권 보호

수입 브랜드가 한국에 진입하려면 상표 등록 및 지식재산권 보호와 관련된 법률을 준수해야 한다. 수입 브랜드가 한국에 들어오는 경우, 상표 등록을 통해 상표권을 확보할 수 있는데 이는 브랜드 보호 및 상표 침해를 예방하는 중요한 절차이다. 상표를 특허청에 등록함으로써 해당 상표에 대한 독점적 사용권을 가지게 되는데 이는 다른 기업이 동일한 상표를 사용할 수 없도록 보호하며, 브랜드 가치를 지키는 데 필수적이다.

저작권법이란 브랜드의 디자인, 로고, 포장 등 창작물에 대한 저작권 보호가 이루어지는 법률로서 무단 복제 및 불법 유통을 방지하는 역할을 한다.

특허법은 만약 수입 브랜드가 혁신적인 기술이나 제품을 보유하고 있다면, 해당 기술에 대한 특허를 취득하여 특허권을 보호할 수 있다.

다. 소비자 보호법

수입 브랜드가 한국 시장에서 판매될 때 소비자 보호법을 준수해야 한다. 이는 소비자에게 안전하고 정확한 제품 정보를 제공하며, 불법 광고 및 부당 거래를 방지하고자 하는 목적을 갖는다. 소비자기본법은 소비자 권리를 보호하고 불공정 거래를 방지하는 법률로, 수입 브랜드는 제품의 가격, 품질, 보증에 대한 정확한 정보를 제공해야 한다.

전기용품 및 생활용품 안전관리법은 전자제품이나 생활용품을 수입하는 경우, 해당 제품이 안전기준을 충족해야 하며, 안전 인증을 받아야 한다. 예를 들어, KC 인증을 통해 전기용품 및 생활용품의 안전성을 증명할 수 있다.

전자상거래법은 온라인을 통한 전자상거래가 활발한 만큼, 수입 브랜드가 온라인 쇼핑몰을 운영하는 경우 전자상거래법을 준수해야 하며, 이를 통해 소비자에게 정확한 환불, 교환, 반품 등의 절차를 안내해야 한다.

라. 수입품의 환경 관련 법률

수입 브랜드가 환경에 미치는 영향을 최소화하기 위해 환경 관련 법률을 준수해야 할 수도 있다. 예를 들어 폐기물 관리법의 경우 제품의 포장재나 기타 폐기물 처리와 관련된 규제를 포함하며 재활용 및 폐기물 처리에 대한 의무가 있다. 부가적으로 에코 디자인 등을 통한 환경 친화적인 제품 디자인이 요구될 수 있다.

화학물질 관리법은 화학제품을 포함하는 브랜드의 경우, 해당 제품에 포함된 화학물질이 안전기준에 맞는지 검사해야 한다. 이를 통해 환경과 건강을 보호하고 화학물질의 유해성을 예방할 수 있다.

마. 노동법 및 근로자 권리

수입 브랜드가 한국에 진출하여 공급망을 운영하거나, 자회사를 설립할 때 근로자 권리와 관련된 법률도 중요하다.

대표적인 근로기준법은 수입 브랜드가 한국에서 직원을 고용하는 경우, 근로기준법을 준수하여야 하며, 최저임금, 근로시간, 휴일 근무 등과 관련된 법률을 지켜야 한다.

산업안전보건법은 제품의 생산과정에서 근로자의 안전과 건강을 보장하기 위한 법률로, 이를 통해 제품의 안전성 및 품질 보증이 가능하다.

바. 가격표시 및 광고법

수입 브랜드가 한국 시장에서 판매될 때 광고와 가격표시에 관한 법률도 반드시 준수해야 한다.

표시광고법은 제품의 가격, 성분, 효능에 대한 허위 및 과장 광고를 금지하는 법률로, 광고와 마케팅을 하는 수입 브랜드는 이를 준수해야 하며, 소비자 오도를 방지해야 한다.

가격표시법은 제품 가격에 대해 명확하고 정확한 표시가 요구되며, 할인된 가격이나 판촉 행사는 소비자 보호법에 따라 합법적인 절차로 이루어져야 한다.

Part Ⅳ
수입 브랜드 육성 전략

1. 상품 바잉 실무

MOU를 체결하고 나면 직수입 계약의 경우 매장 오픈을 위한 브랜드 상품구매준비 작업을 하게 된다. 상품 구매는 사업 성과와 직결되는 매우 중요한 작업이 아닐 수 없다. 당초 예상한 매출금액 대비 예산작업도 필요하고, 제품 바잉 시에 국내 소비자의 욕구에 적합한 상품 선별작업을 할 수 있는 전문성을 갖춘 바이어 채용도 직수입 사업에서는 최우선적 문제이며 이후 매장에 상품이 입고되기까지 과정 또한 판매기회와 손익에 직결되므로 꼼꼼한 점검이 요구되는 일이다. 이렇게 중요한 상품구매과정 전반에 대한 내용을 살펴보기로 한다.

가. 오더(Order)의 종류

1) 시즌오더(Seasonal order)

일반적으로 의류상품은 시즌 발주를 기본으로 한다. 년 초에 그 해 가을, 겨울 상품을 발주하여 빠르면 6월부터 입고가 시작되고 7, 8월경에 그 다음 해의 봄, 여름 상품을 발주하여 빠르면 10월부터 상품을 입고한다. 의류상품의 발주는 보통 해당 수입국의 본사 쇼룸에서 시행하는데 수입 물량이 클 경우 공급사가 샘플 전량을 국내로 보내 국내에서 발주를 시행하기도 한다. 의류제품의 발주를 직접 현지에 가서 상품을 보며 하는 이유는 아무리 정교한 제품의 사진을 본다 하더라도 실제 감도와 차이가 나며 고객의 중요 구매 요인 중의 하나인 촉감에 대한 느낌을 가질 수 없기 때문이고 또한 직접 입어 보기 전에는 착용감이나 사이즈에 대한 명확한 평가를 하기 어렵기 때문이다. 문제는 이렇듯 최소 6개월 전에 향후 트렌드와 고객 반응을 예측하여 상품을 발주함으로서 이후 발생될 수 있는 변수 중 기후, 환율, 제도 등과 같은 거시적 요인 뿐만 아니라 매장 Lay Out의 변경이나 물류비나 광고 판촉비의 상승 등 미시적 요인에 대한 변화에 대응하기가 매우 어렵다는 것이다. 필자의 경험으로 과거 한 명품 브랜드의 A/W 시즌 테마가 아랍 문명을 모티브로 한 것이여서 의류와 스카프 등에 온통 아랍 문양과 색채가 중심이 되었었는데 그 해 발주를 마치자마자 뉴욕에서 9.11이 터지는 바람에 전면 취소되는 해프닝을 겪기도 하였다. 이렇듯 시즌 오더는 공급사와의 원활한 QR 시스템 등의 구축을 통해 초기 발주량을 최소화 하고 판매 추이를 보고 재고량을 조정할 수 있는 방향으로 발주 시스템을 가져가는 것이 중요하며 이는 창고비용과 재고 처리비용을 획기적으로 줄일 수 있는 방안이기도 하다.

2) 수시오더(Occasional order)

시기와 상관없이 재고의 수준에 맞추어 발주를 할 수 있는 것을 수시오더라 하며 화장품, 시계, 일반 잡화류 등이 이 발주에 해당하는 상품들이다. 의류와는 다르게 사이즈나 질감 등에 큰 차이가 없고 패션성이 다소 떨어지는 상품 등이 주로 이 오더 방식에 적용되는데 수시 오더의 가장 큰 장점은 매출동향과 재고 수준에 따라 발주를 함으로 지나친 재고 부담을 줄일 수 있다는 것이다. 수시오더는 보통 공급사로부터 제공된 상품 탈로그와 가격리스트를 가지고 바이어가 국내에서 선별하여 공급사에 통보하는 것이 일반적이다.

3) 추가오더(Re-order)

시즌 상품에 대하여 시즌 중에 판매 실적에 따라 재 주문을 하는 방식을 리오더라고 한다. 항상 그렇지는 않지만 일반적으로 명성이 높은 브랜드일수록 리오더는 쉬운 일이 아니다. 예를 들면 Burberry 같이 시즌 별로 크게 디자인이나 컨셉에 변화가 적은 브랜드 일지라도 일부 코트류에만 리오더를 허용하며 Prada와 같이 패션성이 강한 브랜드의 경우는 거의 리오더를 기대하기 어렵다. 또한 남성복 보다는 여성복이 리오더가 어렵고 인기 상품의 경우 리오더가 발주 시점에는 가능했었더라도 불가능해지는 경우가 드물지 않은 편이다.

<표 4-1> 오더의 종류와 특징

구분	시기	장소	대상아이템	비고
시즌오더 (Seasonal)	1년에 2번 주문 방식 - 1, 2월 for 당년 A/W - 7, 8월 for 후년 S/S	보통 수입국 본사 쇼룸	의류, 구두, 스카프, 넥타이 등	간혹 Pre-Spring이나 Cruise 등 한 두 번의 정기 추가 오더 있음

수시오더 (Occasional)	재고수준에 따라 수시로 주문	국내	화장품, 가방, 시계, 기타 잡화류	SPA형 브랜드 등은 수시오더 형태임
추가오더 (Re-order)	시즌 오더 후 일부 품목에 한해 추가 주문 방식	국내	전 품목	QR, EDI 구축 수준 중요

나. 바잉 프로세스

리테일 머천다이징은 기성복의 보급이 본격화되기 시작한 1920년대 이후 서구에서 대두된 개념이다. 일반적으로 리테일 머천다이징은 기획(planning), 구매(buying), 판매(selling)의 세 부분으로 이루어진다. 기획활동은 지속적으로 변화하는 유행과 소비자의 욕구에 맞는 상품을 매장 내에 유지하기 위하여 수요를 예측하고 매출과 재고의 계획을 수립하는 것으로 성공적인 구매를 위한 기초적인 자료를 만드는 작업이라 할 수 있다. 이 단계에서는 제조 머천다이징에서의 상품기획 과정 중 시장 환경분석, 시장 세분화, 표적시장 선정 작업 등이 포함된다. 구매활동은 판매를 위한 구매를 하는 것을 의미하며 기획단계에서 준비된 자료를 바탕으로 공급자에 의해 제시된 상품을 발주하게 되는데 이때 객관적인 자료 외에 바이어의 소위 감각과 결단력이 크게 요구되어진다. 또한 일반 교재에서는 바잉이 단순하게 상품을 구매하는 것에서 끝나는 것으로 언급되어지는데 이는 패션상품의 성격을 감안 시 매우 중요한 요인인 물류 기능을 배제한 것으로 이에 사입 과정은 구매활동뿐만 아니라 구매한 상품이 판매가 가능한 상품화 작업이 이루어지는 과정까지를 아우르는 것으로 보아야 할 것이다.

마지막으로 판매 활동에는 촉진 활동, 디스플레이 등을 통한 세일 정책과 점포 이미지 조성 등이 포함된다.

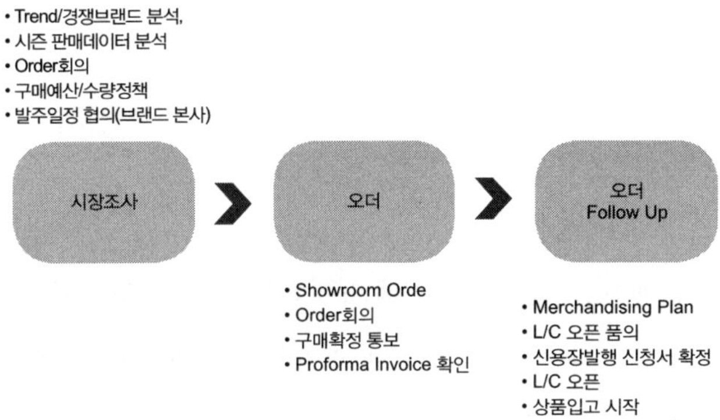

<그림 4-1> 수입상품 오더 및 입고과정

1) 사전 시장환경 분석

바이어는 발주 전에 기본적으로 다양한 정보를 수집함은 물론 관련자들(매장 영업담당, agent, 주요 고객 등)과의 미팅을 통해 사전 준비작업을 시행한다. 주요한 자료로는 우선 과거의 판매실적을 분석한 데이터는 기본이며 여기에는 아이템 별 단순 매출액뿐만 아니라 할인율, 소진율, 신장 등 다양한 지표가 포함된다. 그리고 경쟁 브랜드 동향 분석, 트렌드 분석 같은 미시적 시장 환경 요인분석과 아울러 환율, 기후, 제도 등의 거시적 시장 환경 요인분석을 통해 향후 시장의 흐름을 가늠해 보게 된다. 특히 미시적인 요인은 매장을 담당하는 영업담당들로부터 얻게 되는데 실제 고객의 욕구를 세밀하게 포착하여 발주에 반영해야 한다. 예를 들면 같은 브랜드 상품이라 하더라도 지역과 매장에 따라 고객의 욕구와 체형이 다르므로 효과적인 발주를 위해서는 각 매장 별 특성을 잘 정리해 놓을 필요도 있다.

2) 구매 예산 작업

매회 구매 예산을 확정하기 위해 대부분의 회사는 회사의 규모와 사업 정황 등을 기본으로 하여 주로 과거성과를 기준으로 작업하는 것이 일반적이긴 하지만 시장경기 변화에 그 어떤 아이템보다 민감한 패션상품의 예산작업은 향후 잠재력을 통한 예측의 중요성이 보다 더 중요하게 요구되어질 때가 많다. 전년비, 성장, 이익, 시장 점유율 같은 객관적인 정보를 바탕으로 한 과거성과 대비 예산작업은 배제할 수 없는 요인이지만 패션 바이어들은 기후와 같은 자연환경, 제도 및 법률과 같은 사회 제반 환경의 변화 요인 그리고 유통환경 및 경쟁상황과 연관된 시장 환경은 물론 국제적 요인(환율, 원자재비용 등)과 같은 미래에 반드시 매출에 직간접적으로 영향을 미칠 실제적 요인들을 파악하는데 역량을 발휘해야 하고 이것이 패션 바이어로서의 차별적 전문성을 확립하는 기회가 될 것이다.

필자가 실무에서 적용했던 예산 작성사례는 <표 4-2>와 같다. 우선 아이템 별로 기본적으로 전년비, 구성비 등 과거 성과를 기준으로 추세를 파악한 후 현 시점에서 향후에 영향을 미칠 것으로 예상되는 요인들을 조사하여 그 영향력의 가중치와 크기를 정한다. 물론 과거 성과와 향후 잠재력의 크기는 취급 브랜드의 성격을 고려 차등 적용하여야 하며 향후 잠재력의 지수도 주관을 배제하고 축적되어 온 경험치와 여러 전문가들의 의견을 종합하여 산출하여야 예측도가 높아진다.

<표 4-2> 향후 잠재력을 기준으로 한 예산표 예시

아이템	과거 성과 기준(60%)	향후 잠재력 기준(40%)					종합 (100%)	예산
	전년비	기후 (10%)	환율 (10%)	제도 (5%)	경쟁 (10%)	유통 (5%)		
Wear	120	-30	0	+15	-20	+5	108	
Leather Goods	100	-10	+5	+5	-30	+10	97.3	
Tie / Scarf	80	-30	0	0	+10	+10	86.5	
Shoes	90	-	+5	0	0	+10	90	

아래 <표 4-3>은 일반적으로 시즌오더를 위한 예산계획서이나 오더 시기에 제한을 받지 않고 판매량에 따라 수시로 발주를 해야 하는 수시오더의 경우 일정기간의 매출액과 재고금액을 기준으로 현재 바이어가 구매를 위한 얼마의 예산을 사용할 수 있는가에 대한 한계를 알아야 하는 별도의 양식이 필요한데 OTB(Open to Buy)라 불리우는 방식을 일반적으로 사용하게 된다. OTB란 바이어에게 상품의 매입 계획 수립에 도움을 주기 위해 상품에 대해 지속적으로 추적하는 시스템을 말한다. 이것을 위해 매출액과 이에 따른 재고 수준을 파악하고 발주 시의 리드타임(lead time)과 당초 계획한 안전재고의 양을 감안한 최적 시기에 최적의 발주를 할 수 있게 한다. Open to Buy는 상품관리 프로

세스에서 필수적인 요소라고 할 수 있다. 어떤 상품에 대하여 구매자가 예산에 대한 모든 것을 계획하고 이를 실행한다 하더라도 Open to Buy 시스템에 의해 실행되고 있는 기록들에 주의를 기울이지 않는다면 결국 그 구매자의 예산 계획은 실패할 것이다. Open to Buy의 궁극적인 목적은 상품의 초과 주문이나 미달을 방지하는데 있다고 할 수 있다. 이 시스템이 무리 없이 잘 진행된다면 재고가 넘쳐나거나 부족한 일은 없을 것이며 상품의 판매와 재고 회전에 큰 효과를 나타낼 것이다.

<표 4-3> open to Buy 예시

Open to Buy Excel

A	B	C	D	E	F	G	H	I	J
	MSSI	Jan-18			Feb-18			Mar-1	
		Units	Cost	Retail	Units	Cost	Retail	Units	Cost
	Opening Stock	56,282	110,367	269,992	58,906	112,381	325,438	72,835	138,36
Category 1	Fcs / Actual Intakes	18,531	36,789	118,674	18,431	35,889	115,770	14,857	29,33
		2.0		69%	1.9		69%	2.0	
	Fcs / Actual Sales	15,907	34,775	63,228	4,502	9,905	24,761	7,735	17,01
				45%			60%		
	Closing Stocks	58,906	112,381	325,438	72,835	138,365	416,447	79,957	150,68
	Forward Cover (months)		5.7			6.1			6.
		Units	Cost	Retail	Units	Cost	Retail	Units	Cost
	Opening Stock	2,683	14,093	32,912	1,911	10,002	25,473	5,536	29,98
	Fcs / Actual Intakes				3,845	21,145	51,573		
		#DIV/0!		#DIV/0!	5.5		59%	#DIV/0!	
Category 2	Fcs / Actual Sales	772	4,091	7,439	220	1,165	2,913	378	2,00
				45%			60%		
	Closing Stocks	1,911	10,002	25,473	5,536	29,982	74,133	5,158	27,97
	Forward Cover (months)		4.3			11.2			10.
	Opening Stock	1,425	6,165	11,398	4,294	14,387	28,140	4,165	13,92
	Fcs / Actual Intakes	3,324	9,858	19,717			-		
		3.0		50%	#DIV/0!		#DIV/0!	#DIV/0!	
Category 3	Fcs / Actual Sales	455	1,636	2,975	129	466	1,023	222	80

다. 바잉

바이어는 사전 준비 작업 이후 현지 공급자 쇼에서 발주를 진행하게 된다. 일반적으로 발주 시작 전에 브랜드 디자이너나 기획 MD로부터 전반적인 사전 설명을 하게 되는데 보통 시즌 별 주제와 소재, 가격, delivery 관련 정보 등을 포함한다. 의류 제품의 경우는 쇼에 진열된 각각의 스타일을 바이어가 임의로 선정하여 공급사측 도우미나 국내 agent 관계자에게 제시하고 이에 바이어에게 바이어가 고른 스타일의 컬러와 사이즈, 소재와 같은 정보를 담은 스와치를 보여줌으로서 바이어는 스타일별 컬러와 소재 그리고 공급가, 입고시기를 체크함과 동시에 사이즈별 발주 수량을 결정하게 된다. 이때 주의할 점은 단품 발주에만 집중 하다보면 복종별 Mix & Match 즉 연계 판매가 어려워 짐으로 항상 이를 유념하면서 발주를 진행하여야 한다. 또한 서투른 바이어일수록 전체적 구색이나 매장 VMD를 감안하지 못하고 판매가 쉬워 보이는 제품에만 예산을 집중하는 경우가 있는데 매출은 다양한 구색이 보장된 상황에서 일어남으로 되도록 충실한 구색 확보가 유지되도록 ABC 분석을 통한 아이템별, 컬러별 비중을 적절히 조절하여야 한다. 발주가 나면 공급사는 바이어에게 Free Offer를 발행하여 수량과 주문품에 대한 재조정 작업을 거친 최종 Firm Offer를 발행하여 수입업자가 이것을 토대로 대금지급을 위한 신용장(letter of credit)을 개설하게 하거나 전신환 송금을 할 수 있도록 한다. 이때 주의할 점은 바이 어는 Free Offer에 대해 확정지은 것에 대해서는 추후 변경이 가능하나 Firm Offer에 확정을 지은 것은 변경이 불가하다는 것이다

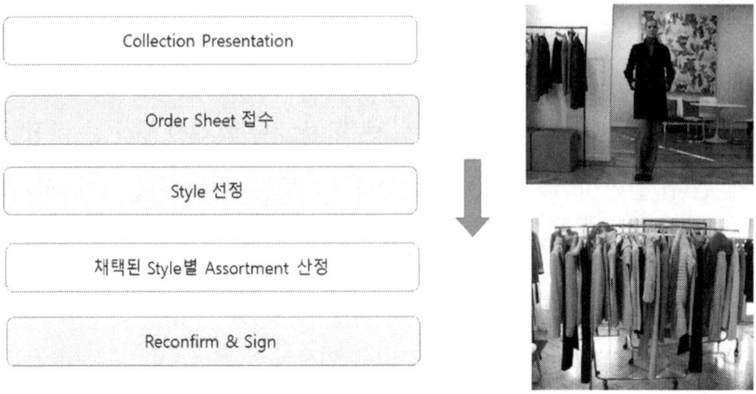

<그림 4-2> 의류 제품 바잉 프로세스

<표 4-4> 오더 양식

DESCRIPTION	M/G	STYLE NUMBER	12.K	13.K	13.K	1	1	2	2	3	3	4	4	5							계	납기
KEDS		SHOSE	185	190	195	200	205	210	215	220	225	230	235	235								
HONEY CUTE TOE CAP CB		KP41862				173		144		162											479	2주
HELLOKIT		KP43767				13		11		9											33	2주
MIMMY H&L I		KP46187A				12		9		3											24	2주
KITTY TIME I		KY41870	62	53	64	61	62	58	69	61	70	64	67	66							757	2주
			4k	4k	5k	5k	6k	6k	7k	7k	8k	8k	9k	9k	10k	10k	11k	11k	12k			
			100	105	110	115	120	125	130	135	140	145	150	155	160	165	170	175	180			
TAMMY MJI		KT41635	5		13	8	13	7	15	7	18	7	15	8	11	7	18	8	10		170	2주
HONEY CUTE I		KT41862			67	78	70	76	75	74	62	76	64	77	59						778	2주
MIMMY H&L I		KT43765																	1		1	2주
MIMMY H&L I		KT42473			13	6	4	4	8	5	6	6	4	3		4	3	5			71	2주
HELLOKIT		KT45817			2		2		1	1	3	4									13	2주
TOTAL			사이즈 비율대로 주문 부탁드립니다.																		1,033	

라. 바잉 후(Follow up) 작업

바잉을 마치고 돌아오면 <표 4-5>와 같이 최우선적으로 바잉 전 협의했던 영업팀 등 관련 부서에 보고를 하는 것이 중요하다.

한편, 공급사로부터 firm offer나 proforma invoice가 접수가 되면 수입상은 offer에서 명기된 조건대로 L/C를 열거나 전신환 송금을 한다. 또한 상품이 입고가 되면 통관 작업을 거쳐 창고에 입고하여 tag 발행을 통한 상품화 작업을 시행하게 된다. 이때 입고 된 상품이 불량품이나 파손품이 있거나 수량의 차이가 있는 경우가 많이 있으므로 이에 대한 사전 협의가 명확히 공급사와 계약상 명기 되어 있어야 하며 실제 발생 된 문제는 신속하게 보험처리를 하거나 본사에 통보하여 이에 따른 손실이나 매출 기회 상실이 없도록 하여야 한다. 또한 패션상품은 판매 시기의 중요성이 생명과 같으므로 경쟁 브랜드보다 되도록 신상품을 먼저, 반응이 좋은 상품을 많이 매장 내에 진열될 수 있게 지속적으로 공급사관계자나 Forwarding 업체와 협의하여 상품 Delivery에 대한 점검을 소홀히 하여서는 안 된다.

다른 한편으로는 공급사와의 우호적인 관계 지속을 위해 국내 판매 동향을 공급사에 수시로 report 해 주는 것도 바이어의 중요한 책무라 할 것이다.

<표 4-5> 바잉 후 관련 부서 보고의 예시

<table>
<tr><th>품목</th><th>판매경향</th><th>발주내용</th></tr>
<tr><td rowspan="2">CASUAL PANTS</td><td>· 기본 색조 보다는 beige, green, khaki등의 색이 호응이 좋았음
· 1pleat이나 2pleat 모두 반응 좋음
· 52, 54 size 필요</td><td>➜ 밝고 환한 파스텔조의 생상위주 발주
➜ 이번발주에는 1pleat만 발주 가능했음
➜ 충분량 발주</td></tr>
<tr><td colspan="2">기타 주요사항
· 버뮤다(반바지)의 경우 세탁 가능한 것만 발주
· c.jacket 발주량이 늘어남에 따라 c.pants도 이에맞게 발주함</td></tr>
<tr><td rowspan="2">CASUAL JACKET</td><td>· 매출 호조 item
· size는 종전대로 48~50</td><td>➜ 발주량을 최대한 늘렸으며 단 기후를 감안하여 Long style은 피함
➜ 48~52위주 집중발주 하였으며 54 최소발주</td></tr>
<tr><td colspan="2">기타 주요사항
· 가격이 종전보다 15%정도 낮아진 관계로 수량을 대폭 늘려 발주함</td></tr>
<tr><td>DRESS SHIRT</td><td>· 쥐색이나 군청색 등 진한색 보다는 기본색인 흰색이나 gray반응 좋음
· 속이 비치는 소재는 반응 없음
· size는 36~43위주이나 43도 비중있게 발주 할 필요 있음</td><td>· 희색과 엷은 blue 그리고 가는 stripe 위주의 발주
· 속이비치는 소재는 전혀 발주 않함
· 34~43위주로 하되 43비중 늘림</td></tr>
</table>

2. 무역 실무

본 교재는 무역 업무 중에서도 해외에서 구매한 상품의 국내 유입을 위한 수입 업무에 중점을 둔 내용을 다루고 있다. 물류의 중요성은 상품의 종류를 막론하고 점점 커지고 있는 실정으로 수입 브랜드 업무상 필수적으로 요구되어지는 역량이라 하겠다. 아래에서 다루는 내용들은 상품 구입 후 국내 세관을 통과하기까지의 주요 프로세스에 대한 요약이다.

가. 수입 · 통관절차

'통관(customs clearance)'이란 물품을 외국으로 수출하거나 외국에서 수입함에 있어서 거쳐야 할 세관절차를 의미한다. 국제간 별도의 관리나 목적에 적합한 거래를 하기 위해서는 세관의 통관절차를 거쳐야 하며, 각국이 공통적으로 규정, 시행하고 있다. 우리나라의 경우 관세법, 대외 무역법, 외국환거래법 및 각종 수출입관련특별법 등을 통하여 수출입을 규제하고 있으며 이러한 각종 법령상의 규제사항을 세관에서 확인하는 제도를 '통관제도'라고 한다.

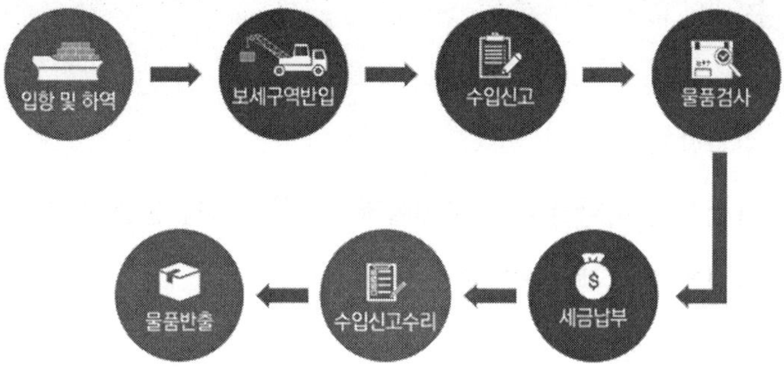

<그림 4-3> 수입 통관 절차

1) 수입 신고의 개념

수입신고(import declaration)는 물품을 수입하려는 의사표시를 소정의 신고서에 의하여 공식적으로 표현하는 것이며, 수입신고의 주체는 원칙적으로 화주(수입할 물품에 대해서는 당해 물품을 수입한 자), 관세사, 통관법인 또는 관세법인 이다. 수입신고는 수입하고자 하는 물품의 품격, 규격, 수량 및 가격 기타 대통령령이 정하는 사항을 기재한 수입신고서를 세관장에게 제출함으로써 이를 한다. 이밖에 신고납세 대상물품을 수입하는 자는 수입신고 시 세관장에게 관세의 납부에 관한 자진신고를 하여야 한다.

2) 수입신고 구비서류

① 수입신고서

② 관세감면, 분할납부, 용도세율적용신청서(해당 물품에 한함)

③ 합의에 따른 세율적용 승인신청서

④ 가격신고서

⑤ 수입승인서

⑥ 요건확인서

⑦ 지방세법시행령 제 183조의 규정에 의한 납세담보확인서

⑧ 송품장

⑨ 선하증권 또는 항공화물 운송장 부본

⑩ 포장명세서, 원산지증명서

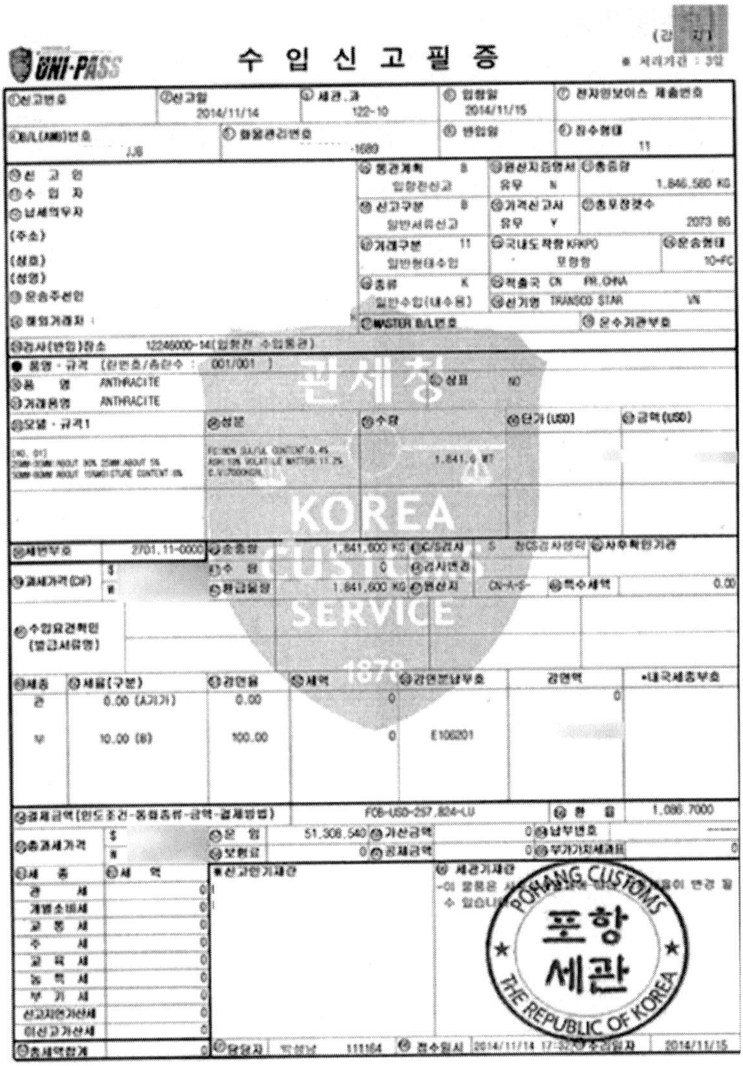
UNI-PASS

수 입 신 고 필 증

2014/11/14 | 122-10 | 2014/11/15

1,846,580 KG

ANTHRACITE

ANTHRACITE

1,841.0 MT

2701.11-0000 | 1,841,600 KG | CN-A-S- | 0.00

0.00 | 0.00

10.00 | 100.00 | E106201

FOB-USD-257,824-LU | 1,086.7000

51,308,540

POHANG CUSTOMS 포항 세관 THE REPUBLIC OF KOREA

2014/11/14 | 2014/11/15

<그림 4-4> 수입 신고증 예시

나. 신용조사

신용장개설은 개설은행의 개설의뢰인에 대한 신용공여이므로 개설의뢰인이 어떠한 경우라도 대금을 지급할 능력이 있는지를 개설은행은 신중히 판단해야 한다. 신용장 개설을 의뢰 받으면 다음사항을 신중히 검토하여야 한다.

1) 영업실적의 추이 및 수익상황
2) 재무상태
3) 자금조달 능력 및 자금운용 상황
4) 생산, 판매, 재고 상황
5) 업계에서의 지위 및 업계동향
6) 경영자의 능력
7) 은행거래상황

다. 무역 계약의 종류

무역 계약의 당사자에는 거래로부터 발생하는 권리의무의 주체가 자기가 되어 자기의 계산과 위험으로 거래를 행하는 본인(principal)과 거래부터 발생하는 권리 의무의 주체가 타인으로서 타인의 계산과 위험으로 거래를 행하는 대리인(agent)으로 구분된다.

1) 개별계약(Case by case contract)

개별계약(Case by Case Contract)이란 오퍼(offer)나 오더(order)를 확정한 후 매 거래마다 거래건별로 어떤 특정 품목에 대한 수출입 기본 계약을 확정하는 방법으로서, 통상 거래 초기나 한 건의 거래로 매매가 종결되는 경우 또는 중장기 연불 방식에 의한 수출입 등 거래내역이 복잡할 때에 주로 사용되는 계약방법이다.

2) 포괄계약(Master contract)

포괄계약서(Master contract)는 동일 당사자 간 장기간 계속적으로 동일한 품목을 반복적인 거래를 하는 경우, 매번 거래조건에 대해 합의를 하고 이를 문서화하는 것이 번거로울 때 지정품목에 대하여 일반거래조건(General Terms and Conditions)를 체결하고 필요할 때 선적을 해주는 방식의 포괄계약을 해주는 방식의 계약을 체결하는 것을 말한다.

3) 독점계약(Exclusive contract)

독점계약(exclusive contract)은 특정 물품의 수출입에 있어서 수출업자의 수입국의 지정 수입업자의 외에는 동일품목을 청약하지 않겠다는 상호 간의 조건으로 맺어지는 계약방식을 의미한다. 이러한 독점계약은 주로 특정 품목에 대하여 수출입을 전문으로 하는 특정 상사 간의 매매로 국한시키는 매매계약이다.

독점계약의 경우, 수입업자의 입장에서는

첫째, 저렴한 가격으로 구매가 가능해야 하고,

둘째, 동일한 품목에 대하여 수입업자가 소재하는 지역의 다른 업자에게 구매하지 않아야 하며,

셋째, 다른 상사의 명의나 제3자를 통하여 수입업자 소재지의 시장에 침투하지 않아야 하며,

마지막으로, 해당 품목에 대하여 수출입을 전문으로 하는 특정 상사 간의 매매로 국한시켜야 하는 매매계약이다.

4) 에이전트 계약

수입과 관련된 에이전트는 오퍼상(offering agent)이다. 오퍼상은 해외의 수출상을 대신하여 우리나라의 수입상에게 오퍼를 이행하여 거래를 성사시키고 거래가 진행되는 중에 각종 업무 편의를 제공하며 거래가 종료된 후에 해외 수출상으로부터 수수료(commission)를 수취하는 회사를 의미한다. 오퍼상과 해외 수출상이 체결하는 계약을 agency contract 혹은 offering agency contract이라고 한다. 오퍼상은 국내에 수입을 알선·중개하는 대리인으로서 외국의 물품공급업자인 수출상 본인(Principle)의 이름으로 오퍼를 발행할 뿐 본인 스스로는 계약체결의

당사자가 아니기 때문에 수출입 본 거래에 대한 직접적인 책임은 지지 않는다. 오퍼상은 외국의 수출상과 일정한 영역(sales territory)을 정하여 계약을 맺고 독점적인(exclusive) 대리점(agent)권리를 확보하고자 할 것이다.

오퍼상은 통상 대리점(agent)의 역할만 하는 것이 원칙이다. 즉, 자기 책임하에 물품을 수입하여 매매차익을 취하는 것이 아니라 외국 수출상의 대리인으로서 오퍼를 발행하고 수수료를 취하는 것이다. 국내 면세점은 수입품의 경우 관세법에 의거 면세점에서 직매입을 하기 때문에 이 경우 수입업자는 에이전트로서의 역할을 하게된다. 수입사업에 있어 자기 비용으로 구매, 수입하여 판매하는 자를 distributor라고 하고 단순히 대리인으로서 수수료만 취하는 자를 agent라고 한다. 오퍼상은 에이전트에 해당된다. 에이전트 계약을 맺은 오퍼상은 단순히 agent의 역할을 떠나 때에 따라서 distributor의 역할을 해야 할 경우도 많이 생긴다. 실무적으로 보면 수입을 희망하는 회사가 해외 수출상으로부터 직접 물품을 구매하는 경우도 있지만 경우에 따라서는 에이전트로부터 내수로 구매하고자 하는 경우도 많이 있다. 수입물품을 공급하는 distributor의 입장에서 최종 구매자가 자신의 자금으로 직접 구매하는 경우를'외자'라고 하며 국내 distributor로부터 내수로 구매하는 것을 '내자'라고 한다. 이런 경우를 감안하여 오퍼상은 자신의 역량이 허락된다면 agent와 distributor 계약을 동시에 체결해 놓는 것이 좋다. 또한 국내 패션시장은 관세와 부가세 부과 여부에 따라 로컬(local)과 면세(duty free)로 나눌 수 있으므로 이 면세 사업영역에 대한 구체적 확약도 수년간 급성장을 거듭해온 국내 면세시장을 감안 시 중요한 요소라 할 수 있다. 오퍼상의 영업방법은 대략 다음과 같다.

(1) Commission base

단순히 구매자에게 오퍼만 하고 수출상으로부터 수수료(commission)를 취하는 경우이다. 이런 경우는 수출상이 사전에 가격표에 수수료를 명시적으로 약정한 경우이므로 추가 수수료는 취할 수 없으며 오퍼시 가격의 인하나 인상은 허용되지 않는다. 수출상이 여러 나라에 동시에 판매하는 제품이나 경쟁사와의 가격이 민감한 품목일 경우에 해당된다.

(2) Over-value base(수출상과 사전 협의)

수출상이 당초 제시한 가격을 보장받고 추가적으로 오퍼상이 영업활동을 잘하여 단가를 증액시킨 경우이며, 이때에 증액된 단가(unit price)를 수출상으로부터 추가 수수료로 취할 수도 있고 수입상으로부터 수수료 명목으로 취할 수도 있다. 수입상으로부터 수수료를 취할 경우에는 미리 수입상 수수료임을 offer sheet 상에 명시하여 주지시켜 주어야 한다. 또한 추가 수수료를 누구에서 취할 것인가 하는 것도 계약서 상에 확실히 명시해 두어야 한다.

(3) Offer와 distributor의 병행형태

수수료만 취하는 오퍼 형태와 독자적인 판매를 허용하는 distributor 두 가지 형태를 동시에 할 수 있도록 계약을 체결하는 경우이다. 이런 계약이 오퍼상의 입장에서 어떤 상황에도 대처할 수 있는 가장 이상적인 계약이라고 할 수 있다.

<표 4-6> 오퍼(Offer)의 종류

구분	내용
유효기간의 확정성 유무	확정 오퍼**(firm offer)** 청약자가 승낙 기간을 지정하고, 그 기간 내에 승낙/회답할 것을 조건으로 하는 오퍼. 피청약자가 기간 내에 청약자의 오퍼를 승낙하면 이를 이행하여야 한다.
	불확정 오퍼**(free offer)** 청약의 유효기간이 없거나 '확정적(firm or irrevocable)'이라는 표시가 없는 오퍼를 말한다. 보통 확정오퍼 전 발행된다.
청약자에 따른 분류	구매오퍼**(buying offer)** - 수입업자가 청약자
	판매오퍼**(selling offer)** - 수출업자가 청약자
조건 변경이 포함된 경우	반대오퍼**(counter offer)** - 수출업자의 확정오퍼에 대해 수입업자가 가격/ 수량/ 선적일 등 기타 조건을 수정해 제시하는 오퍼를 말한다. 실제 무역에서는 수출업 자와 수입업자 간에 몇 차례의 반대오퍼를 거친 후 계약이 성립된다.
단서(조건)가 포함된 경우	조건부 오퍼**(conditional offer)**
	확인조건부오퍼**(conditional offer)** 시세 변동이 심한 품목이나 우편으로 오퍼를 제시하는 경우를 말한다. 이는 오퍼 라기보다는 오퍼의 권유에 가깝다. 왜냐하면 상대방이 승낙해도 청약자가 수락하 지 않으면 계약이 성립되지 않기 때문이다.
	선착순판매조건오퍼**(offer subject to prior sale)** 주로 재고품 판매오퍼시 거래처들에게 오퍼를 발행하는 것으로, 해당 물품이 판매되지 않고 재고가 있어야만 계약이 성립된다. 이는 재고잔유조건오퍼(offer subject to being unsold)로 표시하기도 한다.
	승인부오퍼**(offer on approval)** 청약과 함께 현품을 보내, 상대방이 사용해보고 만족하면 승낙하라는 청약으로 점검부오퍼라고도 한다. 신제품이나 해외시장 개척 시 이용되는 오퍼다.

ABC TRADING COMPANY

1202, EUIMA B/D, 11-1, DAECHI-DONG, GANGNAM-GU, SEOUL, KOREA
TEL : 82-2-111-2222-3   FAX : 82-2-111-2224

OFFER

Messrs.
: KBO CO., LTD
666, YANGJAE-DONG, SEOCHO-GU
SEOUL, KOREA

NO. : ABCD05-12-21-0012
Date : DEC. 11, 2005

We have a pleasure to offer you following goods on terms and conditions undermentioned

ITEM & DESCRIPTION	Cartons	Packs	QUANTITY	UNIT PRICE / KG	TOTAL AMOUNT
PINEAPPLE	800	6,200	8,310 KG	USD 2.50	USD 20,775.00
TROPICAL FRUIT	800	4,550	1,200 KG	USD 2.44	USD 2,928.00
				TOTAL	USD 23,703.00

Price term : CNF Busan
(NBA CORPORATION)
ADDRESS : NO. 8 M. CREDDIOS CORNER, M. ALMEDA ST., PATEROS, METRO MANILA, PHILIPPINES 1621
Origin : PHILIPPINES
Shipment : DURING FEB 2006 FROM PHILIPPINES PORT
Payment : BY LC at Sight IN FAVOR OF NBA CORP.
Packing : 202 Kg Carton (10kg X 2 packs)
Container : **40FT HQ X 1**
Inspection : LOADING PORT TO BE FINAL
Validity : DEC. 31, 2005
Remarks :

BENEFICIARY BANK INFORMATION
BANK : ABC BANK AND DEF COMPANY (BDASD)
BANK BRANCH : PASIG-MABINI BRANCH
BANK ADDRESS : METRO CITY, PHILIPPINES 1600
ACCOUNT NAME : NBA CORPORATION
ACCOUNT No. : 12-000-00123-9
SWIFT CODE : MADFASD
TEL : +632-111-2222

ABC TRADING COMPANY
1202, EUMMA B/D, 1102
Daechi-Dong, Gangnamgu, Seoul
Korea

Accepted and Confirmed by

<그림 4-5> 오퍼(Offer) 예시

5) 병행수입(Parallel importation)

병행수입이란 국내에 독점수입권이 없는 제3자가 다른 유통경로를 통하여 동일 상품을 국내 독점수입업자의 허락 없이 수입하는 행위를 말한다. 이는 위법이 아닌 법률상태를 나타내는 의미로 Grey-market이라고 칭한다.

(1) 병행수입의 발생조건

① 제품이 다른 시장에서도 이용 가능해야 한다. 즉 구체적으로 병행수입 업공급원을 가져와야 한다.

② 무역장벽(관세, 운송비, 법 규제)이 병행수입업자가 한 시장에서 다른 시장으로 제품을 옮길 수 있을 만치 충분히 낮아야 한다.

③ 다수 시장 간의 가격차이가 병행수입을 하도록 하는 기본적 동기를 제공할 정도로 충분히 커야 한다, 가격차이는 환율, 수요차이에 의해 발생한다.

(2) 병행수입의 허용기준

수입상품간의 국내 경쟁 촉진을 통한 가격안정 및 소비자의 이익증진 등을 위하여 상표법상의 상표보호 목적 및 상표의 기능(출처표시 및 품질보증)을 해하지 않는 범위 내에서 병행

라. 무역의 8대 조건

1) 품질

(1) 결정방법

① 견본 매매(Sample by sample)

오늘날 무역거래에서 가장 널리 이용되고 있는 방법으로 매매 당사자가 제시한 견본을 기준으로 거래 물품의 품질수준을 결정하는 방법이다. 주로 공산품을 대상으로 하며, 물품의 품질 및 형태를 설명하거나 규정하는 것이 불가능한 경우 주로 이용된다.

② 상표매매(Sales by trade mark)

상표 자체 만으로도 품질을 인정받게 되기 때문에 상표만을 가지고 품질수준을 결정 할 수 있다. 샤넬(Chanel), 에르메스(Hermes), 로렉스(Rolex)와 같은 세계적 일류 유명상표의 경우에 사용됨

③ 명세서 매매

견본의 제시가 불가능한 기계, 선박, 중장비 등을 카달로그, 설명서, 설계도, 청사진 등에 의하여 독점 상품의 재료, 구조, 규격, 성능, 특성 등에 관해 설명하고 설명과 상품이 일치 할 것을 품질조건으로 하는 매매 방법을 말한다.

④ 규격매매(Sales by type or grade)

규격매매(sales by type) 또는 등급매매(sales by grade)는 국제적으로 정해져 있거나 수출국의 공적규정으로 인정되어 있는 규격이나 등급으로 거래물품의 품질수준을 결정하는 방법을 말한다. 공산품의 경우에는 국제표준화기구(ISO), 우리나라의 KS, 일본의 JS, 영국의 BS 등의 규정을 이용하여 품질수준을 결정하게 된다.

⑤ 점검매매(Sales by inspection)

점검매매(현품매매, 실현매매, sales by inspection)는 매수인이 거래물품의 품질수준을 직접 확인한 후 매매계약을 체결하는 경우의 품질결정방법이다. 이 방법은 매수인이 현품을 직접 확인, 점검하는 방식을 취하는 것이므로, 수출국에 상주하는 매수인의 대리인이 거래물품의 품질수준을 직접 확인한 후 매매계약을 체결하는 경우, 매수인이 수입국의 보세창고에서 거래물품의 품질수준을 직접 확인한 후 매매계약을 체결하는 보세창고도거래(bonded warehouse transaction : BWT), 수입국에 상주하는 매도인의 대리인에 의하여 제시되는 물품에 대하여 매수인이 그 품질수준을 확인한 후 매매계약을 체결하는 현품인도지급(cash on delivery : OCD), 점검매매조건부청약(승인조건부청약, offer on approval), 반품허용조건부청약(offer on sale or return) 등에 주로 이용된다.

⑥ 표준품매매(Sales by standard)

표준품매매는 일정한 규격이나 유명한 상표가 없고 견본제시가 불가능한 상품의 표준품을 기준으로 거래물품의 품질수준을 결정하는 방법이다.

2) 수량

무역거래에서는 나라에 따라 수량에 대한 관습이 서로 다르기 때문에 분쟁이 발생되기 쉽다. 중량, 길이, 용적, 포장, 개수 등으로 표시 중량에 의한 수량 약정 시는 단위에 유의해야 한다.

3) 가격

국제무역에는 가격의 구성원리가 국내거래와 상이하다. 즉, 무역에서의 가격에는 국내거래에서 발생하지 않는 부대비용(운송비, 보험료, 행정비용, 관세…)이 필연적으로 수반되는데 이 부대 비용의 부담자를 수출상, 수입상 중 누구로 할 것이냐는 매매당사자가 계약에서 채택하는 INCOTERMS상의 정형거래조건에 따라 달라진다. 가장 많이 사용되는 조건은 아래와 같다.

(1) FAS(Free Alongside Ship : 선측 인도)

매도인이 물품을 수출 통관하여 선적항에서 본선이 선측(부두상 또는 부선내)에 적치한 때 인도가 완료되는 거래조건을 말한다. 따라서 물품이 선적항의 본선 선측에서 인도된 때부터 물품에 대한 모든 비용과 멸실 또는 손상의 위험은 매수인이 부담해야 한다. 이 조건은 일반화물의 수출입보다는 본선에 적재하는데 비용이 많이 드는 원목, 곡물 등의 대량의 산화물 거래에 주로 사용이 된다.

(2) FOB(Free on Board named port of shipment : 본선인도)

매도인이 물품을 선적항에서 본선의 난간을 통관하여 인도하는 거래조건을 말한다. 즉, 선적항의 본선상에서 인도를 이행하는 계약조건이므로, 지정된 선적항에서 본선의 난간을 통과한 때부터 물품에 대한 모든 비용과 멸실 또는 손상의 위험은 매수인이 부담하게 된다.

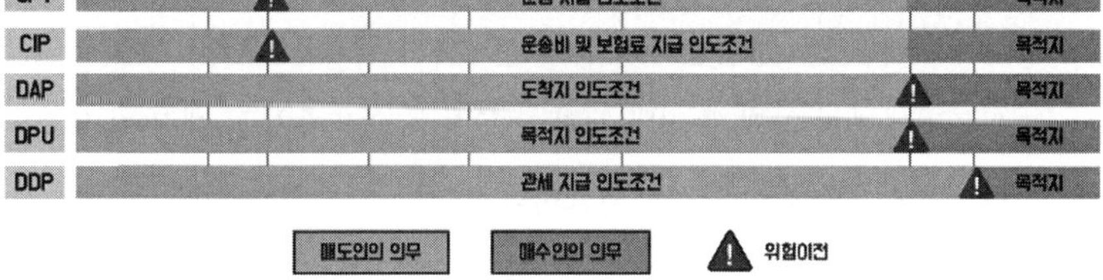

<그림 4-6> Incoterms 정형거래조건

(3) CFR(Cost and Freight named port of destination : 지정목적항 운임포함인도)

매도인이 목적 항까지 물품을 운반하는데 필요한 운임을 지급하되, 물품에 대한 모든 위험과 추가적인 비용은 물품이 선적항에서 본선의 난간을 통과한 때에 매도인으로부터 매수인에게 이전하는 거래조건을 말한다.

(4) CIF(Cost, Insurance and Freight named by destination : 지정 목적항 운임. 보험료 포함인도)

매도인이 목적항까지 물품을 운반하는데 필요한 운임과 보험료를 지급하되, 물품에 대한 모든 위험과 추가적인 비용은 물품이 선적항에서 본선의 난간을 통과한 때에 매수인에게 이전하는 거래조건을 말한다.

4) 선적조건

무역계약에서 물품을 정확하게 인도하기 위해서는 당사자 간에 인도조건에 대한 약정, 즉 인도시기, 인도장소, 인도방법 등 세 가지 요소에 대하여 구체적인 약정이 필요하다.

(1) 선적방법

① 전량선적 : 계약 상품을 한번에 전량 선적한다.

② 분할선적 : 거액거래이거나, 수입자의 판매계획이나 상황에 따라

여러번에 걸쳐 공급 할 때 또는 제품재고에 여유가 있어서 분할 하여 공급받아도 지장이 없을 때 허용.

③ 할부선적: 분할횟수, 수량, 각 분할 분의 선적시기 등을 구체적으로 정한 경우를 말함.

(2) 환적과 직항선적

① 환적 : 물품을 운송도중에 다른 선박이나 운송수단에 옮겨 실어 운송하는 것을 말한다. 환적을 하게 되면 그만큼 운송기간이 길어지고 하역과 선적의 과정에서 파손, 분실, 등의 위험이 커진다.

5) 결제조건

거래상대방의 신용도, 거래금액의 크기, 회사의 재정상태, 수수료 및 이자 등을 감안해서 결제방법과 결제시기를 결정한다. 가장 많이 쓰이는 방식은 전신환과 신용장 방식이며 점점 전신환의 비중이 커지는 추세이다.

(1) 전신환(telegraphic transfer: T/T)

채무자가 외국의 채권자 계좌로 대금을 이체하는 것이다. 국내에서의 계좌이체와 다를 바 없으나 외국으로의 자금이동이기 때문에 은행의 확인 과정을 거치하는 것.

(2) 환어음결제

환어음은 채권자가 대금을 청구하는 방식으로서 국제거래에서 가장 보편화된 대금결제방식이다. 환어음은 채권자가 채무자에게 자신의 채권금액을 자신이 지정하는 외국환은행에 지급도록 하고 자신은 대금을 그 외국환은행으로부터 받는 결제체제이다. 이렇게 환어음을 이용한 대금결제에서 신용장의 개입이 없는 경우에 추심결제방식이라고 하고, 신용장이 있는 경우에는 신용장방식이라 한다.

(3) 신용장 결제

신용장은 수출자가 제공하는 무역서류가 신용장상 조건에 부합하기만 하면 반드시 그 대금을 지급하겠다는 개설은행의 수출자에 대한 약정이다

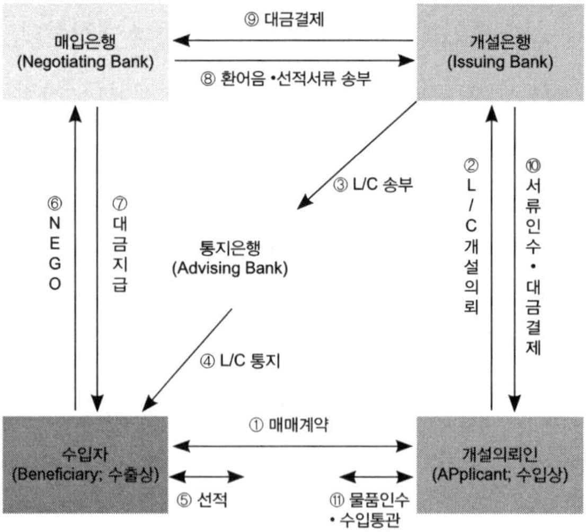

<그림 4-7> 신용장 거래과정

6) 보험조건

무역거래의 당사자들은 물품을 운송하는 과정에서의 선박의 좌초, 침몰, 충돌 등과 같은 해상고유의 위험이나 전쟁 등과 같은 위협 뿐 만 아니라, 양륙항에서의 보세 장치,보세창고에의 보관 중 위협을 만날 가능성이 있다. 이런 위험을 담보 받기 위해 화재보험, 운송보험, 해상 보험 등 모든 보험에 가입함으로써 만일의 손해 발생에 대비하여야 한다. 단 비용적 측면을 고려하여 보험에 대한 부담이 제품의 원가율에 미치는 영향을 고려하여야 한다.

7) 포장 및 화인조건(Shipping mark)

화인이란 화물의 특성에 맞는 적절한 포장을 한 후, 매도인이 창고에서 매수인의 창고까지 전 운송기간 동안의 화물을 확인하며 혼란과 지연 없이 도착지까지 신속, 원활, 안전한 운송과 화물 관련 서류의 대조, 점검을 위해 화물포장의 외장에 기입하는 표식의 약정을 말한다.

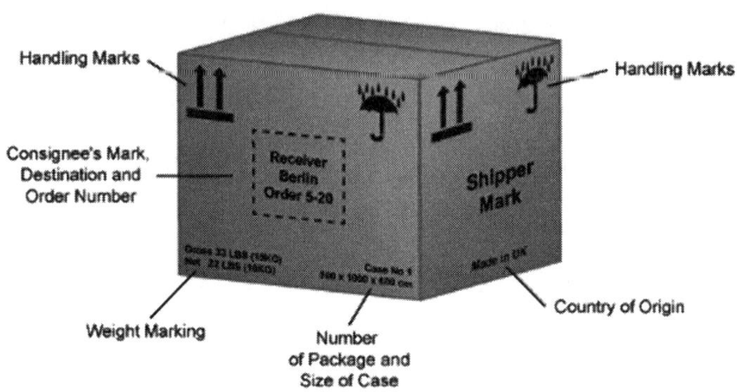

<그림 4-8> Shipping mark

8) 분쟁해결 조건

무역거래에서 매도인과 매수인 간에 예상하지 못한 문제로 계약당사자 간에 클레임이 제기되고 이것을 원활하게 해결되지 못하여 분쟁으로까지 확대되는 경우가 있다. 따라서, 클레임 예방을 위해 제반 계약조건을 상호 명확히 함으로써 분쟁을 최대한 방지하여야 할 것이나 계약을 체결할 때는 매매와 관련된 기본조건 외에도 계약이행 이후에 발생될지도 모르는 클레임 및 분쟁 그리고 계약 내용에 대만 법적 구제조건들에 대해 약정하여 두는 것이 매우 중요하다.

(1) 불가항력 조항

불가항력이란 당사자가 통제할 수 없는 우발사태나 사고 등을 모든 사건을 말한다. 불가항력조항에는 불가항력사태가 발생하였을 경우, 매도인이 그 사실을 매수인에게 지체 없이 통지하고 불가항력 사태에 대한 입증자료로 제시하도록 하여야 한다.

(2) 클레임과 중재 조항

외국인과 무역거래에 수반된 분쟁이나 클레임은 당사자 간에 화해에 의하여 해결하는 것이 가장 좋을 것이지만 ,그렇지 못할 때는 알선이나 조정 또는 재관에 의해 해결할 수도 있다. 그러나 저렴한 비용으로 신속한 분쟁해결을 도모할 수 있고 외국에서도 강제집행이 가능한 중재에 의해 해결하는 것이 가장 효율적이다. 중재합의를 할 때에는 중재를 행할 중재지, 중재기관 및 적용할 준거법 등을 소지를 없애는 것이 가장 바람직하다. 클레임에 대해 타협이 이루어지지 않을 때에는 가장 보편적인 해결방법으로 중재를 이용한다. 단심제이므로 분쟁을 신속히 종결시킬 수 있고, 비용이 적게 들어 경제적이기 때문이다.

(3) 재판관할 조항

무역계약은 당사자자치의 원칙이 존중되므로 분쟁의 해결을 중재에 의하지 않고 법원 판결에 의하기로 하거나, 뉴욕협약에 가입이 되어 있지 않거나 기타의 사유로 중재합의나 이루어지지 못 하는 거래에는 어느 특정 국가의 법원을 관할 법원으로 할 것인가에 대한 재판관할 조항을 설정하며 두는 것이 좋다.

(4) 준거법조항

무역계약의 성립과 이행 그리고 그 해석에 관하여 준거법을 결정하는 데는 국가별로 법제의 해석기준이 상이 하기 때문에 매매당사자의 의사가 불분명할 경우에는 국제사법에 따라 행위지법이나 법정지의 국제사법이 준거법이 된다.

(5) 하쉽조항(Hardship clanse)

계약체결 당시에는 전혀 예기하지 못했던 경제적 또는 정치적 사태가 계약체결 후에 발생함으로써, 당초의 계약된 대로의 이행이 불가능해지거나 또는 심히 곤란해져 계약의 본질적 변경이 불가피해 진 경우에는 당사자는 계약내용의 변경을 요구할 수 있고, 그때에 상대방은 반드시 이에 응해야 한다는 조항을 hardship clause(사정변경조항 또는 이행가혹조항)이라 한다.

① 상품력 : 패션트렌드 반영도, 구색, 색상의 다양성, 소재의 고급성, 상품의 차별성, 품질

② 기획력 : 가격경쟁력, 브랜드 인지도, ITEM개발, 공급능력

③ 영업력 : 백화점 영업경험, 조직의 구성상태, 자금력, 마케팅 능력

④ 판촉력 : 시장성 및 향후(성장가능성) 전망, 광고 및 판촉계획

품평회까지 마친 상품은 백화점과 입점 계약을 성사 시키기 위해서는 백화점에 다음과 같은 증빙 자료를 제출하여야 한다.

① 납품대금의 지불에 관한 약정서

② 사용인감계(법인인감과 사용인감이 다를 경우)

③ 통장인감계(법인임감과 통장인감이 다를 경우)

④ 통장개설통보서(회사보관용, 은행보관용)

⑤ 기타첨부서류 : 법인등기부등본, 법인인감증명, 보통예금통장사본, 사업자등록증, 상표등록증, 수입면장 사본, 산재보험 가입확인서

판매사원은 업체에서 고용하여 백화점에 파견하는 것이 일반적으로 파견사원은 고용 기간 별로 크게 두 가지로 나눌 수 있다.

① 단기 파견사원

- 제출서류 : 일시 판매사원 근무신청서, 증명사진2매, 신분증 사본
- 면접 : 근무할 장소의 영업 담당자 면접.
- 교육 : 1일 4시간동안 백화점 내에서 실시

② 장기파견사원

- 제출서류 : 장기판매사원 근무신청서, 증명사진4매, 주민등록등본, 건강진단서
- 면접 : 근무할 장소의 영업실무자 1차 면접 후 팀장 2차 면접.
- 교육 : 백화점 인재개발원에서 2일 16시간 실시

입점이 확정된 브랜드는 백화점이 허용하는 범위에서 브랜드의 컨셉을 최대한 살릴 수 있는 매장을 오픈하며 상품 구색에 만전을 기한다. 오픈에 따른 촉진 행사도 백화점과 협의하여 시행하여야 하며 독립매장이거나 부틱(Boutique)매장이 아닌 경우 보통 오픈 전날 영업 후에서 시작하여 백화점 오픈 전까지 매장 공사를 마치는 것이 원칙이다. 이후 백화점은 정기적으로 입점 브랜드별 실적평가를 실시하여 거래연장 또는 퇴점 결정하기도 한다. 제품을 소매점에 유통시키는 거래방법에는 다음과 같은 4가지 방법이 있으며 제품의 유형과 기업정책에 따라 다르므로 각 브랜드에 맞는 거래 방식을 채택하고 있다.

<표 4-7> 백화점 입점 계약방식

거래형태	상품군	특성
완사입 (직매입)	PB상품, 직수입 브랜드, 잡화, 식품, 가정용품 부문	- 제조업체로부터 제품을 구매하고 구매한 제품에 대해 판매여부에 관계없이 100% 대금을 지불하고 매입하는 방식, 직매입은 제조업체로의 반품이 불가하며 재고는 소매점이 책임진다. - 재고부담이 백화점에 있으며 백화점 매출로 산정한다.

위탁 (특정매입)	피혁잡화, 여성,남성, 아동의류, 가구류, 일부 가정용품	- 임대을과 더불어 백화점에서 가장 많이 사용하는 매입 방식으로, 제조업체로부터 제품을 위탁받아 판매하는 방식, 재고는 제조업체가 책임진다. - 재고부담이 거래 당사자에 있으며 매출발생액에 해당하 는 수수료를 공제한 납품금액을 제조업체에 지불.
임대을	의류, 화장품, 액세서리, 일부 대기업의 브랜드 상품	- 점포주, 납세자, 점포운영 책임 등을 모두 임차인이 진다. 임차료를 산정하는 데 있어서 매출액의 일정비율을 판매수수료로 지급한다. 판매대금은 백화점 측에서 관리한다. - 재고부담은 거래 당사자
임대갑	귀금속, 시계, 카메라 푸드코트	- 점포주, 납세자, 점포운영 책임 등을 모두 임차인이 진다. 임차료를 산정하는데 있어서 일정액의 임차료를 지 급하고, 판매대금은 임대 갑인 임차인이 직접 관리한다.

백화점 판매 수수료 수준은 롯데, 신세계, 현대백화점, 소위 빅 3라고 불리는 상위 3사 백화점의 정상판매 기준 의류제품을 기준으로 35~38%대로 보고 있으며, 그 아래 단계인 중간규모의 백화점은 28~32%, 그리고 하위 단계의 백화점은 15~25%대인 것으로 추정된다. 백화점의 규모에 따라 판매 수수료율이 차이가 나는 것은 시장 구조의 특징 때문인데, 소위 빅3라고 불리는 백화점들은 점포 수가 많아 상위 3사 백화점에 입점하게 되면 상대적으로 중소 백화점들 보다 매출규모를 늘릴 수 있기 때문에 제조업체들은 상위 3사 백화점에 입점하는 것을 선호하기 때문이다.

<표 4-8> 백화점 아이템별 수수료율

품목	판매수수료율	품목	판매수수료율
패션잡화	35~40%	소형가전	25~30%
숙녀복, 골프웨어	35~40%	대형가전	7~15%
신사복	15~30%	해외명품잡화	1~5%
화장품	30~35%	해외명품 패션의류	8~15%
주방용품	25~30%	SPA브랜드	10~20%

백화점에서는 고객의 욕구를 만족시켜줄 제품이 필요하고 납품업자는 제품을 판매할 시장 또는 고객과 상품을 연결시켜 주는 기능이 필요하다는 관점에서 백화점과 납품업자는 상호 의존적 관계이면서 대등한 관계라 할 수 있다. 그러나, 국내 백화점은 대기업에 의해서 운영되고 있고 시장에서 높은 판매력과 수단을 갖고 있기 때문에 실제 거래관계는 상호의존적 관계라기보다는 납품업자가 백화점에 의지할 수 밖에 없는 의존적 거래관계이다. 따라서 여러 문제점이 발생하고 있다. 예를들면 백화점은 판매촉진활동의 일환으로 1년에 2회 정도 매장 위치, 상품 진열 등을 변경하는 MD개편을 실시한다. 백화점의 입장에서 MD는 백화점의 경쟁력을 제고하여 매출액을 올릴 수 있는 중요한 수단이 되기 때문에 상품군의 조정, 매장 이동, 인테리어 변경은 어쩔수 없는 것이지만, 이로 인해 매출실적이 부진하여 퇴출된 업체는 인테리어 비용을 보상받지 못하고 퇴출되게 된다. 또한 경쟁백화점에 대한 일별, 월별 매출정보를 납품업자를 통해 취득하는 행위에 대해 공정위가 과징금 또는 시정명령을 내림에도 불구하고 납품업자로부

터 타 경쟁백화점의 EDI(Electronic Data Interchange; 백화점과 납품업자 간 상품 세금계산서 발행을 위한 전자상거래 시스템)에 접속할 수 있는 id와 패스워드를 취득하여 납품업자의 타 경쟁 백화점의 매출정보를 부당하게 취득하는 행위가 여전히 문제시 되고 있다. 다른 한편 대형 유통업체가 납품업자와 거래관계를 자사의 점포로만 한정시키는 행위를 배타적 거래 행위로 납품업자가 자율적으로 다른 사업자를 선택하여 거래할 수 있는 기회를 차단하기도 한다.

백화점에 납품하는 업체가 백화점과 거래에서 중요하게 여기는 것은 백화점과의 거래를 얼마나 지속할 수 있는가이다. 백화점은 1년에 두 번 입점업체의 실적평가(주로 매출액 기준)의 결과를 토대로 매장의 위치를 바꾼다. 평가가 나쁜 업체는 퇴점을 당하게 되며, 기존의 업체는 실적평가를 근거로 위치를 변경하게 된다. 위치는 매출액과 직결되는 문제이기 때문에 납품업자는 더 좋은 위치를 확보하기 위해서, 나쁜 자리로 옮겨가지 않도록 하기 위해서 백화점에서 요구하는 것을 따르지 않을 수 없다. 가장 부당하게 여겨져 온 입점 업체가 매출실적을 높이기 위해서 매출이 발생하지 않았음에도 불구하고 매출이 일어난 것처럼 꾸미는 가매출 요구는 바로 이러한 구조에서 발생되고 있다.

2) 면세점

면세점은 코로나 이전까지는 세계 매출액의 1위를 지켜온 업태이며 특히 수입 브랜드를 도입하는 업자들에게는 최고의 유통 채널이기도 하였다. 그러나 중국 보따리 상인에 대한 과다한 의존과 해외 관광객의 지속적 유입 감소 등으로 현재 다수의 면세점이 구조조정을 하고 있는 등 심각한 상황에 놓여있다. 우리나라의 면세점은 정부가 관리하는 믿을 수 있는 가격의 정품만을 취급하고, 백화점보다도 고급 브랜드가 입점된 상업시설이라고 인식하고 있기 때문에 외국인 뿐 만 아니라 내국인의 선호도 높은 편이나 수입 브랜드가 지나치게 명품에 집중되어 있어 다양성이 떨어지고 구매 한도 제약 등 로컬 시장에 비해 소비자가 제품 구매 시 유념해야 할 것들이 많이 있다. 기본적으로 사전 면세점이라 불리우는 Duty Free점은 정부의 특별허가법에 의거 관세와 부가가치세가 판매시점부터 면제되어 판매되고 단지 물건을 공항 인도장에서 받는 장소를 의미하며 사후 면세점이라 불리우는 Tax Free점은 일반 로컬과 같은 가격에 판매되어 소비자에게 자유롭게 인도하되 외국인 소비자가 우리나라를 출국 시 공항에서 별도의 신고를 하면 관세와 부가세를 환급해주는 판매장소를 말한다. 사전 면세점은 상품을 공급받는 유통경로에 따라 세 가지 형태로 나눌 수 있다.

첫째, 국내의 상표독점권자인 수입 판매 에이전시가 면세점과 현지의 제조업체 사이에서 중계역할을 하는 것이다. 면세점에서 각 브랜드에 할당한 구매 예산을 갖고 면세점 구매팀의 머천다이저와 수입판매 에이전시의 직원이 상의를 거쳐 최소 1년에 두 번 이상(수시오더의 경우 그 이상) 수입기업에 상품을 주문하여 국내에 반입하고 에이전시는 면세점으로부터의 구매 금액에 따른 수수료를 제조사로부터 받게 된다.

둘째, 국내에 진출해 있는 해외 명품브랜드의 업태를 분류하여 각각 다른 수입 판매 에이전시에서 관리하는 것으로 예를 들어, 독일의 명품브랜드인 에스까다의 경우 대부분의 백화점 매장은 신세계 인터내셔날에서 관할하고 있지만 면세점에 입점해 있는 매장은 B&F 수입에이전트에서 따로 관리하고 있으며 Louis Vuitton Korea와 Laureal Korea의 경우도 각각 블루벨과 삼경 혹은 쏘메이와 같은 로컬 면세전문 에이전트에 면세점 운영을 위탁하고 있다.

셋째, 현지 법인 형태로 국내에 직진출해 있는 수입 기업이 가두점 및 백화점은 물론 면세점까지도 관리하는 방식이다. 구찌, 에르메스, 프라다 등의 브랜드가 있으며 이 경우 수입기업은 면세점 상품의 디스플레이는 물론 가격정책과 재고 처리 과정에도 일정 수준 관여를 한다.

면세점 입점 프로세스는 백화점과 크게 다르지 않으나 수입제품의 경우 면세점에서 직매입을 하는 이유로 상품력에 보다 세심한 요구를 하는 것이 일반적이며 소비자가 한국인 뿐만 아니라 일본, 중국인 등 국제적이므로 해외 시장에서의 현황도 주된 입점 조건의 하나이다. 또한 면세점은 관세청의 지도와 감독을 받는 곳이므로 상품관리가 매우 엄격하며 환율과 무역 등 로컬 시장에서 비교적 큰 영향력이 없는 분야에 전문성을 요하는 경우가 많다. 판매사원은 필수적으로 중국어가 가능하여야 하며 최근에는 조선족이 많이 채용되고 있으나 점점 인건비의 상승과 서비스 질의 문제가 수면 위로 떠오르고 있다. 과거에는 면세점 입점 후 로컬 시장으로 진출하는 것이 수입 브랜드의 일반적인 추세였지만 이제는 로컬 시장 내 브랜드 영향력을 따진 후 면세점에 입점 시키는 경우가 더 많기 때문에 브랜드의 인지도가 가장 큰 입점 조건으로 여겨지고 있다.

<표 4-9> 면세점 입점 절차

※ 브랜드 입점 절차

절 차	주요 내용
1. 브랜드 검토	- 브랜드 상품, 브랜드 인지도 영업 전개 현황 등 검토 - 매장 위치, 면적 등 검토 - 브랜드 상표권 확인
2. 브랜드 업체평가	- 공정한 협력사 평가 기준에 의거 거래의 안정성, 준법, 상품 공급력 등 평가 - 신용평가기관 평가결과 참고 - food, C&P상품의 경우 제조소에 대한 평가 ※ 거래안정성 평가 70점 以上시, 등록
3. 품평회 실시	※ 신규입점 브랜드 대상 선별적 실시 - 면세상품의 적합성 - 소비자 인기도 등
4. 거래조건 협의	- 계약 마진, 운송조건, 매장공사비 분담률, 인건비 분담, 재고 반송 기준 협의
5. 입점확정	- SRM內 브랜드 입점정보 등록 - 브랜드/VENDOR CODE 등록 - 계약체결 및 서면교부 ※ 전자계약 또는 계약날인

3) 전문점

전문점은 한정된 상품이나 다양한 종류의 상품을 취급하는 곳이며, 특별한 품목과 특수한 대상을 중심으로 운영되어지는 곳으로, 기업의 목표 달성을 위하여 독립된 브랜드와 업태가 하나의 공간 내에서 상호보완 역할을 하면서 기업의 이윤을 증대시키고 새로운 고객의 욕구를 충족시킬 수 있는 종합매장을 의미한다. 일반적으로 전문점은 취급상품에 관한 전문지식과 기술을 갖춘 판매사원에 의하여 경영되며, 품종의 선택, 고객의 기호, 유행의 변천 등 예민한 시대 감각으로 독특한 서비스를 제공함으로써 합리적 경영을 하는 곳으로 이해된다. 전문점의 일반적인 특징으로는 상품구성에 깊이가 있고, 표적 소비자 집단의 고관여 상품을 전문적으로 취급하며, 점포 운영의 목적이 상품 판매에 생기는 이익의 극대화보다는 고객의 삶의 질을 높이는데 중점을 두고 점포의 위치, 규모, 이미지 등이 고객의 라이프스타일에 따라 다르다는 것이다.

전문점은 명확한 컨셉을 가지고 패션리더 중심의 고객관리와 효율적인 경영으로 특정 제품만을 취급하는 전문점 뿐 만 아니라 특정 소비계층을 목표로 하는 전문점도 생겨나고 있으므로 표적시장의 쇼핑문화를 집중 공략함으로써 유통의 수요를 장악할 수 있는 강점을 가지고 있다. 그러나 우리나라에서의 대리점은 독특하게 자리잡은권리금과 여전히 세입자에게 불리한 임대조건 등으로 안정적인 사업을 하기가 쉽지 않은 업태이다. 해외 브랜드 사업자가 전문점을 오픈하기 위해서는 앞서의 이유로 적지 않은 초기 투자금이 필요한데 계약 기간이 충분히 보장되지 않는 상황에서 이런 규모의 투자는 당연히 드문 일이며 보통 직진출한 브랜드의 지사에서 실행하거나 대기업에서 해외 유명 브랜드를 독점 도입하는 경쟁에서 이기기 위해 계약조건으로 제시하여 실행하는 정도에서 전문점은 그 역할을 하고 있다.

나. ON-LINE

1) 수입 브랜드 온라인 유통 현황

수입 브랜드의 온라인 유통 현황은 상당히 다양하고 변화무쌍하게 전개되고 있다. 최근 몇 년간 글로벌 브랜드들이 온라인 쇼핑 플랫폼을 통해 더욱 쉽게 소비자와 연결되고 있는데 주요한 온라인 유통 현황을 몇 가지로 나눠보면 아래와 같다.

(1) 온라인 직구 및 해외 직배송

해외 브랜드들이 자사 웹사이트나 글로벌 온라인 쇼핑몰을 통해 직접 소비자에게 상품을 배송하는 방식으로 대표적으로는 아마존, 이베이, 알리바바, 그리고 최근에는 브랜드 자체의 온라인 스토어를 통해 직접 유통이 이루어지고 있다. 특히 미국, 유럽 브랜드들이 국내 소비자에게 직배송을 많이 진행하고 있다.

(2) 국내 온라인 쇼핑몰

쿠팡, G마켓, 11번가, 인터파크 등의 국내 주요 온라인 쇼핑몰들이 수입 브랜드의 상품을 많이 취급하고 있는데 이들 플랫폼에서는 다양한 수입 브랜드들이 입점하여 소비자들에게 판매되고 있다. 특히 카테고리별로 인기 있는 수입 브랜드들이 나누어져 소비자들의 쇼핑에 편의를 더하고 있다.

(3) 글로벌 E-commerce 플랫폼

글로벌 플랫폼인 아마존, 이베이, 알리익스프레스 등을 통해 해외 브랜드들이 직접 한국 시장에 진출하고 있다. 국내에서 해외 제품을 구매하려는 소비자들이 늘면서, 이러한 플랫폼의 중요성이 더욱 커지고 있다.

(4) 소셜미디어 및 인플루언서 마케팅

최근에는 인스타그램, 유튜브 등 소셜미디어를 활용한 마케팅도 매우 중요한 역할을 하고 있는데 해외 브랜드들이 한국의 인플루언서들과 협업하여 제품을 홍보하고, 소비자들이 손쉽게 온라인에서 해당 브랜드의 상품을 구매할 수 있게 유도하고 있다.

(5) TV 홈쇼핑

홈쇼핑에서 수입 브랜드의 비중은 최근 몇 년간 점차 증가하고 있다. 특히, 소비자들이 고유한 해외 브랜드나 다양한 제품을 집에서 편리하게 구매하려는 경향이 강해지면서, 홈쇼핑 채널에서 수입 브랜드의 중요성이 커지고 있다. 홈쇼핑에서 수입 브랜드가 차지하는 비중에 대해 구체적인 숫자는 홈쇼핑 기업에 따라 달라지지만, 일반적으로 다음과 같은 흐름을 보이고 있다.

① 프리미엄 수입 브랜드의 인기

프리미엄 및 고급 브랜드들이 홈쇼핑에 많이 등장하면서, 특히 유럽, 미국, 일본 등지에서 수입된 고급 소비재가 인기를 끌고 있다. 예를 들어, 뷰티, 패션, 가전 제품 등에서는 해외 유명 브랜드들이 자주 소개되고 있는데 홈쇼핑은 특히 해외의 인기 브랜드를 한정판이나 특가로 제공하는 경우가 많아 소비자들 사이에서 매력적인 쇼핑 채널로 인식되고 있다.

② 홈쇼핑의 글로벌화

홈쇼핑 채널들이 해외 브랜드와 협력하거나, 해외로부터 직접 수입해오는 형태로 글로벌 시장과의 연계를 강화하고 있다. 많은 홈쇼핑 회사들이 해외 유명 브랜드와 파트너십을 체결하여 해외 직배송 서비스를 제공하거나, 해외에서 인기 있는 제품들을 선보이고 있는데 최근 홈쇼핑은 온라인 쇼핑몰을 통해 소비자와 연결되는 경우가 많아지고 있다.

TV 홈쇼핑의 판매 수수료는 크게 정률 판매 수수료와 정액 판매 수수료로 구분된다. 정률 판매 수수료는 발생한 매출액의 일정 비율을 TV 홈쇼핑사가 가져가는 수수료 형태이며 정액 판매 수수료는 납품업자가 TV 홈쇼핑사에게 판매 실적과 상관없이 방송시간에 대해 일정 금액을 고정으로 지불하는 방식을 말한다. 언론에 보도된 자료에 의하면 TV 홈쇼핑에 판매되는 제품에 대한 평균 판매 수수료율은 2024년에 40%가 넘어가는 것으로 나타나 백화점 판매 수수료율보다 높다.

2) 수입 브랜드의 온라인 시장 전망

수입 브랜드의 온라인 시장 전망은 매우 밝고, 다양한 요소들이 이 성장을 뒷받침하고 있다고 볼 수 있다. 특히 글로벌화와 디지털화가 급속히 진행됨에 따라, 수입 브랜드는 국내 온라인 시장에서 점점 더 중요한 역할을 하게 될 것이다.

(1) 글로벌 브랜드의 온라인 진출 확대

수입 브랜드들이 더 많은 국가와 시장으로 온라인 유통망을 확장하고 있다. 특히 아시아 시장, 그 중에서도 한국은 수입 브랜드에게 중요한 시장으로 자리 잡고 있는데 해외 브랜드들은 자사의 공식 웹사이트뿐만 아니라, 국내 온라인 쇼핑몰과 글로벌 E-commerce 플랫폼(예: 아마존, 이베이, 알리익스프레스)을 통해 직접 소비자와 연결되고 있다. 직접 배송 및 글로벌 E-commerce 도 활성화되어 해외에서 직배송을 통한 유통이 늘어나면서, 수입 브랜드가 한국 내에서 소비자에게 더 직접적이고 빠르게 다가갈 수 있게 되었다. 한편, 일부 해외 브랜드들은 한국 소비자를 겨냥해 온라인 전용 제품이나 한정판을 출시하는 전략을 사용하고 있다.

(2) 소셜미디어와 인플루언서 마케팅의 강화

수입 브랜드는 소셜 미디어를 통한 마케팅과 인플루언서 협업을 더욱 강화하고 있다. 특히 인스타그램, 유튜브, 틱톡 등 비주얼 중심의 플랫폼에서 브랜드 인지도를 높이는 방식이 효과적으로 나타나고 있다. 현재 한국에서는 소셜 미디어와 온라인 쇼핑이 결합된 소셜 커머스가 활성화되고 있기 때문에, 수입 브랜드가 이를 통해 소비자에게 더 쉽게 접근할 수 있으며 라이브 방송을 통한 실시간 판매가 늘어나면서, 수입 브랜드들이 이러한 채널을 통해 소비자와 소통하고 제품을 판매하는 방식이 중요해지고 있다.

(3) 온라인 플랫폼을 통한 다양화된 판매 전략

수입 브랜드가 온라인 쇼핑몰 외에도 홈쇼핑과의 협업을 통해 유통 범위를 확장하는 추세이다. 특히 프리미엄 상품이나 인기 있는 해외 브랜드들이 홈쇼핑에서 판매되며, 이를 통해 더 많은 소비자들에게 접근하고 있는데 쿠팡, G마켓, 11번가와 같은 주요 한국 온라인 쇼핑몰뿐만 아니라, 해외 브랜드들이 아마존, 이베이 등의 마켓 플레이스를 통해 한국 시장에 직접 진출하는 사례도 늘고 있다.

(4) 국내 소비자의 해외 브랜드에 대한 수요 증가

최근 몇 년 동안 국내 소비자들이 해외 브랜드에 대한 선호가 높아지고 있습니다. 특히 해외 패션, 뷰티, 가전 제품 등에서 많은 수입 브랜드가 인기를 끌고 있으며, 이는 온라인을 통해 쉽게 구매할 수 있다는 점에서 더욱 두드러진다. 프리미엄과 고급 소비재를 선호하는 소비자들이 증가하면서, 고급 해외 브랜드들의 온라인 수요가 더욱 커지고 있으며 한국의 온라인 쇼핑 시장이 빠르게 성장함에 따라, 수입 브랜드는 이 채널을 통해 더욱 많은 소비자에게 다가갈 수 있는 기회를 얻고 있다.

(5) 테크놀로지와 혁신의 영향

AI와 빅데이터 기술을 활용한 맞춤형 마케팅과 추천 시스템이 수입 브랜드의 온라인 판매에 중요한 영향을 미치고있다. 소비자의 취향에 맞는 맞춤형 광고와 프로모션을 제공할 수 있어, 더 많은 소비자들에게 노출될 수 있으며 특히 패션과 뷰티 산업에서, 수입 브랜드들이 AR이나 VR을 활용하여 소비자에게 더욱 직관적인 쇼핑 경험을 제공하는 방식이 확산될 것으로 예상된다. 예를 들어, 가상으로 옷을 입어보거나 화장품을 테스트할 수 있는 기능이 늘어나는 것이다..

4. 재고, 상품 구색 관리

가. 재고관리

재고란 상품이 가치를 가지고 있으며 판매자가 판매를 위해 창고에 보관하고 있거나 매장에서 아직 팔리지 않은 상품까지를 포함한다. 재고관리는 적정수준의 재고를 유지하여 기업의 손실을 줄이고 이윤을 극대화 시키는 것, 소비자에게 최대의 서비스나 재화를 제공하는 것이 목적이라고 할 수 있다. 그러므로 재고관리란 기업의 이익과 손실을 좌우하는 중요한 요소라고 할 수 있다. 그렇기 때문에 적절한 상품 재고 보유량을 가지기 위해서는 적절한 재고수준을 결정하는 것이 중요하다.

재고관리의 종류로는 QRS(Quick Response System), CPFR(Collaborative Planning, Forecasting and Replenishment), RFID(Radio Frenquency Identification), ABC분석 등이 있다.

1) QRS(Quick Response System)

QRS, 즉 신속반응시스템이란 소비자의 반응을 통해 잘 팔릴 수 있는 상품을 먼저 확인 한 뒤에 생산하는 것으로 제품생산에 필요한 리드타임(lead time)을 줄여 소비자에게 공급하기까지 제조업체와 유통업체간의 유기적인 관리 시스템이라고 할 수 있다. QR 시스템은 상품의 제조와 유통체인을 효율적으로 운영할 수 있어 관리가 용이하고 리드타임을 단축시키는 효과를 가지고 있다. QR시스템과 관련된 정보기술로는 EDI와 POS, EOS 등을 들 수 있다.

<표4-9> QR 시스템 도입 이전과 이후 비교

	QR 이전	QR 이후
섬유공장	3개월 공정시간 소요 높은 재고 임시적 판매에 대한 생산	정확한 판매 예측(CAD, EDI 사용) 신속한 견본 제작력 단시간 제직과 가공 완성 적시 배달(Just In Time Delivery)
어페럴 제조업	비교효율직인 고 원가 오퍼레이션 제한적인 원단제조와 대량주문 요구 높은 재고 많은 소요공정시간 소요	시즌직전 판매 예측 재주문 능력 향상 EDI(신속배달 / 유연한 생산) 배달시간 정확 품질 보증 공급자/소매자 협력
소매점	높은 마크다운 높은 재고 상품의 품절	시즌직전 판매 예측 EDI 통한 재주문 능력 향상 재 주문 시 현금결재도 높음 신뢰할 공급자를 통한 매장 판매대에 신속한 배달

(1) EDI (electronic data interchange)

EDI는 전자 문서 교환 시스템이다. 이것은 기업 간의 거래 내용이나 업무 관련 정보를 전자 문서 형태로 컴퓨터 통신망을 통해서 연결하는 시스템이다. 유통경로를 구성하고 있는 구성원 간에 커뮤니케이션 경로를 활성화시켜서 문서가 왔다 갔다 하는 경비를 줄이고 인건비를 절감하며 거래 시간을 단축하여 재고를 감소시키며, 정확한 관리로 운송비를 절감하고 상품의 구색을 갖추고 품절을 방지하여 고객 서비스를 높일 목적으로 EDI 시스템을 활용하고 있는 것이다. 이러한 배경으로 실현된 EDI시스템은 경로 구성원 간의 커뮤니케이션을 활성화시킴으로써 문서처리 비용 절감과, 거래시간 단축으로 인한 재고감소, 정확한 관리에 따른 운송비용 절감, 효과적인 상품구색을 통한 소비자 만족을 실현할 수 있게 되었다.

또한 기존 경쟁자에 대해 차별화가 가능하고 새로운 경쟁자에 대해서는 진입장벽 구축의 효과를 가져다 준다. 즉, EDI시스템은 경로구성원들을 시스템으로 통합하기 때문에 이러한 시스템의 구축 자체가 전략적 무기가 되는 것이다. 그러나 실제적으로 EDI 시스템이 구축되기 어려운 점은 공급사와 유통업자와의 각기 표방하는 정책이 다르고 브랜드 전략이 다르므로 상호간 굳건한 신뢰가 바탕이 되지 않으면 많은 장점에도 불구하고 이행되기가 쉽지 않은 점은 현실적 문제이다.

EDI 시스템의 도입으로 성공한 사례는 제조형 SPA인 자라(Zara)를 예를 들 수 있다. 처음 자라가 패스트패션을 지향하면서 빠른 매장 내 구색변화를 시도 하였을 때 많은 전문가들이 다품종 소량생산과 빈번한 운반비에 대한 손익악화로 지속되기 어려운 업태로 판단 하였으나 매장의 다점포화를 통해 다품종 소량생산의 생산단가 상승을 막고 철저한 EDI시스템의 도입으로 다점포상에서의 고객의 욕구를 빠르고 정확하게 상품기획에 전달함으로서 커다란 성공을 거두고 있다.

<그림 4-10> EDI 프로세스

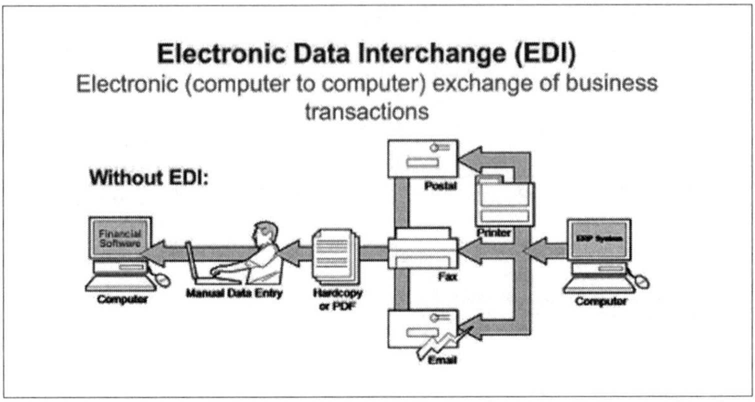

(2) POS(Point of sales)

POS(Point of Sals)는 판매시점 정보시스템으로 광학식 자동판독기 방식의 금전 등록기에 의해서 단위별로 수집된 판매정보와 상품 구입과 운송 등의 단계에서 발생하는 각종 정보를 컴퓨터를 이용하여 전달하는 시스템을 의미하는 것으로 점포나 매장에서 활용되고 있다.

이것은 상품을 판매하는 시점에서 상품에 관련된 모든 정보를 신속하고 정확하게 컴퓨터로 수집하여 집계하고 분석하여 발주, 매입, 배송, 재고관리 등에 필요한 정보를 필요한 시점에 언제든지 사용할 수 있도록 제공하는 경영활동에 이용되는 시스템이다.

① POS시스템의 특징

국내의 제조 및 유통업체 대부분은 회사마다 각 사가 개발한 나름대로의 체계를 가지고 있는 경우가 대부분이다. 브랜드명, 사이즈, 칼라, 제품고유번호, 생산년도 등 회사마다 독자적인 표기형식으로 각자 다른 태그를 생산하여 동일한 상품에 부착하고 있다.

백화점에서 나란히 위치한 두 개의 매장의 동일한 상품의 경우에도 태그에 표시된 바코드는 완전히 순서나 체계의 표기 방식이 다른 것이 현실이다. 이런 유통정보가 통일되어 같은 상품간에 회사간, 산업간의 중복도 피할 수 있고 효율성을 도모할 수가 있으므로 유통 정보화의 가장 첫걸음은 이 바코드 체계의 통일에서부터 출발한다.

② EOS(Electronic ordering system)

EOS란 발주 단말기를 사용하여 발주 데이터를 발주하는 공장의 컴퓨터로 전송됨으로써, 발주처에서 납품/매입 전표를 발행하여 납품하는 발주방식으로, 체인점 네트워크 시스템, 도매 제조업이 소매점에 단말기를 대여하는 네트워크 시스템, 공동 이용형 등 3가지로 구분할 수 있다.

③ RFID(Radio Frequency Identification)

무선전파(RF)를 이용한 식별 장치로 근거리 무선기술을 이용하여 원격으로 감지 및 인식을 통한 정보교환을 가능하게 하는 기술로 하드웨어의 리더와 태그가 서로 전파를 교류하여 상품에 태그를 부착했을 때 각각의 상품 재고를 편리하게 파악 할 수 있는 장치이다. 미국 아칸소 대학에서 발표한 프로젝트에 의하면 이 RFID를 사용하여 재고관리를 할 경우 재고의 정확성이 27%개선되며, 상품을 식별하고 수량을 파악히는데 걸리는 시간이 바코드와 비교했을때 96%나 적게 걸리는 것으로 나타났다. 유통업체들이 막대한 시간을 투자하여 재고를 파악하는데 재고 파악을 부정확하게 하였을 경우 판매 손실을 초래하기 쉽지만 RFID를 이용할 경우 보다 효율적으로 개선할 수 있다. 재고관리 외에 분실된 상품을 추적하는 데에도 용이하게 쓰여 보안 문제에도 효율적이다. RFID 도입효과는 도입 후 운영 첫해에 도입비용의 대부분을 회수하게 되며 시간/비용적 측면 뿐 아니라 납기 준수율의 증가, 재고감축, 장기재고 감소, 안전재고 감소 및 적정생산유지, 초과생산 및 재고 부족 방지의 정성적인 효과 등이 있다.

<표 4-10> RFID 목적

구분	세부내용
전략적 측면	비즈니스 모텔의 구체와 및 프로세스 정의의 중요성 단계적인 확산전략의 필요성 / 경제성분석의 중요성
기술적 측면	이벤트 대량발생 / 국제표준화 필요성 기업 간 데이터 공유 표준 인터페이스 / 장비선정 / 테스트 환경
운영적 측면	프로젝트 계획 및 사전 준비의 중요성 기존 자료의 업데이트와 변화관리 중요성

나. 상품 구색관리

1) ABC분석

통계적 방법에 의해 관리대상을 A, B, C 그룹으로 나누고, 먼저 A그룹을 최중점 관리대상으로 선정하여 관리노력을 집중함으로써 관리효과를 높이려는 분석방법이다. ABC 분석은 Dickie란 사람이 1951년 파레토법칙을 재고관리에 적용하여 붙인 용어이다. 그 원류가 된 것은 1897년 이탈리아의 경제학자 Pareto가 개인소득의 분포상태를 조사하여 국가소득의 대부분이 소수의 상위자와 다수의 중·상위자에 의해 점유되어 있다고 한 소위「파레토 법칙」이다. 이 법칙에서 상용한 분석법을「파레토 분석」이라고 하며, 이것을 오늘날에는「ABC 분석」이라고 부르고 있다. 파레토 이후 로렌쯔(Lorenz), 쥬란(Juran), 딕키(Dickey) 등 많은 학자들을 거쳐 오늘날에는 재고관리, 생산관리, 마케팅 등에 폭넓게 사용되고 있다. ABC 분석은 모든 재고가 동일한 가치를 가지는 것은 아니며, 따라서 기업이윤에 미치는 영향을 고려하여 재고를 차별적으로 관리하는 것이 필요하다는 사상을 기반으로 하고 있다.

재고와 관련해서는 먼저 재고를 보관할 창고의 개수와 입지를 결정해야 한다. 이것은 창고를 어디에, 그리고 몇 개를 설치할 것인가에 관한 문제이다. 그런데 이러한 문제는 기업마다 각기 상이한 전략적, 전술적인 문제를 가지고 있기 때문에 일반화 시키기에는 상당히 복잡한 요인이 존재하고 있다. 그래서 이러한 문제는 이미 결정된 것으로 보고, 이들 재고지점에 어떠한 제품을 재고로 보유할 것이지를 결정해야 한다. 공장창고, 지방창고, 배송센타 등의 여러 재고지점에 모든 제품을 재고로 보유한다는 것은 여간 비경제적인 일이 아닐 것이다. 그래서 보통은 적절한 분류기준에 의해 전제품을 몇 개의 그룹으로 분류하고, 각 그룹마다 재고지점을 결정하는 방법을 이용한다. 이 분류방법이 바로 ABC 분석이다.

이 방법에 의해 옷을 A 그룹/B 그룹/C 그룹으로 분류하는데, 예를 들면 A 그룹은 배송센타에, B 그룹은 지방창고에, C 그룹은 공장창고에 배치하는 방법이다. 예를 들면, 생산관리에서는 단위당 가격에 의해서 분류를 하는데, 소형이면서 가격이 높은 것을 A 그룹, 가격이 낮으면서 무겁거나 부피가 많은 것을 C 그룹으로 분류한다. 그리고 마케팅에서는 상품회전율을 기준으로 하여 회전율이 높은 것을 A 그룹으로 하기도 한다.

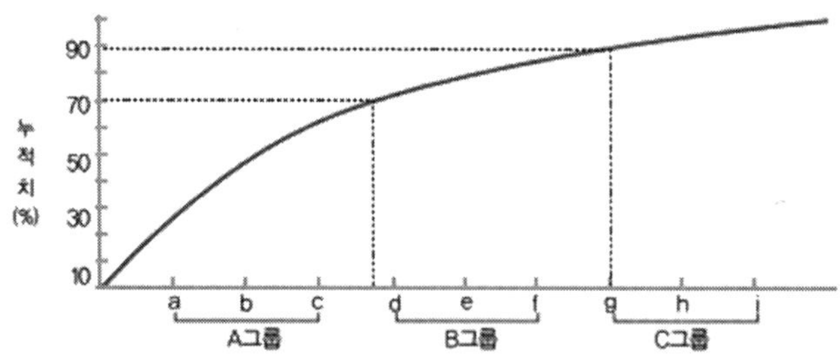

<그림 4-11> ABC 분석 예시

ABC 분석을 고객(거래처)관리를 예로 들면, 다음의 순서로 이루어진다.

첫째, 매출액이 많은 순으로 정리한다.

둘째, 총매출액을 100%로 하여 고객별 백분비를 산출한다.

셋째, 그 누적 구성비율을 상위의 고객부터 순서대로 누적해 간다.

넷째, 그래프의 세로에 매출액 점유비의 누적치를, 가로축에 고객을 기입하고 고객별 누적구성비를 표시해 간다.

다섯 번째, 세로축의 70%와 90%의 누적치 해당점에서 가로선을 긋고, 그래프의 선과의 교차점에서 수직선을 긋는다.

이때 누적구성비율 70%까지를 A 그룹, 90%까지를 B 그룹, 그 이상을 C 그룹으로 분류하고, 먼저 A 그룹을 고객관리의 최중점목표로 하여 대책을 강구한 다음, B, C 그룹으로 옮겨 간다. 각 그룹별에 대한 대책은 다음과 같다.

A 그룹은 고객당 매출이 크므로 중점고객으로서 앞으로도 계속 육성해 나간다.

B 그룹은 고객별로 장차 A그룹으로의 승급가능성을 분석하여 어프로치의 집중화를 추진한다.

C 그룹은 유망한 고객을 제외하고는 거래를 유보하거나 거래중지를 고려한다.

이러한 분석방법은 재고관리·품질관리나 매장의 상품관리 등 많은 분야에 이용된다. 한편, 매장 구색관리에 사용 시에는 단순하게 매출의 크기로만 상품을 구분하여 별도 관리를 하는 것을 파레토 분석이라 하고 여기에 진열면적을 감안하는 것을 따로 ABC분석이라 구분하기도 한다

5. 인적관리

가. 인적관리의 개념

인적판매는 마케팅 믹스 4P 중 촉진의 한 부분으로 판매원이 고객과 직접 대면하여 제품이나 서비스의 판매를 목적으로 시행하는 판매 프리젠테이션 또는 대화 등의 개인적 커뮤니케이션을 말하며 흔히 이들을 영업사원, 신용 판매사원, 세일즈맨, 매장 판매사원이라 부르고 있다. 고객과의 장기적인 관계를 설계하고, 협력적인 관계를 증진시키는 고객과의 관계지향성, 1 : 1커뮤니케이션이 강조되는 관계 마케팅의 관점에서 인적판매는 기업의 다른 수단들과 연결 관계를 가지며 중요하게 평가되고 있다.

변화와 유행에 민감하며 제품주기가 짧고 신상품의 출시가 잦은 상품의 경우 새로운 상품에 대한 정보를 제공하는 판매원을 이용한 인적판매가 가장 효과적인 촉진수단이다.

나. 인적자원의 기본 요건

(1) 바이어

바이어는 소매 머천다이저(retail merchandiser)로서 제품을 제조해서 판매하는 사람이 아니라 제조된 것을 자사 유통망에 맞게 구매하여 되파는 사람들을 말한다. 따라서 주로 유통업체에서 근무하는 전문가들을 의미하지만 반드시 유통업체에서만 바이어란 직종이 있는 것도 아니다. 사실 국내 유통시장 환경에서는 백화점에서 말하는 바이어는 실질적으로 상품과는 직접적인 상관이 없는 매장 임대 관리자라고 보는 것이 정확한 표현이다. 많은 경험이 필요한 바이어를 뽑음에 있어 아직도 국내 기업 특히 수입 브랜드를 취급하는 회사의 경우 외국어 실력 만을 기준으로 할 만큼 국내에서 유능한 바이어를 구하기는 쉬운 일이 아니다.

여러 문제가 있겠으나 그 동안 우리나라 수입산업의 중추 역할을 해온 백화점 시스템이 사입이 아니라는 것과 아울러 관련 교육기관에서도 육성시스템은 고사하고 기본적인 바잉 교재 하나 없이 어설픈 상품기획 부문만 교육한 나머지 전문 바이어 육성이 매우 어려웠기 때문이라고 사료된다.

(2) VMD

VMD는 visual merchandising의 약자이다. visual(시각화)+ merchandising(상품기획) 즉 상품기획을 시각화하는 것으로 전시와 연출을 통해 상품을 보기 쉽고, 선택하기 쉽고, 사기쉽게 분류, 연출하는 '종합시각표현기술체계'이다. 사업의 크기나 특징에 따라 다르겠지만 이러한 VMD작업을 담당하는 인력은 소규모 사업이라면 영업담당이 매장 직원들과 협력하여 시행하는 것이 보통이며 사업규모가 제법 크거나 본사의 전문적 지시사항이 있을 경우는 전문 인력을 채용하거나 전문 기업을 아웃소싱 하기노 한다.

(3) 기획 MD

기획 MD는 제조 머천다이저(manufacture merchandiser) 역할 중 핵심적 위치에있는 사람이라고 할 수있다.의 실무자 직무는 회사의 전체 매출 규모와 물량 결정, 품목과 스타일기획, 원부자재 발주와 관리 등 상품기획자로서의 역할을 해야 한다. 기획 MD의 직무 측면에서 매출 증대 방향은 해당 브랜드와 제품의 이익 창출과 경쟁력 강화이다.

(4) 영업MD

유통에 관한 지식을 가지고 있으면서 사업부의 사업계획의 수립, 물량관리, 매출관리, 브랜드 홍보 판촉 등 브랜드 전반적인 사항을 관리하여 영업파트에서 원활한 업무를 수행할 수 있도록 지원하는 역할을 한다. 백화점, 면세점 등 국내 주요 유통기업에 입점 할 경우 담당 영업 직원과의 관계는 본사 바이어관계만큼 중요하고 만남이 빈번하다. 또한 매장 판매인력관리나 교육도 영업MD가 책임지는 경우가 많다. 고객 컴플레인 처리도 영업MD의 몫이다. 따라서 영업MD는 기능적인 능력도 중요하지만 대인관계에 능하고 희생적 리더십이 있는 자원을 필요로한다

(5) 판매사원

판매원의 역할은 소비자에게 제품을 제안하고 점포시설을 잘 관리하여 이미지와 청결도를 높이고 소비자의 의사를 본사에 전달하는 것을 최우선으로 한다. 그러므로 판매사원이 매장에 잘 적응할 수 있도록 매장의 상품 내용이나 고객 분류, 기타 여러 가지 특성에 대해 자세

하게 숙지하도록 한다. 특히 잦은 대화를 통해 인간적이 유대관계를 형성하는 것도 자격요건이다. 한편, 면세점의 경우 해당 중국어 구사 능력이 필수적이다.

6. 손익관리

손익계산서는 기업이 일정기간 동안 이룩한 재정적 실적을 요약해 놓은 표로서 손익계산서 상의 여러 항목들은 그 자체 혹은 상호 비교를 통하여 유용한 정보를 제공한다. 일반적으로는 순이익계정까지가 손익계산서의 마지막 항목이지만 시한성이 높은 상품을 취급하는 패션기업에 있어 재고에 대한 감가상각비용을 적용하지 않으면 수치적으로는 이익을 내고 있는 듯 해 보이나 실제적으로는 엄청난 손실을 보고 있는 경우가 흔하므로 반드시 이월재고에 대한 감가상각비용을 계산해서 실질이익을 확인해야 한다. 또한 이러한 실질이익 계산은 재고를 보유하였다가 다음 시즌에 할인하는 것이 나은지, 바로 제3업자에게 넘기는 것이 나은지, 아니면 창고 운영비 등을 감안 멸각하는 것이 나은지에 대한 구체적인 수치적 자료를 제공해 줄 수 있다.

Income Statement
(손익계산서)

총매출액		1,800,000,000	1호점 영등포 신세계 기준
순매출액		1,620,000,000	할인율10%
제조원가		324,000,000	원가율20%
매출이익		1,296,000,000	
판관비	인건비	62,400,000	
	복리후생비	6,240,000	인건비10%
	프로모션	120,000,000	
	매장수수료	486,000,000	매장수수료30%
	물류비	5,200,000	
	기타비용	1,150,000	
영업이익		615,010,000	
영업 외 순익 손실			
경상이익		615,010,000	
법인세		61,501,000	경상이익10%
순이익		553,509,000	

초기 투자 금액

홈페이지 제작	5,000,000
애플리케이션 제작	30,000,000
패키지 제작	4,000,000

<그림 4-12> 손익계산서 예시

(1) 항목

① 총매출액(gross sales): 총매출액은 처음 설정한 제품별 판매가격에 판매수량을 곱한 값이다.

② 순매출액(net sales): 총매출액에서 반품과 할인 금액을 제한 값이다.

③ 공급원가(cost of supply): 상품원가와 수입 통관을 위한 각종 관세(수입품)

④ 매출이익(sales profit): 순매출액 – 공급원가

마. 판매관리비(cost of selling and management): 사업 운영상 들어가

는 비용을 말하며 판매비와 관리비로 분류된다. 판매비는 판매와 직결되는 비용으로서 판매사원 인건비와 매장 수수료, 운송비 등이 포함되고 관리비는 판매와는 직접적인 상관없이 소요되는 비용으로서 월임차료, 수도, 광열비, 일반직 급여 등이 여기에 해당된다.

⑤ 감가상각비(減價償却, Depreciation): 관리비의 일종으로 시간의 흐름에 따른 자산의 가치 감소를 회계에 반영하는 것이다. 경제학적으로는 자산의 가치 감소를 의미하나, 회계학의 관점에서 감가상각이란 취득한 자산의 원가를 자산의 사용기간에 걸쳐 비용으로 배분하는 과정(allocation)을 의미한다. 건물, 기계등 유형 자산이 감가 대상이나 토지나 건설 중인 건물은 고려하지 않는다. 특히 유통업 쪽에서의 감가 처리 방식은 보통 정액법과 정률법을 택하는데 정액법은 회계연도마다 같은 금액만큼 감가상각비를 계상하는 방법이고 정률법은 회계기간에 따라 다르게 감가 금액을 산정하는 방식으로 예를 들면 백화점에 입점하는 의류매장의 영업기간을 평균 3년이라 가정할 때 총 공사비용을 매장 오픈 첫 해에 50% 다음 해에 30% 3년 차에 20%를 적용시켜 4년 차에는 새롭게 공사를 하지 않는 한 감가상각비용이 없어지는 것으로 계산하는 방식이다.

매장이나 재고의 감가상각의 경우 가치가 초기에 급격히 하락하고 차후 시간이 가면서 점차 치 하락 폭이 주는 것을 감안 할 때 정률법이 보다 논리적인 계산법이라 할 수 있다.

⑥ 영업이익(operating profit): 매출이익 – 판매관리비

⑦ 영업외 손익(incidental profit and loss): 영업외 수익은 영업과는

직접적인 관련 없는 활동으로 생긴 이익을 말하며 예를 들면 유가증권 매매에 따른 차익의 발생이나 대여금의 이자발생이 대표적이며 반대로 영업외 손실은 은행에서 자금을 빌렸을 때 지불하는 지급 이자가 대표적으로 마찬가지로 영업활동과 직접적인 관련이 없는 비용이나 손실을 말한다.

⑧ 경상이익(ordinary income): 영업이익 – 영업 외 손익

⑨ 순이익(net profit): 경상이익 – 세금(법인세)

⑩ 실질이익(real profit): 순이익 – 재고가치 하락 비용

Part Ⅴ
사례 분석

1. 수입 패션 브랜드 도입 성공 및 실패사례

가. 성공사례

성공한 수입 브랜드는 한국 시장에서 높은 인지도와 매출 성과를 기록한 브랜드들로, 현지 시장의 소비 트렌드와 문화를 잘 반영한 사례들이 많다. 성공 사례들은 다양한 산업 분야에서 볼 수 있는데 아래는 한국에서 성공적으로 자리 잡은 주요 수입 브랜드 사례이다.

1) Apple (애플)

혁신적인 제품: Apple은 아이폰, 아이패드, MacBook 등 혁신적인 제품들을 통해 한국 시장에서 성공을 거두었다. 특히, 아이폰은 스마트폰 시장을 지배하며, Apple Store와 같은 오프라인 매장도 큰 인기를 끌고 있는데 Apple은 우선 프리미엄 브랜드로 자리 잡아, 고급스러운 디자인과 고유의 iOS 생태계를 제공하며 충성도 높은 팬층을 형성했다. 아이폰을 중심으로 한 Apple 제품들이 소프트웨어와 하드웨어의 최적화를 통해 사용자의 만족도를 높였고, 이는 소비자들이 반복적으로 Apple 제품을 구매하게 만들었다. 한편, Apple의 광고 캠페인은 매우 성공적이었으며, 특히 아이폰 출시와 같은 주요 이벤트에서 소비자들의 관심을 끌어모았다.

2) Nike (나이키)

Nike는 스포츠와 관련된 활동에서의 글로벌 브랜드 이미지가 매우 강력하며, 최고의 운동 선수들과의 협업을 통해 브랜드의 신뢰도를 높였다. 특히 축구, 농구와 같은 국내에서도 인기가 높은 스포츠에 중점을 두어 이미지 효과를 높였다. 한국인들의 운동에 대한 관심이 높아지고, 특히 헬스와 피트니스에 대한 트렌드가 증가하면서 Nike는 운동용 의류, 신발, 액세서리 등의 제품 확장을 통해 소비자들의 선호를 얻었으며 Nike는 온라인 쇼핑몰과 모바일 앱을 통해 소비자들에게 더 가까이 다가가며, 커스터마이징 서비스와 같은 혁신적인 서비스를 제공하였다.

유명 선수들(예: Michael Jordan, LeBron James)과 같은 세계적 스타 플레이어와 협업은 한국에서도 매우 잘 통했던 광고로 알려져있다.

3) Shiseido (시세이도)

Shiseido는 고품질 화장품을 중심으로 한국 시장에 진입했으며, 스킨케어와 메이크업 분야에서 큰 성공을 거두었다. 특히 스킨케어 제품은 기능성과 효능을 강조하며 한국 소비자들의 사랑을 받았는데 일본의 전통적인 뷰티 성분과 현대적인 과학 기술을 결합하여 소비자들에게 차별적인 신뢰를 얻는 것이 효과적이였으며 K-뷰티의 인기에 대응하여 프리미엄 시장을 타겟으로 한 마케팅 전략을 펼쳐 성공을 거두었다.

<그림 4-13> Shiseido (시세이도) 온라인 마케팅

4) Gucci (구찌)

럭셔리 브랜드 Gucci는 고유의 럭셔리 이미지를 바탕으로 한국 소비자들에게 인기를 끌었다. 특히 디지털 마케팅과 인플루언서 마케팅을 잘 활용하여 젊은 층을 타겟으로 성공적인 마케팅을 펼친 것이 다른 명품과 차별되는 강점을 가져왔다. Gucci의 시그니처 디자인인 GG 로고, 패턴 및 액세서리는 한국 소비자들 사이에서 트렌드 아이템으로 자리 잡았으며 특정 기간 동안 출시되는 한정판 제품과 유명 아티스트와의 협업 컬렉션은 소비자들 사이에서 큰 인기를 끌며 고급 브랜드로서의 입지를 더욱 강화하였다.

5) Tesla (테슬라)

테슬라는 친환경적 전기차와 기술 혁신을 바탕으로 한국에서 높은 인지도와 브랜드 충성도를 얻었다. 특히 스마트 기능과 자율 주행 기술은 한국 소비자들 사이에서 매우 큰 관심을 받았는데 Tesla Model 3와 Model S는 고급스러움과 성능을 동시에 제공하여 부유한 소비층을 타겟으로 큰 매출을 올리고 있다. 테슬라는 전기차 이상의 혁신적인 이미지를 가지고 있으며, 한국에서도 미래차의 상징으로 자리 잡았다.

6) L'Oréal (로레알)

L'Oréal은 프리미엄 브랜드와 대중 브랜드를 아우르며 한국 시장에 성공적으로 안착했다. L'Oréal Paris, Lancôme, Maybelline 등 다양한 브랜드를 통해 한국 소비자들에게 다양한 가격대와 제품을 제공하고 있는데 한국 여성의 피부에 맞춘 제품을 출시하고, K-뷰티의 인기를 반영한 마케팅 전략을 통해 많은 소비자를 확보하고 있다.

나. 실패사례

수입 브랜드들이 한국 시장에 진입하여 성공을 거두는 사례도 있지만, 반대로 실패한 사례가 훨씬 더 많다. 다만 성공사례에 비해 많이 알려지지 않았을 뿐이다. 실패한 브랜드들의 주요 원인으로는 시장 이해 부족, 문화적 차이, 마케팅 전략 미흡, 제품 경쟁력 부족 등이 있다.

1) Target (타겟)

미국의 대형 유통 브랜드인 타겟은 2006년에 한국에 진출했지만, 한국 시장에서는 예상보다 낮은 수요를 보였다. 타겟은 미국에서 인기 있는 저렴한 가격대와 편리한 쇼핑 환경을 내세웠지만, 한국 소비자들의 쇼핑 성향과 맞지 않았다. 타겟은 대형 매장을 운영하려 했으나, 한국의 쇼핑 환경에서는 대형 매장보다는 소형 매장이나 온라인 쇼핑의 선호도가 더 강했기 때문인 것이 일차적 원인이다. 또한 가격대와 상품 구성이 한국 소비자들에게는 비효율적이었고, 현지화된 상품 구성이 부족했기 때문에 소비자들의 구매를 유도하는 데 실패하였고 결국 타겟은 2015년 한국 시장에서 철수하게 되었다.

2) Home Depot (홈디포)

미국의 대형 건축 자재 및 홈 인테리어 유통업체인 홈디포는 1999년에 한국에 진출했지만, 한국 시장에서는 예상보다 낮은 성과를 보였다. 한국 소비자들이 DIY (Do It Yourself) 문화에 익숙하지 않았고, 전문 시공 서비스에 대한 수요가 높았기 때문에 홈디포의 DIY 중심 비즈니스 모델은 적합하지 않았기 때문이다. 미국식 매장 운영과 고객 서비스가 한국 소비자들에게는 다소 불편하고 어색하게 느껴졌으며 또한, 홈디포의 가격이 경쟁 브랜드보다 매력적이지 않아 소비자들이 접근하기 어려웠다. 홈디포는 2001년에 한국 시장에서 철수하게 되었으며, 한국 내 매장들은 결국 다른 브랜드로 인수되었다.

3) Tesco (테스코) - Homeplus

테스코는 1999년에 한국에 진출하여 Homeplus라는 브랜드로 운영되었으며, 초기에는 괄목할 만한 성과를 올렸다. 그러나 시간이 지나면서 한국의 대형 마트 시장에서 로컬 브랜드인 이마트, 롯데마트, 홈플러스와의 경쟁에서 밀리게 되었는데 테스코는 영국식 유통 모델을 고수하면서 한국 소비자들의 지역 특성을 잘 반영하지 못했고 특히, 가격 경쟁력과 로컬화된 상품이 부족했기 때문에 점차 고객들이 떠났다. 한편, 테스코는 홈플러스에 대한 투자 확대와 마케팅 활동이 부족했으며, 경영진의 잦은 교체와 그에 따른 전략 변화로 인해 지속적인 경쟁력을 유지하지 못한 것이 주된 실패 원인으로 꼽힌다. 2015년, 테스코는 Homeplus의 지분을 사모펀드에 매각하며 사실상 한국 시장에서 철수하게 되었다.

4) Burger King (버거킹)

버거킹은 1980년대와 1990년대에 한국에 진출했지만, 국내에서 맥도날드와 롯데리아와의 치열한 경쟁 속에서 차별화된 경쟁력을 제공하지 못했다. 특히, 버거킹의 메뉴가 전반적으로 한국인의 입맛에 맞지 않아 소비자들의 선택을 받지 못했다는데 일차적인 원인이 있다. 버거킹은 여러 차례 매장 철수 및 매장 수 감소를 겪었고, 결국 일부 매장은 다시 문을 닫는 등의 부신을 겪었는데 결국 1997년, 한국 시장에서 버거킹은 사업을 중단했으며, 그 후 2003년에 재진입했으나 여전히 시장 점유율에서 어려움을 겪고 있다.

5) Sephora (세포라)

세포라는 글로벌 화장품 매장 체인으로, 다양한 브랜드를 취급하는 멀티 브랜드 매장이다. 그러나 한국의 뷰티 시장은 이미 K-뷰티의 경쟁력 있는 브랜드들이 차지하고 있어, 세포라는 그들과의 경쟁에서 어려움을 겪었는데 세포라는 프리미엄 뷰티 시장을 타겟으로 했지만, 한국 소비자들은 합리적인 가격대의 고품질 제품을 선호하는 경향이 있어 세포라의 가격대와 맞지 않았다. 또한 세포라는 한국 소비자들에게 맞는 브랜드 로컬화가 부족했으며, K-뷰티 브랜드들이 이미 시장에서 강한 입지를 확보하고 있어 차별적 우위를 가져가기 어려웠다. 그 결과 2013년, 세포라는 한국 시장에서 철수하였고, 온라인 쇼핑몰에만 일부 남아있다.

<그림 4-14> Sephora 국내 매장

6) PepsiCo (펩시코)

펩시코는 코카콜라와의 국내 경쟁에서 큰 어려움을 겪고있다. 펩시콜라는 코카콜라에 비해 브랜드 인지도가 부족하고, 시장 점유율에서 지속적으로 밀리는 중이다. 펩시는 광고와 마케팅에서 상대적으로 약했고, 코카콜라의 강력한 마케팅 캠페인과 사회적 이미지 구축에 밀리며 사업 초기부터 시장에서 큰 성과를 얻지 못했다. 롯데칠성과 독점계약을 맺고 있으나 칠성사이다를 주종목으로 하는 롯데칠성의 입장에서는 펩시콜라가 식인효과를 내기 때문에 적극적으로 마케팅을 하기가 어려웠을 것이다. 즉 사업 파트너 선정에 처음부터 문제가 있었다고 여겨진다. 펩시코는 한국에서 시장 점유율을 확대하지 못하고 제품 판매에 어려움을 겪으면서, 점차적으로 한국 시장에서 시장 점유율이 축소되고있다.

Part Ⅵ
부록

1. 설문지 사례

안녕하십니까?

본 설문지는 일반적인 프리미엄 진에 대한 귀하의 평소 생각 및 구매 행동에 관한 내용입니다. 각 질문에는 옳고 그른 답이 없으니 평소에 생각하시던 대로 한문항도 빠짐없이 대답해주시면 감사하겠습니다. 여러분 한 분 한 분의 솔직한 응답은 매우 소중하게 다루어 질 것이며, 익명으로 통계처리에만 사용될 것이므로, 안심하고 솔직하게 답변해주시면 감사하겠습니다. 설문에 응해주셔서 감사드립니다.

Ⅰ. 다음은 귀하의 프리미엄 진에 대한 생각에 관해 물어보는 질문입니다. 각 항문을 읽고 체크하시거나 답해주세요.

1. 다음은 귀하께서 프리미엄 진에 대해 얼마나 알고 계신가에 관한 질문입니다. 각 항 문을 읽고 체크하세요.

프리미엄 진(Premium Jean)이란 고가격의 청바지 브랜드를 의미하며, 대부분의 프리미엄 진 브랜드는 미국과 유럽에서 100% 직수입된 브랜드입니다.

문항	① 전혀 그렇지 않다	② 그렇지 않다	③ 보통이다	④ 그렇다	⑤ 매우 그렇다
나는 프리미엄 진에 대해 잘 알고 있다.					
나는 다른 소비자에 비해 프리미엄 진에 대한 지식이 많다.					
나는 프리미엄 진을 좋아한다.					
나는 프리미엄 진을 앞으로 구매할 의향이 있다.					

2. 귀하께서는 프리미엄 진하면 가장 먼저 떠오르는 브랜드가 어느 브랜드 입니까?

3. 귀하께서 알고 계신 프리미엄 진 브랜드의 청바지 가격대는 얼마 정도 입니까?

ㅁ ① 15만원 미만	ㅁ ② 15만원 이상 - 20만원 미만
ㅁ ③ 20만원 이상 - 25만원 미만	ㅁ ④ 25만원 이상 - 30만원 미만
ㅁ ⑤ 30만원 이상 - 35만원 미만	ㅁ ⑥ 35만원 이상 - 40만원 미만
ㅁ ⑦ 40만원 이상	

4. 다음에 나열된 프리미엄 진 브랜드 중에서 귀하께서 알고 계신 브랜드의 해당번호에 모두 체크하십시오. (3번 문항의 브랜드와 중복 가능합니다.)

1. 세븐진 (Seven for all mankind)		2. 조스 진 (Joe's Jeans)		3. 허드슨 (Hudson)		4. 앤틱 데님 (Antic denim)	
5. 시티즌 진 (Citizens of Humanity)		6. 조이 (Joie)		7. AG 진 (AG Jeans)		8. 태그 진 (Tag & jeans)	
9. 블루 컬트 (Blue cult)		10.페이지 데님 (Paige denim)		11. 디젤 (Diesel)		12. 트루 릴리젼 (True Religion)	
13. 하비추얼 (Habitual)		14. 페이퍼데님 (Paper denim)		15. 칩 앤 패퍼 (Chip & Pepper)		16. 프랭키 비 (Frankie B)	
17. 락 앤 리퍼블릭 (Rock & Republic)		18. 리플레이 (Replay)		19. 제임즈 진 (James Jeans)		20. 미스 식스티 (Miss Sixty)	
21. 에너지(Energie)		22. 파라스코 진 (Parasuco Jean)		23. 얼진 (Earl jean)		25. 야눅 (Yanuk)	
26. 제이 브랜드 (J-Brand)		기타(구체적인 브랜드명을 적어주세요)					

5. 위의 나열된 프리미엄 진 브랜드 중에서 귀하께서 좋아하시는 브랜드를 3위까지 순서대로 번호를 적어주세요.

1 순위: 2 순위: 3 순위:

6. 귀하께서는 프리미엄 진에 관한 정보를 주로 어디에서 얻으십니까? (중복응답 가능)

□ ① TV □ ② 잡지 및 신문
□ ③ 매장 □ ④ 인터넷
□ ⑤ 홈쇼핑 □ ⑥ 판매원
□ ⑦ 주변 사람의 경험과 조언 □ ⑧ 과거 구매경험
□ ⑨ 연예인 □ ⑩ 거리 타인의 옷차림
□ ⑪ 기타

Ⅱ. 다음은 귀하의 프리미엄 진에 대한 구매행동에 관해 물어보는 질문입니다. 각 항문을 읽고 체크하시거나 답해 주세요.

1. 귀하께서는 프리미엄 진을 구매하신 경험이 있으십니까?

□ ① 예 □ ② 아니오(7번 문항으로 가셔서 풀어주세요)

2. 귀하께서는 프리미엄 진을 총 몇 벌 정도 소유하고 계십니까?

□ ① 1벌 □ ② 2-3벌 □ ③ 4-5벌 □ ④ 5벌
□ ⑤ 7벌 이상

3. 귀하께서 프리미엄 진을 구매하신 경험이 있으시다면, 그 브랜드를 모두 적어주십시오.

( )

4. 귀하께서 프리미엄 진을 구매하시고 가장 만족했던 브랜드는 무엇입니까? (브랜드 하나만 적어주시고 그 이유도 구체적으로 적어주세요)

( )

5. 귀하께서는 프리미엄 진을 주로 어디에서 구매하셨습니까? (중복응답 가능)

- ㅁ ① 백화점 (예: 현대, 롯데, 신세계 백화점 등)
- ㅁ ② 전문점 (예: 거리에 있는 유명상표 편집매장, 유명상표의 대리점, 유명디자이너의 개인매장)
- ㅁ ③ 도매상가 (예:남대문 시장, 밀리오레, 거평프레아, 두산타워 등)
- ㅁ ④ 동네 양품점 또는 보세가게 (예: 대학가나 동네주변의 상점, 이태원의 보세 가게 등)
- ㅁ ⑤ 할인점 (예: 상설할인매장, 할인 백화점 등)
- ㅁ ⑥ 인터넷 종합 쇼핑몰 (예: 롯데닷컴, 신세계몰 등)
- ㅁ ⑦ 인터넷 해외 구매대행 쇼핑몰 (예: 위즈위드, 엔조이 뉴욕 등)
- ㅁ ⑧ 그 외의 인터넷 쇼핑몰
- ㅁ ⑨ 해외에서 직접 구매
- ㅁ ⑩ 기타(구체적으로 적어주세요.)

6. 귀하께서 프리미엄 진을 구매하신 경험이 있으시다면, 구매하신 이유는 무엇입니까? (중복응답가능)

- ㅁ ① 품질이 좋은 것 같아서
- ㅁ ② 오래 입어도 모양이 변하지 않을 것 같아서
- ㅁ ③ 워싱(물빠짐)상태가 마음에 들어서
- ㅁ ④ 색상이 마음에 들어서
- ㅁ ⑤ 맞음새가 좋아서(사이즈)
- ㅁ ⑥ 스타일(디자인)이 마음에 들어서

□ ⑦ 이 상표가 유명해서
□ ⑧ 가격대가 괜찮아서
□ ⑨ 주변에서 입은 것을 보고
□ ⑩ 기타( )

7. 귀하께서 프리미엄 진을 구매하신 경험이 없다면 그 이유는 무엇입니까?
□ ① 품질이 안 좋아서
□ ② 가격이 비싸서
□ ③ 워싱(물빠짐)상태가 마음에 들지 않아서
□ ④ 색상이 마음에 안 들어서
□ ⑤ 맞음새가 좋지 않아서(사이즈
□ ⑥ 스타일(디자인)이 마음에 안 들어서
□ ⑦ 유행을 따르고 싶지 않아서
□ ⑧ 관심이 없어서
□ ⑨ 잘 몰라서
□ ⑩ 기타( )

8. 다음은 귀하께서 프리미엄 진을 구매하실 때 중요하게 고려하는 사항입니다. 해당사 항에 체크해주세요.

정도 제품평가기준	①전혀 그렇지 않다	② 그렇지 않다	③ 보통이다	④ 그렇다	⑤ 매우 그렇다
1. 디자인					
2. 워싱(washing, 물빠짐) 처리의 상태					
3. 맞음새(fitting 감)					

4. 소재(옷감)					
5. 봉제상태					
6. 나에게 어울림					
7. 브랜드명					
8. 광고					
9. 유행의 반영					
10. 품질					
11. 가격					
12. 제조 국가 (예: made in U.S.A 등)					

9. 위의 문항 중에서 프리미엄 진을 살 때, 가장 중요하게 생각하는 것을 순서대로 세가지만 번호로 적어주세요.

1 순위: 2 순위: 3 순위:

Ⅲ. 다음은 귀하의 쇼핑 성향 및 추구 가치에 관한 질문입니다. 각 문항을 읽고 체크하 세요.

정도 추구가치요인	① 전혀 그렇지 않다	② 그렇지 않다	③ 보통이다	④ 그렇다	⑤ 매우 그렇다
1. 값이 비싸도 프리미엄 진을 착용하면 달라 보인다.					
2. 프리미엄 진은 나의 품위를 드러낸다.					

3. 유명 브랜드 상품이어서 구입한다.					
4. 값이 비싸도 남과는 다른 걸 입고 싶어 구입한다.					
5. 다른 상품에 비해 미적으로 우수하기 때문에 구입한다.					
6. 디자인이 독특해서 구입한다.					
7. 유행에 맞는 디자인이기 때문에 구입한 다.					
8. 상품이 마음에 들면 가격에 상관없이 구매한다.					
9. 유명 브랜드 제품은 비싸더라도 품질이 고급이다.					
10. 프리미엄 진은 오래 입을 수 있어 비 싸도 구입한다.					
11. 싼 상품은 사기가 두렵다.					
12. 친구나 동료가 착용한 것을 보고 좋아서 구매하였다.					
13. 연예인이 착용한 걸 보고 구매하였다.					
14. 나는 단골을 정해놓고 물건을 구입 하는 편이다.					
15. 똑 같은 상표를 계속 구매하는 편이다.					
16. 마음에 드는 상품은 당장 필요가 없어 도 사둔다.					

Ⅳ. 다음은 Repaly에 대한 질문입니다. 각 항문을 읽고 체크하시거나 답해 주세요.

1. 귀하께서는 프리미엄 진 브랜드인 Replay를 알고 계십니까?

□ ① 매우 잘 알고 있다 □ ② 알고 있다
□ ③ 들어본 적 있다 □ ④ 거의 알지 못한다
□ ⑤ 전혀 모른다

2. Replay에 대하여 알고 계신다면, 어디에서 그 정보를 얻으셨습니까?

□ ① TV □ ② 잡지 및 신문
□ ③ 매장 □ ④ 인터넷
□ ⑤ 홈쇼핑 □ ⑥ 판매원
□ ⑦ 주변 사람의 경험과 조언 □ ⑧ 과거 구매경험
□ ⑨ 연예인 □ ⑩ 거리 타인의 옷차림
□ ⑪ 기타

3. 귀하께서는 Replay 브랜드에 대해 어느 정도 관심이 있습니까?

□ ① 전혀 관심없다 □ ② 거의 관심없다
□ ③ 그저 그렇다 □ ④ 약간 관심있다
□ ⑤ 매우 관심있다

4. Replay 브랜드에 대해 관심이 없다면, 그 이유는 무엇입니까?

( )

5. Replay 브랜드에서 청바지를 구매한 적 있으십니까?

□ ① 있다. □ ② 없다.(8번 문항으로 가셔서 풀어주세요)

6. Replay 브랜드에서 청바지를 구매한 적이 있으시다면, 어디에서 구매하셨습니까?

□ ① 백화점 (예: 현대, 롯데, 신세계 백화점 등)
□ ② 전문점 (예: 거리에 있는 유명상표 편집매장, 유명상표의 대리점,

유명디자이너의 개인매장)

□ ③ 도매상가 (예:남대문 시장, 밀리오레, 거평프레아, 두산타워 등)

□ ④ 동네 양품점 또는 보세가게 (예: 대학가나 동네주변의 상점, 이태원의 보세가게 등)

□ ⑤ 할인점 (예: 상설할인매장, 할인 백화점 등)

□ ⑥ 인터넷 종합 쇼핑몰 (예: 롯데닷컴, 신세계몰 등)

□ ⑦ 인터넷 해외 구매대행 쇼핑몰 (예: 위즈위드, 엔조이 뉴욕 등)

□ ⑧ 그 외의 인터넷 쇼핑몰

□ ⑨ 해외에서 직접 구매

□ ⑩ 기타(구체적으로 적어주세요.)

(   )

7. Replay 브랜드에서 청바지를 구매한 이유는 무엇입니까?

□ ① 품질이 좋은 것 같아서

□ ② 오래 입어도 모양이 변하지 않을 것 같아서

□ ③ 워싱(물빠짐)상태가 마음에 들어서

□ ④ 색상이 마음에 들어서

□ ⑤ 맞음새가 좋아서(사이즈)

□ ⑥ 스타일(디자인)이 마음에 들어서

□ ⑦ 이 상표가 유명해서

□ ⑧ 가격대가 괜찮아서

□ ⑨ 주변에서 입은 것을 보고

□ ⑩ 기타(   )

8. Replay 브랜드에서 청바지를 구매하지 않은 이유는 무엇입니까?

□ ① 품질이 안 좋아서

□ ② 가격이 비싸서

- □ ③ 워싱(물빠짐)상태가 마음에 들지 않아서
- □ ④ 색상이 마음에 안 들어서
- □ ⑤ 맞음새가 좋지 않아서(사이즈
- □ ⑥ 스타일(디자인)이 마음에 안 들어서
- □ ⑦ 유행을 따르고 싶지 않아서
- □ ⑧ 관심이 없어서
- □ ⑨ 잘 몰라서
- □ ⑩ 기타( )

9. Replay 브랜드의 청바지에 대한 적정가격은 어느 정도로 생각하십니까?

- □ ① 15만원 미만
- □ ② 15만원 이상 - 20만원 미만
- □ ③ 20만원 이상 - 25만원 미만
- □ ④ 25만원 이상 - 30만원 미만
- □ ⑤ 30만원 이상 - 35만원 미만
- □ ⑥ 35만원 이상 - 40만원 미만
- □ ⑦ 40만원 이상

10. Replay 브랜드의 이미지는 어떨 것이라고 생각하십니까?

정도 문항	①전혀 그렇지 않다	② 그렇지 않다	③ 보통이다	④ 그렇다	⑤ 매우 그렇다
편안한 이미지					
세련된 이미지					
활동적인 이미지					
심플한 이미지					
개성적인 이미지					
섹시한 이미지					

11. Replay 브랜드와 가장 유사하다고 생각하시는 브랜드는 무엇입니까?
(모두적어주세요.)

( )

Ⅴ. 다음은 귀하에 관한 질문입니다. 각 문항을 읽고 답해주시거나 체크하세요.

1. 귀하의 성별은?

□ ① 남성 □ ② 여성

2. 귀하는 연령은? (만 세)

3. 귀하는 거주지는? (시(도) 구)

4. 귀하의 결혼상태는?

□ ① 미혼 □ ② 기혼 □ ③ 기타

5. 귀하의 최종학력은? ( )

□ ① 중학교 졸업 및 그 이하 □ ② 고등학교 중퇴 및 졸업
□ ③ 대학교 재학, 중퇴, 및 졸업 □ ④ 대학원 재학, 중퇴 및 졸업
□ ⑤ 기타

6. 귀하의 직업은 무엇입니까? ( )

□ ① 학생
□ ② 전업주부
□ ③ 판매/영업직
□ ④ 생산/기능직
□ ⑤ 공무원(교사, 전부관련 업체 등)

□ ⑥ 사무직(기업체 직원, 은행원 등)
□ ⑦ 자영업(상점, 숙박업, 공장 등의 운영자)
□ ⑧ 전문/자유직(의사, 약사, 법조인, 교수, 예술가, 연예인 등)
□ ⑨ 기타(   )

7. 귀댁의 월평균 가계소득(월급 및 보너스 + 이자소득 + 임대소득 등 모두 포함)은 어느 정도입니까?(   )
□ ① 100만원 미만
□ ② 100만원 이상 - 200만원 미만
□ ③ 200만원 이상 - 300만원 미만
□ ④ 300만원 이상 - 400만원 미만
□ ⑤ 400만원 이상 - 500만원 미만
□ ⑥ 500만원 이상 - 600만원 미만
□ ⑦ 600만원 이상 - 700만원 미만
□ ⑧ 700만원 이상

8. 귀하가 의복을 구매하는데 월평균 얼마를 지출하십니까? (   )
□ ① 5만원 미만
□ ② 5 - 10만원 미만
□ ③ 10 - 20만원 미만
□ ④ 20 - 30만원 미만
□ ⑤ 30 - 40만원 미만
□ ⑥ 40 - 50만원 미만
□ ⑦ 50 - 100만원 미만
□ ⑧ 100만원 이상
□ ⑨ 기타(만원)

2. 영문 계약서 사례

아래 영문계약서 예문은 실제 해외 시계 브랜드와의 계약서를 그대로 옮겨온 것으로 많은 관계자들에게 직접적인 도움이 되기 바란다. 계약서는 보통 해외 브랜드 쪽에서 만들어 보내기도 하지만 때로는 한국 쪽에서 먼저 제안해야 되는 경우도 있기 때문에 아래 계약서의 참고는 시간과 비용 절감에 보탬이 될 것으로 생각한다

THIS AGENCY AGREEMENT is made on 01.01.10 by and between:

이 에이전시 계약서는 2010년 1월 1일 A와 B사간에 성립되었다.

ABC monte carlo (S.A.R.L)
whose registered office is at :
4, quai Jean Charles Rey
Principality of Monaco
Here represented by Michel Morgan, Sales Director

A사 (해외 브랜드) 회사명 및 본사주소 그리고 대표자명

Hereinafter called "The Principal".

And

Hoseo Co. Ltd.
3rd Floor, SamsungB/D.
100-5, Samsung-dong,
Kangnam-ku, Seoul,
Korea
Here represented by Mr. Gil-Dong, HONG

B사 (국내 도입기업) 회사명 및 본사주소 그리고 대표자명

Hereinafter called "The Distributor"

WHEREAS

(공식적인 문서에서 문장 첫 부분에 쓰여) …한 사실이 있으므로

The Principal is an internationally recognized player in the design and manufacture of High Quality Fashion Jewellery and Accessories, sold Worldwide for onward resale to retailers/consumers:

Hereinafter called "The Client"

The Products shall mean all products produced and/or sold by ABC mon tecarloandspecificallytheproductsbranded with the ABC logo.
ABC is a registered trademarks owned by ABC monte carlo(S.A.R.L), The Principal.

Hereinafter called "The Products"

The Distributor is knowledgeable about the Principal's business in the territories defined more fully below, and is a recognized and reputable Representative / Distributor within the Territory.

It is therefore agreed:

Appointment of Distributor

수입계약

Appointment

The Principal hereby appoints the Distributor to be the official Distributor of the Principal in the Territory for the marketing and the promotion of the sale of the Products to customers resident or carrying on business in the Territory and for the soliciting from such customers and transmission to the Principal of requests for quotations or orders for the Products.

계약 기간

Term of agreement

This Agreement shall run for a period of 1 Year period from 01.01.10

effective with automatic renewal for 1 Years and thereafter unless or until renewed or terminatedbyeitherpartygivingtotheothernot less than 3 months prior notice in writing, such notice may be served so as to expire on any day of a month, or under the terms of cl. 8 Termination.

수입업자의 책임들

Responsibilities of the Distributor

상당한 배려

Due diligence

During the period of this Agreement the Distributor shall act as a Distributor on the terms of this Agreement with all due and proper diligence (acting dutifully and in good faith) observe all reasonable instructions given by the Principal as to its activities under this Agreement act in the Principal's interests and use its best endeavors to increase the sale of the Products and improve the goodwill of the Principal in the Territory.

실적

Turnover

Distributor shall achieve a minimum turnover in sales according to schedule 2 of this agreement.

적절한 설비

Proper facilities

The Distributor shall maintain and provide at its own expense and to the reasonable satisfaction of the Principal such offices and other premises administration facilities and marketing organization as may be necessary for the efficient and effective performance of its obligations under this Agreement.

제반 국내 시장 정보

Market intelligence

The Distributor shall pass on promptly to the Principal all information useful for the business of the Principal including that relating to marketing sales prospects product reliability competitor activity and unauthorized use by third parties of the Principal's trade marks patents or other intellectual or industrial property rights. The Distributor shall (without prejudice to the generality of the foregoing) send to the Principal a written report every 3 months covering any items which have arisen in the previous 3 months relevant to the matters covered by this clause.

현지법 준수

Compliance with local law

The Distributor shall comply with all laws and regulations for the time being in force in the Territory which affect in any way the Distributor's activities therein.

비밀유지

Confidentiality

The Distributor shall keep strictly confidential not disclose to any third party and use only for the purposes of this Agreement all information relating to the Products (whether technical or commercial) and to affairs and business of the Principal and its subsidiary or associated companies, whether such information is disclosed to the Distributor by the Principal or otherwise obtained by the Distributor as a result of its association with the Principal. Without prejudice to the generality of the foregoing where the Distributor is a company within a group of companies and or its activities in pursuance of this Agreement are carried out through a branch office or other local establishment in the Territory, the said information shall not without the prior consent of the Principal be disclosed to other companies within such group and or to any employees of the Distributor who are not employed at the said branch office or local establishment. For the avoidance of doubt this provision shall survive the expiry or termination (for whatsoever cause) of the Agreement.

본 계약권 내용 외 월권금지

No authority to bind principal

Save as and if specifically provided elsewhere in this Agreement or otherwise expressly authorized by the Principal the Distributor shall not without the Principal's prior express approval incur any liabilities on behalf of the Principal nor pledge the credit of the Principal nor makeany representations nor give any warranty on behalf of the Principal. The Distributor has no authority to and shall not take part in any dispute or institute or defend any proceedings or settle or attempt to settle or make any admission concerning any dispute proceedings or other claim relating to the Products or any contract concerning the Products or relating to the affairs of the Principal generally. The Distributor will immediately inform the Principal of any of the foregoing and will act in relation thereto only upon and in accordance with the instructions of the Principal but so that the Principal will indemnify the Distributor against any costs expenses or liabilities incurred by the Distributor by reason of the Distributor so acting other than against any of the same incurred by reason of the Distributor's own negligence or default.

유통업자 상황 상태에 대한 보고

Notification of Distributor status

The Distributor will cause to be printed an express statement that it acts only as selling Distributor for the Principal on all letterheads invoices leaflets brochures or other documents issued by it on or in which it refers to the Products or the Principal. The Distributor shall also affix a clearly visible plaque containing such statement at the Distributor's registered office and at any other place of business of the Distributor. Such statement shall likewise appear in all advertisements published by the Distributor in which the Products or the Principal are mentioned. The Distributor shall not expressly or by implication in any negotiations relating to the Products or otherwise describe itself as acting in any capacity for or on behalf of or in relation to the affairs of the Principal other than in accordance with such statement.

가격정책

Price policy

The Distributor shall (unless otherwise agreed) notify the Principal promptly of all requests for prospective business and shall in all cases market and promote the sale of the Products only at the prices and only upon the terms established and notified from time to time by the Principal to the Distributor. Pricing structure between the Principal and the Distributor as instructed in schedule 3 of this agreement. The Distributor will follow the Recommended Retail Price advised by the Principal as in schedule 3.

Not to act outside territory

The Distributor shall not without the prior consent of the Principal market or promote the Products outside the Territory during the continuance of the Agreement nor during the continuance of this Agreement market or promote nor assist or advise in the marketing or promotion of any products which would or could compete or in any way interfere with the sale of the Products inside the Territory.

판매에 대한 제반 의무

Sales as a factor

All sales of the Products negotiated by the Distributor shall be for resale by persons or entities within the Territory and shall be made upon the prices terms and conditions from time to time notified by the Principal to the Distributor.

매출예상 - 본사에 보고

Sales Forecast - Reporting to the Principal

The Distributor shall produce a prospect report every 3 months.

The Principal shall notify the Distributor within a reasonable period of time once he anticipates that the volume of sales of the Products in the

Territory will be significantly lower than that which the Distributor could normally have expected as indicated further in schedule 2.

The Distributor shall procure sales forecasts within 30 days as from the day of request by the Principal from the Clients as required from time to time by the Principal.

The Distributor shall produce a monthly statement of goods sold by the Clients.

The Distributor shall actively prospect all potential clients and follow up existing clients, in the context of Whole Sales activities. A list of the Distributor's Customers and prospects/Market Potential will be produced to the Principal by the Distributor each 3 months.

In the case of Whole Sales activities, the Distributor shall produce an annual Territory Forecast and will present a business plan indicating its goals and, if necessary, seek the assistance of the Principal to achieve those goals including names and location of the prospected clients visited and the results obtained – this by means of the visit report document and in accordance with schedule 2 of this agreement.

트레이닝 세미나

Training Seminars

Sales training seminars will be organized by The Distributor at his expenses. The Principal will provide The Distributor with assistance and relevant Training material that will be needed.

웹 사이트 운영

3.13 Distributor Web-site

The distributor will include the brand ABC in its existing website. A link to the web-site of the principal will be required. The design of the mentioned ABC section of the distributor's web-site will be subject to the approval of the principal.

Any other Internet support or media will be subject to the approval of the principal.

본사의 책임사항

Responsibilities of the Principal

세일 광고,
자료, 정보 제공

Sales literature, documentation and information

The principal shall supply to the Distributor free of charge a reasonable quantity of sales literature all necessary documentation relating to the Products and all information which is necessary to perform his duties to the Principal hereunder.

해당 지역 직접표시환율

Direct quotation in territory

The Principal shall not submit offers or quotations nor enter into any negotiations nor effect salesordisposalstoanypersonintheTerritorywithoutthe Distributor'sconsent.Besidesthis,thePrincipalreservestherighttoopenitsownfl agshipstoresintheterritory,andassuretheirfullyindependentmanagement.

광고

Advertising

The Principal can (after consultation and agreement with the Distributor, and acceptation by the Principal) carry out advertising or publicity activities in the Territory but the Distributor shall not be entitled to carry out such activities upon its own initiative without the prior consent of the Principal irrespective of whether the Principal decides to contribute towards the cost of the same or not.

Budget for Advertising: To enhance sales of the brand in the territory, the Principal can share by 10% from the Ex-Works Invoicing Price to the Distributor. The Distributor will share the same percentage. This percentage can be included in the total discount granted to the Distributor.

선의에 의한 의무

Duty to act in good faith

In discharging his obligations to the Distributor the Principal shall act dutifully and in good faith

Merchandising - POS material - Samples - Demo Collection

머천다이징, POS 기구, 샘플, 컬렉션견본

The Principal will provide The Distributor upon his demand and for the Whole Sales activities with a permanently updated Collection corresponding to the ABC official Collection of the current year at-85% / Valid Recommended Retail Price list. It is clear that such a Demo Collection is for representational use only – and not for resale.

The Principal will provide The Distributor with POS, Display and Shop material to ensure that all The Products are duly exposed. Duly exposed means that The Products will be presented as indicated by The Principal and well maintained as a good house father. The Distributor will assure that the presentation of the Products maximizes The Principal's brand image. The Distributor will send photographs of the presentation of The Products on a regular basis, minimum 1 time each year.

Sales aid material: The Distributor shall be obliged to participate in the reasonable cost of relevant Sales aid material as the Principal thinks fit and needed for the achievement of the sales targets.

The Principal will supply samples of the Products as required by the client to the Distributor upon request upon the following terms:

The Principal's commitment shall be to supply collection samples of the Products to the Distributor for the Client.

The Principal shall supply such samples at -85% / Valid Recommended Retail Price list in accordance with schedule 4 of this agreement.

The samples will be shipped to the Territory on Ex-Works terms.

All duties cost charges and expenses (including without limitation customs and excise duties) after supply Ex Works as aforesaid shall be borne by the Distributor.

The samples become property of the Distributor.

Industrial property rights

산업재산권

The Distributor shall not use or permit to be used by any person under its control any of the patents trade marks or trade or brand names registered designs or any other industrial or intellectual property rights owned or controlled by the Principal without the prior consent of the Principal. The Distributor shall promptly notify the Principal, under the terms of cl. 3.4 of any unauthorized use by third parties of the Principal's trademarks or other intellectual or industrial property rights.

The Distributor shall not register any patents trade marks trade or brand names registered designs or other industrial or intellectual property rights covering products or processes owned devised or manufactured by or on behalf of the Principal without the prior written consent of the Principal. The Distributor agrees to send the Principal prior to the use of any such trade marks or trade or brand names a sample of each letterhead invoice price list label packing material sign brochure and all other advertising material displaying such trade mark or trade or brand name and only to use items of such printed materials the proofs for which have received in each case the express and specific prior approval of the Principal.

Upon termination of this Agreement for any reason the Distributor shall immediately cease to use all such trade marks or trade or brand names in any manner whatsoever (including without limitation on stationery or vehicles) for which consent was granted and shall return to the Principal or otherwise dispose of at the Principal's direction free of any charge all printed matter displaying such trade marks or trade or brand names in the Distributor's possession.

Non-assignment by Distributor

수입업자에 의한 기밀유지 협약

This Agreement is entered into intuito personae, and as such the presence of the physical persons comprising the Distributor's staff was an essential element in the Principal's agreement to nominate the Distributor.

Accordingly, the Agreement shall not be assigned or transferred by the Distributor without the prior consent of the Principal. Moreover a change in the ownership or control of the Distributor, where not notified and approved by the Principal, shall be grounds for termination of the Agreement.

Termination of agreement

계약의 종결

Notwithstanding the provisions of clause 1 the Principal may by notice to the Distributor terminate this Agreement immediately upon the happening of any one of the following events:

If the Distributor fails to achieve the turnovers indicated in schedule 2.

If the Distributor shall become bankrupt or be wound up or make any arrangement or composition with its creditors.

If the Distributor shall attempt or purport to assign or transfer this Agreement in breach of cl 7.

If the Distributor's ability to carry out its obligation hereunder is prevented or substantially interfered.

If the Distributor shall commit any material breach of its obligations hereunder (other than cl 7) and (where such breach is capable of remedy) fail to remedy such breach within 90 days of receipt of the Principal's notice specifying such breach

If the Distributor fails to fulfill its obligations according to 3.

Responsibilities of the Distributor.

Termination of this Agreement shall not affect the rights and liabilities of either party subsisting at the date of termination.

If this contract is improperly or unjustly terminated and rescinds by one of the parties, the party which terminates or rescinds the contract shall pay compensation to the other party if required/in accordance with the decision of appointed legal and independent authority the International Chamber of Commerce in Paris.

If the Distributor fails to settle the payment of delivered goods according to the payment terms indicated on the invoices issued by the Principal.

Good business practice

선의적 사업 시행

The Distributor undertakes and warrants to the Principal:

That the laws of the Territory the laws of the country in which the Distributor is resident (the 'Distributor's country of residence) and the laws of The Principality of Monaco as governing this Agreement (the 'proper law') do not prohibit the Distributor or the Principal from entering into this Agreement nor do they render any provision of this Agreement unlawful.

That the Distributor will not (in contravention of the laws of the Territory or of the Distributor's country of residence or of the proper law) give or agree to give or offer any gift loan fee reward advantage or other valuable consideration of any kind to government officials customer representatives or any other persons (whether or not out of the remuneration paid to him or by way of expenses claimed under cl 4.3. or from any other source) for the purpose of furthering the sale of the Products in the Territory, except for official promotional action or initiative.

That at any time during the existence of this Agreement the Distributor will on request give to the Principal a written confirmation that the undertakings and warranties in cl 9.1 and 9.2 remain unbreached.

Disclosure and registration

공개 및 등록

The Principal shall have the right to disclose the existence of this

Agreement and its contents to any governmental authority either in the Territory or in the countries in which the Principal and the Distributor are resident for the purpose of registration or for any other purpose.

If required by the law of the Territory or (if different) of the country in which he is resident the Distributor shall at his own expense forthwith register this Agreement with any relevant governmental authority and take all other necessary actions at his own expense to render the operation of this Agreement lawful.

Authority to Execute

권한 및 집행

Each individual executing this Agreement on behalf of a party hereto represents and warrants that he has been fully empowered to execute this Agreement and that all necessary action to authorize the execution of this Agreement has been taken.

General Conditions of Sale

매출에 대한 일반적인 조건

All Sales by The Principal to The Distributor or The Client are subject to the General Conditions of Sale as annexed under schedule5.

SIGNED on 01.02.10 by the duly authorized signatories
of the parties hereto:

합의싸인 일자된

계약 기업 및 계약자명 및 직책

For and on behalf of the Principal For and on behalf of the Distributor
ABC monte carlo (S.A.R.L) Hoseo Co. Ltd.

Michel Morgan	Mr. Gil-Dong, HONG
Sales Director	Director

참고문헌 및 자료

▨ 저서

관세법론. 김병학, 홍길종 공저. 두남출판사. 2004년.

국제거래법연습. 서경무 저. 두남출판사. 1996.

국제 영문계약 매뉴얼. 한국원자력협력재단 저. 넥서스. 2015.

국제통상. 나희량 저. 두남출판사. 2014.

무역경영의 이론과 실제. 심종석 저. 삼영사. 2022.

무역계약론. 김영락 저. 청람출판사. 2009.

무역 오퍼상 창업 119. 이기찬 저. 중앙경제평론사. 2015.

물류 관리. 문상원 저. 한국방송통신대학교 출판부. 2018.

유통관리(수출입관리). 한국산업인력공단 저. 진한엠앤비. 2015.

유통 마케팅의 힘. 양승식 저. 스타리치북스. 2014.

인터넷 쇼핑몰 수입의류로 승부하라. 여환철 저. e비즈북스. 2008.

촉진관리. 안광호, 김동훈 외 1명. 학현사. 2014.

최신관세법. 김만길 저. 우용출판사. 2007.

패션런칭. 류문상 저. 예림출판사. 2015.

패션바잉. 류문상 저. 경춘사. 2012.

패션유통과 마케팅. 장은영 저. 교학연구사. 2008.

패션의 역사. 준 마시 저. 리디북스. 2024.

ERP 정보관리사. 최연희 저. 영림원. 2024.

▨ 논문

서유진. 해외의류브랜드 국내시장 진입 방식 결정 요인 분석. 한국의류학회. 2009.

이정희. 대형유통업체의 판매수수료 현황 및 정책대응 방안. 공정거래위원회. 2009.

황형인. RFID 중소기업 재고관리 시스템 도입연구. 동아대학교 대학원 석사논문. 2008.

▨ 보고서

금융감독원. 전자공시시스템. 2013.

면세점 협회. 면세점 매출액 보고. 2024.

삼성경제연구소. 온라인과 전통 상거래 방식 연구. 2013.

삼성경제연구소. 인터넷 시대의 고객관계관리. 2000.

통계청. 2015년 수출입 동향. 2015.

통계청. 업태별 소매 판매액. 2023.

▩ 잡지/뉴스

YTN. 하이볼에 빠진 MZ. 위스키 수입 '새 기록' 2023.

패션비즈. 라이선스 비즈니스 명과 암. 2023.

어패럴뉴스. 패션 라이선싱 업계. 캐주얼 IP 확대. 2024.

어패럴뉴스. 해외 브랜드 한국 진출은 올해도 계속된다. 2025.

유통저널. 소비시장 고급화와 기업의 대응2. 2000.

류문상

현 호서대학교 글로벌통상학과 교수
아산시 지방보조금관리위원장
국제제주도시개발센터 자문

전 롯데쇼핑 Global Fashion 본부 기획/도입 팀장
롯데그룹 해외 브랜드 도입팀(C.F.D Prestige Brand팀) 매니저
롯데백화점 해외명품팀 바이어
워커힐면세점 수입품 바이어
롯데면세점 수입품 영업 담당

학력
한양대학교 대학원 이학박사
프랑스 리옹 국립2대학교 D.E.S.S 졸업
프랑스 파리 경영대학원 ISG M.B.A
한국외국어대학교 영어학과 졸업

기타경력
서울여대 특성화 사업 자문, 세종대대학원, 숙명여대, 상명대, 성신여대 강사
한국산업기술대학교 평생교육원 교육위원
롯데유통, 삼성물산, Fila Korea, 형지그룹, 두타, 신세계유통연구소, 갤러리아 등 MD 교육

도입브랜드
Gerard Darel, Furla, Uniqlo, Zara, Junior City, Hot Diamonds, Yves Rocher외 17개

저서
패션바잉(2008/우용출판사, 2012/경춘사)
글로벌마케팅(2021/학현사)
비즈니스 포트폴리오(2021/법문사)

글로벌 브랜드 런칭

초판 1쇄 발행 _ 2025년 3월 20일

저　자 · 류 문 상
발행인 · 정 현 걸
발　행 · 신 아 사
인　쇄 · 삼일문화
주　소 · 서울특별시 은평구 통일로 59길 4 (2F)
전　화 · (02) 382-6411　팩스 · (02) 382-6401
홈페이지 · www.shinasa.co.kr
E-mail · shinasa@daum.net
출판등록 · 1956년 1월 5일 (제 9-52호)

ISBN 979-11-7342-076-4 (93320)

정가 17,000원